中共青海省委党校、青海省行政学院、
青海省社会主义学院资助项目

青海党校学者文库（2019）

中国国有林区治理体制变迁的路径依赖研究

张壮 著

人民出版社

目　录

序

习近平总书记强调，党校要坚持以马克思主义为指导，在研究上多下功夫，多搞"集成"和"总装"，多搞"自主创新"和"综合创新"，为建设具有中国特色、中国风格、中国气派的哲学社会科学体系做出贡献。要发挥自己马克思主义基本理论学科优势，认真研究、宣传、阐述党的思想理论，加强党的基本理论研究，更加及时地发出中国声音，更加鲜明地展现中国思想，更加响亮地提出中国主张。

六十余载沧桑巨变，一甲子春华秋实。半个多世纪以来，青海党校系统在聚焦主业主课、教育培训党员领导干部的同时，孜孜于学术研究，致力于理论创新，求真务实地记录历史，积累智慧，积淀文化。一批苦心向学之士坚守三尺书桌，以"甘愿坐穿冷板凳"的心境和"孤舟蓑笠翁"的姿态，深入青藏高原的沟沟壑壑，驰骋在广袤无际的知识海洋，为地方经济社会发展和相关学科领域研究默默地释放能量。特别是2015年全国党校工作会议以来，青海党校系统充分结合省情实际和自身特点，加强对国家和地区中长期发展问题的战略性研究，加强对重大现实问题和突出矛盾的对策性研究，加强党情政情社情信息反映和研究，在党的思想理论、生态文明建设、循环经济、民族宗教研究等方面取得了新成绩。为反映青海党校学者、学术、学科的特点和风采，营建厚德载物、薪火承传、不断精进、激励后学的学术家园，使研究成果更加系统化、科学化、体系化，我们从青海党校学者优秀学术论文、博士学位论文和国家社会科学基金项目结项成果中撷取精华，集为《青海党校学者文库》，涵盖哲学、经济学、政治学、管理学、民族学等学科，着重凸显学术性，兼顾思想性与可读性，旨在为艰苦跋涉在学术研究和理论创新途中的青海党校学者提供一个展现价值和发出声音的平台，扩大青海党校系统在哲学社会科学研究领域的整体影响力。

"视而使之明，听而使之聪，思而使之正"。党校因党而立，党校学者只有坚持深化党的思想理论研究，才能不断巩固党对意识形态工作的领导，巩固马克思主义在意识形态领域的指导地位；只有营造格物致知的学术氛围和淡泊名利的学术取向，才能造就恢弘的思想气度和博大的学术气象；只有聚焦党和国家中心工作、党委政府重大决策部署和社会热点难点问题，才能有的放矢地产出有价值的学术成果。经过多年培养和积累，青海党校系统已经拥有了一支素质优良、专业过硬、作风扎实的师资队伍。着眼未来，为更好建设"一流红色学府、新型高端智库"，青海党校系统将一以贯之的继承优良传统，着力培养政治强、业务精、作风好的优秀教师，造就一批马克思主义理论大家，一批忠诚于马克思主义、在相关学科领域有影响的知名专家，以期成为青海培养和造就高素质党员领导干部的摇篮，成为青海哲学社会科学领域学术研究的前沿，成为推动学术成果向现实生产力转化的重要力量，成为青海精神、青海文化与外界传播沟通的桥梁纽带。

《青海党校学者文库》应运而生，大有可为。希望青海党校学者始终牢记习近平总书记的嘱托，秉承"实事求是"的校训，不忘初心，砥砺前行，传承党校人优秀的学术基因，努力创作出更多高质量、有影响力的优秀理论成果，为党校事业、党的事业发展做出更大贡献。

谨此为序。

中共青海省委常委

省委组织部部长

省 委 党 校 校 长

绪　论

一、中国国有林区治理体制变迁路径依赖问题的研究背景及研究意义

（一）研究背景

我国的国有林区（不含国有林场）是指东北、西北和西南等森林相对集中连片的地区，而重点国有林区则是指黑龙江、内蒙古、吉林的大小兴安岭和长白山国有林区，也称作东北内蒙古重点国有林区。中华人民共和国成立之初，为满足经济和社会发展对木材资源的需求，我国在东北、西北和西南森林资源丰富地区，陆续组建了 135 个以木材生产为主要任务的国有森工林业局，其中有 85 个森工林业局分布在东北内蒙古重点国有林区，涉及内蒙古森工集团、大兴安岭林业集团公司、吉林森工集团和龙江森工集团四个国有森工企业集团，还有一种说法是"4+1"森工集团，即龙江森工集团、内蒙古森工集团、大兴安岭林业集团公司、吉林森工集团和延边森工集团。①

1. 现实背景

20 世纪 50 年代，根据全国土地会议的决定，将我国东北、西北和西

---

① 张志达：《关于国有林区改革进程及构建新体制的思考》，《林业经济》2009 年第 12 期。

南等森林相对集中连片的地区划归国有,建立国有国营的森工林业局。这些森工林业局计划经济色彩浓重,体制长期封闭。在走过了"林大头"和计划经济"卖方市场"的经济鼎盛时期以后,自 20 世纪 80 年代开始国有林区陷入了林木资源危机、经济危困与生态危机的"三危"时期,可采森林资源枯竭,生态系统严重退化,经济结构严重失衡,民生问题较为突出等一系列重大问题集中爆发。历史上,虽然我国国有林区治理体制历经多次改革探索,但始终受到初始制度惯性的影响,原有治理体制的条条框框没有得到实质性突破,在一些重要领域改革依然滞后,改革效果也远未达到预期,许多问题仍然没有得到根本性解决,整个国有林区治理体制被锁定在低效的状态中难以自拔,甚至出现自我利益强化和逆向改革的倾向。2015 年 2 月,《国有林场改革方案》和《国有林区改革指导意见》的出台,标志着我国林业进入了全面深化改革的新阶段,表明国家要进一步理顺国有林区经营管理体制机制,解决激励约束机制问题。据统计资料显示,到重点国有林区改革启动前,我国国有林区 138 个国有林业局中,87 个森工企业局(林业局)已有 60 个到了无木可采的地步,林区基础设施严重滞后,森工企业债务负担沉重,职工收入和社会保障水平偏低,只有地方同类人员的一半左右。① 后来,国家又陆续发布了《中共中央国务院关于加快推进生态文明建设的意见》《中共中央国务院关于落实发展新理念加快农业现代化实现全面小康目标的若干意见》《中共中央国务院关于全面振兴东北地区等老工业基地的若干意见》《关于健全生态保护补偿机制的意见》《林业发展"十三五"规划》,涉及林业和国有林区的内容更多更新,更增加了国有林区改革的政策权重。十九大报告指出,建设生态文明是中华民族永续发展的千年大计。党的十八届三中全会提出:"全面深化改革的总目标是完善和发展中国特色社会主义制度,推进

---

① 《林草局:推进林区改革转型势在必行》,2019 年 1 月 7 日,见 http://www.xinhuanet. com/politics/2019-01/07/c_1123957620.htm。

国家治理体系和治理能力现代化。"国有林区治理体制改革是我国政治改革的一项重要内容,实现国有林区治理体系和治理能力现代化同样也是国家治理现代化的一项重要工作,对于美丽中国建设和长期可持续发展十分重要。目前,我国已经组建自然资源部,在这样的背景下,推进国有林区治理体制改革,实质是对国有林权契约的重新设计与实施,决定谁拥有,谁受益,谁管理等各种产权权能的归属问题。众所周知,我国国有林区巨大的森林资源是国家和人民一笔宝贵的巨额财富,但在现行治理体制下权力冲突,林地资源处于闲置或半闲置状态,森工企业低效运转与僵尸企业并存,林产品开发不充分,林区人民普遍贫困等问题依然存在,远未达到林地资源利用的帕累托最优状态。

第一,关于国有林区的"两危问题"仍然有待解决。由于国有林区一直以来不合理的开发,不仅造成了天然林资源的显著降低,而且使许多相关的森工企业难以正常经营生产,企业运营情况直接影响员工的福利待遇,森工企业员工受此影响整个社会福利普遍较低。为解决此问题,国家实施了天然林资源保护工程(以下简称"天保工程"),该工程的实施虽然提高了薪资水平和社会保障水平,并使富余职工得到合理的安置,但国有林区最关键的问题即"两危问题"仍未解决。政府与企业统一管理的体制禁锢了森工企业的长期发展。因此,国有森工企业要实现与时代发展同步,实施现代化的企业管理,需要不受过多的、不必要的行政干预,不承担不属于自己的责任,能够真正的实现所有权与经营权分离,建立起既适应市场经济环境又能达到政府与企业相分离的经营方式。

第二,由于天保工程受政府管控,导致整个执行模式的统一化,也正是因为统一化,一方面抑制了国有林区的自发性经济改革,另一方面使国有林业经济与当地的经济发展相比落后很多,差距很大。受行政管控的国有林区缺乏自我调节能力,过多地依赖政府资金,且经营者并没有意识到保护资源的重要性,这一系列因素都使资源的开发及保护困难重重。因此,无论是管理上,还是经营上都需要改革,这是一个从上到下、从内到外、从政府到企业都需要彼此配合的过程。

第三,关于国有林区的管理体制的改革不是单方面的,而是要探究多种层面。比如,以制度改革尤其是林权方面为切入点的伊春;将企业分离出来的内蒙古森工集团;将企业改组为要点的吉林森工企业,各种各样的有效的改革方式为国有林区管理体制改革的研究夯实了基础。林业是我们的第一产业,又是我们的公益事业,还是我们要重点关注的战略性新兴产业。之所以森工企业的改革与同是国有的"院墙式"工业的政企改革存在显著的区别,是因为林区自身的复杂性、特殊性。因此,现代化的体制固然重要,但实现林区的持续经营与发展更为重要。我们需要参考不同的改革模式,不断地进行探讨与实践,最终提出能够对国有林区建设做出贡献,促进国有林区的转型升级,实现社会稳定,资源充分利用,经济可持续增长的目标。

第四,《国有林区改革指导意见》和《国有林场改革方案》对国有林区的发展提出了新的要求。由于国有林区的发展不仅是我国产业升级转型的体现,而且是公有制经济快速发展的象征。目前,国有林区有许多问题仍然没有得到很好的解决,如基础设施建设、棚户区改造等。《国有林区改革指导意见》《国有林场改革方案》正是为了解决这些问题,在基建、就业等方面都提供了相关的支持。除了各方面的支持外,也为林区指引了其发展道路和改革方向。本书研究基于的重要背景便是国家高质量发展,国有林区改革道路明确且基本达到预设目标的情况。

2. 理论背景

治理一词是在21世纪开始兴起,并在世界主要国家政治变革中流行,其主要特点是权力主体多样,权力性质比较宽松,权力来源既包括法律也包括契约,权力运行相对平行和权力范围更加广泛。对于国家治理而言,治理的对象是谁,治理的方法措施怎么样和治理后的效果如何,是研究的重点方向。相比较而言,国有林区治理追求的目标是实现政府、企业和社会团结协作的理想状态,达到国有林区生态效益最佳程度,经济社会发展最优状态。为实现国有林区的和谐治理,从 20 世纪 80 年代开始,国内外学者就从不同的角度对我国国有林区管理体制改革进行了研究和探讨,主要分为三个阶段:

第一阶段,在天保工程之前,主要探讨国有林区摒弃计划经济、以建立市场机制为主。主要采用定性的方法对政企合一改革的刚需与否,以及整体想法进行探讨。研究国有林区从计划经济向市场经济慢慢转变过程中国有林区遗留的问题,就各种各样的问题以及解决方案专家进行了很多的研究和探讨。

第二阶段,2000 年至 2006 年期间,对各种管理和体制改革进行更深层次的研究。在此期间,通过实践真正推动理论研究,定量的研究方法被广为使用,用来分析不同类型的计划以及措施。

第三阶段,在 2006 年之后的时间里,主要根据"东北振兴"为例来研究国有林区的未来发展情况,对不同的模式改革再一次深入探讨以及重新定义设计。在整个试验过程中,大量的数据积累为探讨研究提供了极大的帮助,唯一的缺憾是地区和模式比较单一,对于多种模式仍然需要深入挖掘研究。

(二) 研究意义

1. 增加转型时期国有林区的制度供给

国有森工企业为国家做出了巨大的贡献,尤其是在计划经济时期,积累了丰厚的物质资源,但也给企业自身带来了一些不利影响,各种各样的矛盾随之浮现,如计划经济与市场经济,个体利益同集体利益,乃至生态环境与经济环境之间难以平衡等。一直以来尚未解决的"两危问题"和员工福利待遇很差等问题正是这些矛盾的重要表现。如前所述,天保工程是为国有林区解决了一些问题,但这只是简单的、表面的问题,而真正的问题还没有解决,反而还派生了新的问题和矛盾,新旧问题盘根错节,交织汇总,使森工企业处于进退两难的状况。由此更说明了森工企业迫切的需要制度供给改革。

2. 为天保工程的顺利实施提供制度保障

天保工程是一项非常伟大的工程,不仅保护了我们赖以生存的环境,而且保障了国土的安全,减少了资源的浪费。该工程直接减轻了对资源的过度利用以及滥用,对长江上游、黄河中上游、嫩江、松花江等生态环境的保护意义深远。正如硬币有正反面一样,该项工程也给社会带来了负面影响,由于禁止砍伐森林和减少生产木材等规定,使那些依靠森林资源和生产加工木材谋生的森工企业遭受巨大的打击,这些禁令不仅改变了它们本已经达到产量最大化情况下的生产要素最优配置,而且由于企业利润下降迫使其不得不为了减少成本进行裁员,造成了失业现象增加,企业员工的生活无法得到保障,社会福利没有达到最大化;与此同时,失去了以木材为主要收入来源的企业可能面临着无法偿还债务的情况,更有可能会造成资金链断裂,导致破产,使实体经济的发展难以为继。值得高兴的是,天保工程对防止生态环境恶化,改善林区质量起到最直接有效的作用,但是它所带来的生态环境和社会问题还得靠林区的产业升级转型来真正改善。但从天保工程实施后的五年来看,整体效果并没有达到预期,问题仍未有效解决,因此,企业应依靠自身创新发展增强活力,不能仅仅依靠国家政策的扶持。

3. 促进国有林区尤其是其区域经济的可持续发展

关于国有林区的发展,不是简单地在国有林区上附加国有企业的问题,而是包括以森林资源为主与森工企业休戚相关的整个林业区域的发展问题。国有林区是一个大整体,涉及诸多领域与行业,除了基础的经营森林资源的群体外,还包含公检法司、邮政通信、商粮供销等基础设施建设的社会管理和服务体系。将原始的国有森工企业的管理制度进行拆分,去其糟粕取其精华,建立一个既符合市场经济发展要求又满足现代林业发展的管理制度,为林区注入活力和动力,从而促进国有林区的经济发展。

4. 充实和扩展我国林业经济理论

国有森工企业是林业经济中最完整的经济复合体,从组织形式来看,它具有完备的法人主体,是典型的责权利明确的国有企业,因此与大多数国有企业相同,在计划经济体制下,缺乏激励政策,面临的负担较重,由此造成办事效率低下等特征。从企业经营模式来看,它是政府主导型,即许多事项都是经由政府决定和安排,如项目管理、组织设定、用人制度等。事实上,计划经济制度使企业处于低水平的稳态,而不能及时适应快速发展的市场经济,森工企业的管理制度急需革新。从企业的经营范围来看,不仅包括森林资源的开采与利用,而且涵盖从砍伐、运输到加工、销售等多个环节以及第一、二、三产业,拥有较长的产业链。所以,用新制度经济学的思想来研究国有林区的相关问题,对丰富现代林业经济理论有着重要意义。

二、相关文献综述

(一) 国外相关文献评述

在国际学术界,国有林治理问题自20世纪80年代以来一直是比较热门的研究主题。随着研究的不断深入,森林资源公共产品属性和森林生态系统的复杂性越来越得到广泛认同。格勒克(Glück,2002)认为,公有制山区林业既可以生产私人产品也可以生产公有产品,但实际上在瑞典和澳大利亚,公有制山区林业只被公共体制依赖,因此,今后人们应该加强公有产权的多元化应用。[1] 考贝奇等(Cubbage,et al.,2006)超越了传统的政府决策观点,认为引入重要的新的私人和公司的森林政策和计划使森林政策变得更加有弹性[2]。罗基亚扬斯凯(Rokityanskiy,et al.,2007)使用模型整合了林业部门土地利用的内生变化、森林经营和森林

---

[1] P.Glück, "Property Rights and Multipurpose Mountain Forest Management", *Forest Policy and Economics*, Vol.4, No.2(June 2002), pp.125-134.

[2] F.Cubbage, et al., "Policy Instruments to Enhance Multi-functional Forest Management", *Forest Policy and Economics*, Vol.9, No.7(April 2007), pp.833-851.

类型多元化以及国际贸易的影响。何塞·奥利韦拉(Jose Antonio Puppim de Oliveira,2008)认为,规则和法律必须提供安全和清晰的产权来较好地执行环境规则,给予参与者激励,避免采伐森林。① 阿劳约等(Araujo,et al.,2009)重点讨论了巴西亚马孙地区产权不安全对森林砍伐的影响,认为砍伐森林是一种风险管理策略,产权不安全降低了目前的状况②。2011年诺贝尔经济学奖得主埃莉诺·奥斯特罗姆(Elinor Ostrom),在1990年时提出了公共池塘资源的自主治理理论,超越了政府或市场的选择。森普尔(Semple,2013)提出澳大利亚林业是否在十字路口的问题,分析了当前澳大利亚林业和木材业面临的一些问题。③ 由此可见,对森林资源治理的学术研究越来越趋于实际,探索因地制宜的森林权属治理,从而拓展了森林治理研究体系,对我国国有林区体制改革具有重要的借鉴意义。

(二) 国内相关文献评述

从国内已有的文献看,王海等(2003)认为重构国有林区经济已成为下一步改革的战略选择④;王飞(2008)对国有林产权制度变迁路径进行了研究⑤;冯宗宪等(2014)对中国林业产权制度变迁的最优路径进行了研究。⑥ 而把西方经济学"制度变迁"和"路径依赖"这两个理论同时运用到研究国有林区改革的成果还没有发现。学者们的研究大多集中在制

---

① Jose Antonio Puppim de Oliveira,"Property Rights,Land Conflicts and Deforestation in the Eastern Amazon",*Forest Policy and Economics*,Vol.10,No.5(April 2008),pp.303–315.

② C.Araujo,et al.,"Property Rights and Deforestation in the Brazilian Amazon",*Ecological Economics*,Vol.68,No.8/9(June 2009),pp.2461–2468.

③ K.Semple,"Australian Forestry—at the crossroads?",*Journal of Tropical Forest Science*,Vol.25,No.1(2013),pp.1–4.

④ 王海等:《论路径依赖与国有林区经济重构》,《税务与经济(长春税务学院学报)》2003年第3期。

⑤ 王飞:《国有林产权制度变迁路径研究》,东北林业大学博士学位论文,2008年。

⑥ 冯宗宪等:《中国林业产权制度变迁的最优路径研究——诱致性变迁还是强制性变迁》,《华东经济管理》2014年第4期。

度变迁、路径依赖和国有林区改革等理论与实践方面。

1. 制度变迁方面

周雪光、艾云(2010)强调变迁过程中多重制度逻辑及其相互作用,旨在解释中国社会正在发生的制度变迁现象。[①] 汤吉军、年海石(2013)认为在国有企业公司治理结构变迁过程中,存在着严重的路径依赖问题,初始的路径在制度变迁过程中得到了自我强化,使得国有企业公司治理结构暂时锁定在无效率状态;[②]李棉管(2014)认为制度变迁不是简单的"效率最大化"的结果,制度场域及制度所塑造的利益群体对于制度变迁具有重要影响;[③]张凤林(2015)深入地解析了各派学者关于制度变迁问题的若干重要理论争论及其方法论基础;[④]程俊杰(2016)认为制度变迁所产生的激励结构变化将诱使企业家精神的配置方向、释放程度发生演变,并通过影响企业的创新行为、创业行为,引领民营经济规模、结构、创新等的塑造与发展;[⑤]李怀(2017)提出"渐进性合约型制度安排",即"以确权为基础,以合约为纽带,以法治为保障",推动农地制度顺利变迁。[⑥]

2. 路径依赖方面

罗必良、文晓巍(2011)从经济转型、制度变迁与农村经济发展角度,对中国农村经济发展高层论坛各种观点进行了综述;[⑦]刘汉民等(2012)在回顾历史文献的基础上系统梳理了近年来路径依赖研究的最新成果,

---

① 周雪光、艾云:《多重逻辑下的制度变迁:一个分析框架》,《中国社会科学》2010 年第 4 期。
② 汤吉军、年海石:《国有企业公司治理结构变迁、路径依赖与制度创新》,《江汉论坛》2013 年第 2 期。
③ 李棉管:《"村改居":制度变迁与路径依赖——广东省佛山市 N 区的个案研究》,《中国农村观察》2014 年第 1 期。
④ 张凤林:《理解制度变迁:当代转轨经济学若干争论评析》,《经济学动态》2015 年第 5 期。
⑤ 程俊杰:《制度变迁、企业家精神与民营经济发展》,《经济管理》2016 年第 8 期。
⑥ 李怀:《产权、合约与农地制度变迁》,《经济体制改革》2017 年第 2 期。
⑦ 罗必良、文晓巍:《经济转型、制度变迁与农村经济发展——中国农村经济发展高层论坛综述》,《经济研究》2011 年第 10 期。

并从学科交叉、经验研究和路径创造等方面概括了路径依赖研究的新趋势和新特征,提出了未来的研究方向;①董全瑞(2013)认为制度变迁中的路径依赖可以为中国城乡收入差距扩大做出逻辑一致的解释;②王凤彬等(2014)将"非钱德勒式"配适进一步区分为路径依赖型与选择变异型;③李仙娥、郝奇华(2015)认为由于受固有利益机制、产权机制以及制度变迁成本的影响,我国生态文明制度建设中存在多重路径依赖现象与锁定效应,导致我国生态文明制度有效供给不足;④张生玲等(2016)以经验数据证明资源型城市存在路径依赖,并分析路径依赖效应阻碍资源型经济转型的作用机理;⑤汤吉军(2017)认为经济体制转轨是一个动态变迁过程,很容易造成路径依赖,难以顺利进入市场经济体制轨道。因此,在有限理性、交易成本、沉淀成本等因素的影响下,不仅需要分析经济体制转轨过程中风险条件下的资源配置效率,更需要考虑根本不确定性条件下动态转轨的适应性效率。⑥

3. 国有林区改革等理论与实践方面

温铁军等(2007)认为国有林区之所以至今仍然没有从根本上摆脱危困局面,一定程度上是由于林业有关部门受金融、电力、烟草等其他国有部门凭借垄断地位获取巨额收益的影响,也竭力维持自己"不具备垄断条件下的垄断"体制造成的。为了彻底解决国有林区"三危"问题,建

---

① 刘汉民等:《国外路径依赖理论研究新进展》,《经济学动态》2012年第4期。

② 董全瑞:《路径依赖是中国城乡收入差距扩大的内在逻辑》,《经济学家》2013年第10期。

③ 王凤彬等:《央企集团管控架构的演进:战略决定、制度引致还是路径依赖?——一项定性比较分析(QCA)尝试》,《管理世界》2014年第12期。

④ 李仙娥、郝奇华:《生态文明制度建设的路径依赖及其破解路径》,《生态经济》2015年第4期。

⑤ 张生玲等:《路径依赖、市场进入与资源型城市转型》,《经济理论与经济管理》2016年第2期。

⑥ 汤吉军:《经济体制转轨、路径依赖与制度创新》,《吉林大学社会科学学报》2017年第3期。

议尽快建立森林资源交易市场和投融资金融体系,推进"国有民营";①王迎(2013)认为重点国有林区已成为我国可采成过熟森林资源危机、经济危困、社会发展滞后、职工生活贫困、社会不稳定的地区。其深层次原因是长期忽视森林资源经营,森林资源管理体制一直没有理顺,这是我国重点国有林区存在问题的根源所在;②杨新华、张敏新(2014)提出了要以分工原理为基础,融合演化经济学与奥地利学派经济学的基本原理和分析方法,构建一个新的分析框架,分析国有林区经济系统变迁的机理,服务于国有林区经济发展和社会转型的需要;③刘宗飞等(2015)基于空间面板模型对森林"资源诅咒"进行了研究;④王非等(2016)提出继续加大林业投资规模及提高投资收益,改善林区劳动生产率,促进各驱动因素协同发展等加快和保障重点国有林区转型发展的对策建议;⑤朱震锋、曹玉昆(2017)识别了国有林区经济增长与资源消耗的伪脱钩风险,并提出相应的破解思路;⑥严如贺等(2018)基于资源错配视角,以森林猪养殖为例,对国有林区林下经济的产出效率进行了分析。⑦

纵观国内外研究文献资料可以发现,现有研究在制度变迁、路径依赖、国有林区改革的理论和应用上都做出了巨大的贡献,为研究国有林区重构问题提供了很好的理论基础,具有很强的参考价值和借鉴意义。遗憾的是,当前关于制度变迁和路径依赖的研究,没有深入分析国有林区体

---

① 温铁军等:《国有林区改革的困境和出路》,《林业经济》2007 年第 9 期。

② 王迎:《我国重点国有林区森林经营与森林资源管理体制改革研究》,北京林业大学博士学位论文,2013 年。

③ 杨新华、张敏新:《国有林区经济发展问题的研究现状及展望》,《生态经济》2014 年第 3 期。

④ 刘宗飞等:《基于空间面板模型的森林"资源诅咒"研究》,《资源科学》2015 年第 2 期。

⑤ 王非等:《基于结构转换视角的中国重点国有林区经济转型发展路径分析》,《世界林业研究》2016 年第 2 期。

⑥ 朱震锋、曹玉昆:《国有林区经济增长与资源消耗的伪脱钩风险识别及破解思路》,《林业科学》2017 年第 4 期。

⑦ 严如贺等:《资源错配视角下林下经济的产出效率分析——基于国有林区森林猪养殖的案例比较》,《林业经济问题》2018 年第 1 期。

制变迁过程中,路径依赖是如何产生与形成的,而在研究国有林区改革的大量文献中,研究者没有看到国有林区体制变迁过程中路径依赖的重要作用。本书同时使用"制度变迁"和"路径依赖"这两个理论武器,对国有林区进行补充拓展研究,力图揭示出路径依赖在国有林区体制变迁中的具体发生机理与形成过程。

三、研究思路与研究方法

(一) 研究思路

针对我国国有林区治理体制存在的问题,本书在分析国内外相关研究成果的基础上,以制度变迁理论和路径依赖理论为理论基础,以中华人民共和国成立以来我国国有林区治理体制历次变迁为着眼点,深入分析了我国国有林区治理体制的历史变迁及其路径依赖,深入考察我国国有林区治理体制的历史变迁和现实状况,通过从微观、中观和宏观三个层面分析发现,历次体制变迁虽然取得一定成果,但变迁的成果难以巩固,并陷入改革陷阱。本书尝试用制度变迁的路径依赖理论对国有林区改革的困境进行分析,在此基础上,进一步讨论国有林区治理体制的配套政策和国有林业发展模式问题,尽可能为国有林业的可持续发展提供行动指南和方法论指导,实现对国有林区治理体制路径依赖上的突破。

(二) 研究方法

本书以我国国有林区治理体制的路径依赖问题为切入点,立足理论研究与实践结合,以理论分析为基础,调查研究为重点,广泛采用结构化研讨、访谈、对比研究等方法,运用产业经济学和制度经济学等相关知识,从国有林区实际出发,探讨破解国有林区治理体制变迁路径依赖问题的有效途径。本书根据研究需要,主要采取以下研究方法,如图 1 所示。

1. 文献与理论研究方法

通过收集、鉴别、整理有关国有林区改革和林业发展的国内外文献资料、历史档案和政策文件的基础上，运用产业经济学和制度经济学等经济理论，对国有林区治理体制变迁的起点、路径和目标进行深入阐释，从而揭示出国有林区体制变迁的路径依赖问题，为我国国有林区重构与范式转换，提供一些有益的启示。

2. 历史分析方法

本书主要针对我国国有林区治理体制变迁历史演进过程中显现的路径依赖问题，运用历史分析方法，对国有林区治理体制变迁过程进行分析研究，从而判断目前国有林区体制所处的历史阶段及未来演变方向。

3. 系统分析方法

通过总结重点国有林区半个多世纪开发建设的经验与教训，找出国有林区森林经营与资源管理体制的弊端，通过系统分析方法，厘清主要矛盾和次要矛盾，明确本书要着力解决的重点问题。

4. 实地调查方法

结合汤吉军教授和笔者的相关项目，采取实地调查的方法，主要是在国家重点国有林区伊春进行实地调研，与当地政府和林业职工等各类人员进行广泛接触，有目的、有计划地通过感官和辅助工具进行系统观察，从而为更加客观、准确地掌握重点国有林区治理体制改革的具体解决模式、政策与措施奠定基础。

5. 典型案例分析方法

根据本书的研究内容特点和研究思路，重点使用典型案例分析法，选取具有代表性和典型性的重点国有林区伊春市、大兴安岭和吉林森工作为个案进行深入而具体的研究，采取观察、定性访谈、结构化研讨和召开座谈会相结合的研究方法，宏观分析微观，微观反观宏观，找出国有林区治理的一般性法则。

6. 比较分析方法

通过研究国有林代表性国家林业治理体制的成功经验和失败教训，对美国、俄罗斯、日本和德国等国的国有林治理体制设计及相关问题进行系统分析,详细比较,总结出其一般性和特殊性规律,从中得出一些有实用价值的经验加以借鉴。

7. 归纳与综合方法

本书通过认真梳理我国国有林区治理体制历史演进过程,力求从其变迁中发现特点和规律,分析造成我国国有林区治理体制路径依赖问题的原因,并运用归纳分析综合的方法,提出适合解决我国国有林区治理体制路径依赖问题的对策建议。

图1　本书的研究方法

四、研究的主要内容及结构框架

本书分为七章,对中国国有林区治理体制变迁的路径依赖问题进行了研究,研究内容具体如下:

第一章,中国国有林区治理体制变迁路径依赖问题研究的相关理论基础。本章首先回顾、梳理了中国国有林区治理体制路径依赖问题的相关理论基础,包括制度变迁理论、路径依赖理论、不完全契约理论、委托—

代理理论、生态经济理论和可持续发展理论,并详细探讨了制度变迁与路径依赖两者之间的关系,为本书后续的分析和研究工作提供重要的理论支撑,为研究国有林区治理体制问题提供了新的理论视角。

第二章,中国林业政策历史演变与国有林区治理体制变迁。本章主要是为后面章节的分析提供历史与现实分析基础,分为两个部分:第一部分介绍了国家林业政策历史演变,介绍了国家林业政策的演变过程;第二部分梳理了国有林区治理体制变迁过程,政企合一的第一阶段,向市场经济迈进的第二阶段,治理体制多元化发展的第三阶段。

第三章,中国国有林区治理体制变迁的特征事实与非均衡性。本章重点分析我国国有林区具有很强公共性、外部性、契约性、代际分配性和市场发育不完善的特征事实。然后依据这些特征事实形成的国有林区多重向量空间,系统阐释国有林区内各种同向和非同向力量相互作用,导致出现公地悲剧、资源诅咒、体制机制的非均衡性问题。

第四章,中国国有林区治理体制变迁的路径依赖形成、体现及成因分析。本章主要探讨国有林区治理体制变迁呈现路径依赖的形成过程,论述路径依赖的表现,并分析路径依赖产生的原因,特别是制度方面的原因,找出我国国有林区体制变迁的一般逻辑与规律,为揭示国有林区体制变迁的演化过程和阶段性特征,破解我国国有林区效率低下和有效生态产品供给不足等问题提供新的思考。

第五章,中国国有林区治理体制改革路径依赖的案例研究。本章选取伊春国家重点国有林区、吉林森工和内蒙古大兴安岭重点国有林管理局体制作为典型案例,通过这几个具有代表性的国有林区改革情况进行深刻剖析,对其治理体制改革实践进行总结介绍。

第六章,国外主要国家国有林治理体制超越路径依赖的经验启示。本章主要介绍美国、俄罗斯、日本、德国具有代表性的国有林治理体制,并对其治理体制进行述评,然后提出对我国国有林区治理体制超越路径依赖的借鉴与思考。

第七章,破解中国国有林区治理体制变迁路径依赖的政策建议。本章在前文理论分析的基础上,结合当前我国国有林区治理体制变迁的路径依赖问题及原因,提出在进一步深化我国国有林区治理体制改革过程中,国有林区要走出路径依赖的羁绊,市场化改革、消解沉淀成本和加强顶层设计等方面的政策建议最为关键。

五、主要创新与不足之处

(一) 主要创新

本书研究国有林区治理体制的路径依赖问题,这在研究我国国有林区治理体制方面开辟了全新的研究视角,也是把路径依赖理论引入我国国有林区治理体制创新研究的崭新尝试,推动了路径依赖理论研究的深度和广度。本书在以下几方面进行了创新尝试。

1. 理论创新

本书的研究特色是把制度变迁理论和路径依赖理论推广拓展到国有林区治理体制的研究,在研究我国国有林区治理体制方面开辟了全新的研究视角,拓宽了经济理论的研究领域。国内学者一直以来对国有林区政策研究较多,而对国有林区制度变迁及路径依赖问题的研究比较少,也没有人同时使用制度变迁理论和路径依赖理论对国有林区治理体制的路径依赖问题进行经济学意义上的阐释。本书正是以这个空白点作为切入角度,运用制度变迁和路径依赖理论作为分析框架,揭示国有林区治理体制路径依赖的本质属性,并提出具有前瞻性、战略性和可操作性的政策建议,推动了国有林区研究的深度和广度。

2. 研究方法创新

本书运用多种方法研究国有林区的路径依赖问题,通过深入我国一些重点国有林区实地调研,收集信息、总结经验,进行个案研究和比较分析,并在归纳总结前人理论研究的基础上,研究国有林区治理体制的路径依赖问题。结合交易成本理论、契约理论、委托—代理理论等多种研究方法,对国有林区治理体制变迁历程进行考察,通过归纳分析,力求发现国有林区治理体制变迁的规律,解释国有林区治理体制变迁的路径依赖问题,找出产生路径依赖的影响因素,并提供有价值、建设性的意见和建议。以确保国有林区实现资源增长、生态良好、林业增效、职工增收、社会和谐稳定的改革目标,为深化国有林区改革提供理论支撑、背景研究支持和参考借鉴。

3. 政策创新

本书以建立林业治理法制化和市场化为主要目标,通过切断国有林区部门利益关联及传递渠道,引入强大外力推动国有林区改革,从路径依赖视角和框架分析我国国有林区治理体制变迁的路径和国有林区治理体制演进等,提出切实可行的政策建议,以实现国有林区体制机制的根本转变。

（二）不足之处

1. 本书同时运用制度变迁理论和路径依赖理论阐释国有林区治理体制问题,由于笔者理论水平有限,又是一次全新的尝试性写作,可参考的文献又比较少,对国有林区治理体制的路径依赖问题探讨方面难免会存在一些争议,甚至缺点和不足。

2. 本书以理论研究和定性分析为主,提出一些可能性创新,但由于笔者使用计量工具能力有限,对某些实际问题的量化分析相对不足,只是采用归纳分析方法。这些观点是否正确,敬请各位专家多提宝贵意见。

3. 由于客观条件限制,本书还缺乏详细的国有林区运作数据,在一定程度上简化了国有林区治理体制变迁的复杂机理,有些深层次问题还未涉及。

第 一 章

中国国有林区治理体制变迁路径
依赖问题研究的相关理论基础

本章对本书研究所运用的经济理论进行概述,主要包括制度变迁理论、路径依赖理论、不完全契约理论、委托—代理理论、生态经济理论和可持续发展理论。另外,提出了中国国有林区治理体制变迁问题研究的路径依赖理论分析视角。

第一节　制度变迁理论

20世纪70年代前后,长期经济史的研究对解释经济增长起到了巨大推动作用,最终把制度作为解释经济增长的一个重要因素,随着经济社会的不断演变,逐渐形成制度变迁理论。对于制度变迁理论,众多学者给出了不同的解释。本节将制度变迁理论分为制度变迁的涵义、制度变迁的分类、制度变迁的原因、制度变迁的主体、制度变迁的路径、制度变迁的方式等方面的内容进行阐述介绍。

一、制度变迁的涵义

所谓制度变迁,就是一个逐渐进化发展的过程,具体体现为制度的更替、制度的转换以及交易。在理论界,众多学者给出了不同的解释。在诺思的眼里,所谓制度变迁,就是制度从创立开始逐渐随着时间而发生变化的过程,在这一过程中经济实现了长时间的增长。[①] 而林毅夫将制度变迁划分为两部分:一部分是制度总会出现与市场经济发展不相适应的部分,因而在利益的诱导下自动进行调整;另一部分是国家出台相关的法律条例对制度进行改革,这样做的目的在于满足自身力求产出最大化的目标。[②] 新制度经济学与传统经济学所持观点有差异,他们认为变迁的根本目的在于维持均衡状态,制度变迁的最主要原因是不均衡,而其最终目标就是实现均衡。当目前存在的制度已经不能满足人们的需求,但是并没有采取具体措施来改变此种情况,处于这种时期就是制度不均衡的体现。制度变迁说到底是出现了现有制度的替代者,这种替代制度能为人类提供更高的利益,能更好地满足人们的需求。然而,实践表明,制度变迁的发生是由多方面因素导致的,不仅仅是因为制度体制中存在着不均衡的因素。完全均衡的制度只存在于纯理想化的经济世界,在现实生活中,制度并不是近乎完美的。

二、制度变迁的分类

由于某种因素,社会发展方向进行调整,或者对于各经济主体进行重

---

① ［美］道格拉思·C.诺思:《制度、制度变迁与经济绩效》,杭行译,格致出版社、上海三联书店、上海人民出版社 2008 年版,第 17 页。

② ［美］道格拉思·C.诺思:《制度、制度变迁与经济绩效》,杭行译,格致出版社、上海三联书店、上海人民出版社 2008 年版,第 17 页。

新配置,以及利益相关者之间重新分配利益等都可以称为制度的变迁。在诺思(2008)看来,制度之所以会进行变迁,其根本原因在于竞争的存在,即资源是稀缺的,当企业处于一个完全竞争市场时,发生制度变迁的可能性最大。① 制度的建立都是依靠一定的经济体制和社会背景的,因而,随着时代的进步和经济的发展,已经存在的制度必然要进行相应的调整来适应未来发展的大形势。制度与社会环境之间存在着密切的关联,具体体现在:首先,随着经济的发展,社会环境不断发生变化,这导致制度体系必须做出相应的调整,简而言之,就是社会环境的变化是制度变迁的重要因素;其次,制度进行一定的调整后,就会在一定程度上改变人们的行为习惯,从而潜移默化地影响社会环境。现阶段,根据已有文献的记载对制度变迁进行分类,大体可以分为四类:

第一类,按照制度变迁的主动性不同,可以将其划分为被动的强制性制度变迁和自发性制度变迁,主要代表学者如林毅夫、诺思等。所谓强制性制度变迁就是在政府部门的主导下,并有相关的文件加以配套实施的,并且是较为彻底的改革,从上到下都要变。强制性制度变迁的特征十分明显,制度变化的程度大,并且可以节省大量的时间。该类变迁可以充分做到节约成本。宪法的修订就属于该类制度变迁。而作为自发性制度变迁,变化过程则相对缓慢,这是因为缺乏政府部门的主导,通常是人们自发进行的,是一个由小及大的过程。在我国的发展过程中,比较突出的实例就是改革开放以来的农业制度改革。

第二类,在制度变迁过程中,可以依据变化大小将其划分为创设式制度变迁和移植式制度变迁,此种分类的主要支持者是曹元坤。完全修正原有制度,并且无先例可循是创设式制度变迁的主要特点。该类制度变迁以某种理论预期为依据,需要进行大量的试验,并进行分析,再针对分

---

① [美]道格拉斯·C.诺思:《制度、制度变迁与经济绩效》,杭行译,格致出版社、上海三联书店、上海人民出版社 2008 年版,第 73 页。

析结果进行调整,一系列的过程需要耗费相当多的时间和精力,最大的弊端在于经过如此复杂过程的制度带来的后果还是不确定的。最典型的例子就是我国的经济体制改革,建设社会主义市场经济体制,需要在实践中不断试验,并总结经验,同时还面临着很多不确定性,需要花费巨大的成本。移植式制度变迁,顾名思义,就是根据先前已经存在的制度形式进行制度创新,此种创新方式明显优于创设式制度变迁,不仅可以保证变迁后制度的效果,而且面临的风险较小,能够更好地节约成本。我国的法律制度建设就是通过参考发达国家法律制度,不仅在一定程度上节约时间,降低成本,而且面临的风险程度较低。

第三类,制度变迁在规模上也存在差异,由此出现了整体、局部两种类型。整体制度变迁是从一个较大的范围入手进行制度体制改革,如东北地区,所谓整体就是说制度变迁涉及的制度体系较多,包括各个层面的制度在内,统一进行制度改革。该类制度变迁的突出特点是包含的领域众多,进程缓慢,在进行制度创新时,要充分考虑到各种制度所受到的限制,各类制度间存在的基本联系,做好协调工作。与整体相对应的就是局部,局部制度变迁涉及的范围较小,往往只是单独一个领域的制度进行改革,不会对国家的整体经济形势产生重要影响,其优点在于速度快。在我们身边存在很多局部制度变迁的实例,如税收制度的改革等。很多个局部变迁加总在一起成为整体性变迁。

第四类,制度变迁进程有快有慢,据此可以将其分为两种变迁形式:激进式和渐进式制度变迁。激进是一种做事只在乎结果,不考虑过程的行为。激进式制度改革也是如此,其唯一的目的就是将制度改革成最初的要求,变迁不注重采取的形式,也不关注制度的协调性,越早达成目标越好。由于激进式制度变迁要求改变原有的制度,所以存在着严重的弊端,这种改革方式需要承担巨大的风险,另外没有考虑到制度间的连带关系,容易导致整个制度体系的崩溃。而渐进式改革与此相反,其旨在通过不断的积累,逐步推进制度变迁,最终达到制度创新的目的。渐进式制度变迁注重过程,其往往找到某一制度作为出发点,然后再进行后续操作,从而可以稳健地实现制度改革,同时不会给整个制度体系带来大的影响。

三、制度变迁的原因

为什么需要进行制度改革,这是一个值得思考的问题,关于这个问题,理论界给出了一个较为统一的答案,根本原因在于隐性利润的改变,表现为相对价格的改变和人们意识形态的进步。制度理论界做出一个大胆的猜想:当现有制度无法满足个体对利益的期望水平时,就会推动个体改变现有的规章制度。

相对价格的改变与偏好的差异是影响行为主体能否获得潜在利润的主要因素。众多要素共同构成相对价格,主要包括:各类生产要素的价格比率,获取价格信息产生的费用变化等。在现实的生产活动中,价格是影响生产者收益的主要因素,因此,相对价格如果发生较大的变化,将会使很多相关者的利益结构发生改变。制度变迁发生的原因之一在于相对价格的变化,这是因为它使潜在的利润转化为实际利益,这样就会使行为主体的期望落空,因而会进行制度改革。个体的偏好会随着时间、所处环境而发生改变,具体体现在个体行为的变化,这也会推动现有制度的改革。

人类意识形态的转变也是导致制度必须进行变迁的主要因素,在经济学领域,认为人类是非理性的,同时也被称为经济人,追求自身利益的最大化是其最终目标。但在现实生活中,人类追求的目标不仅仅如此。同样,也是诺思在 20 世纪 80 年代提出:"一个有关制度变迁的动态理论如果限于严格的对个人主义的、有理性目的的活动的新古典式约束,我们就无法解释从古代犹太人顽强的斗争到 1935 年通过《社会保障法》期间所产生的大多数现实变化。现实的经济变化的发生不仅是因为相对价格的变动对新古典模型产生压力,而且是因为不断演变的意识形态观念使得个人和集体对自身地位的公平性产生相互对立的观点,并使他们按照这些观点行动。"①

　　为了更深入理解制度变迁问题,可以借助供求模型来阐释制度变迁行为,如图 1.1 所示。

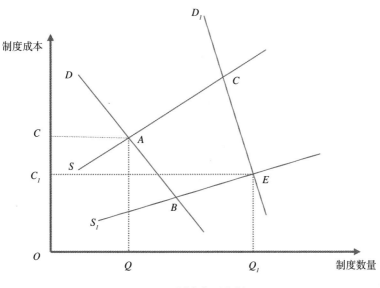

图 1.1　制度变迁分析

　　在图 1.1 中,横坐标代表制度数量,纵坐标代表制度成本。S 代表制度变迁之前的制度供给曲线,表明一项制度从决定实施,到具体的创建,再到实施等一系列过程所需花费的成本, S 曲线向右上方倾斜,意味着制度数量与制度成本之间存在一种正相关关系,即制度数量越多,供给成本就越大。而另一条曲线 D 代表制度需求曲线,即表明对制度变迁的需求程度有多大。它表示制度接受者和社会需求与制度成本的关系,通常,由于制度供给所产生的成本越大,制度需求就越小;制度供给所产生的成本越小,制度需求就越大,因此,制度需求曲线是向右下方倾斜的。两条曲

―――――――――

① [美]道格拉斯·C.诺思:《经济史中的结构与变迁》,陈郁等译,上海三联书店、上海人民出版社 1994 年版,第 64 页。

线,制度供给曲线 S 与制度需求曲线 D 相交于均衡点 A ,制度数量为 Q ,制度成本为 C 。由于制度变迁的动力主要取决于制度变迁的预期收益,当预期制度变迁存在净收益时,一方面,制度供给会增加,这样供给曲线将向右下方移动,变为制度供给曲线 S_1 ;另一方面,制度需求也会相应增加,这样需求曲线将向右上方移动,变为制度需求曲线 D_1 ,供求相互作用形成了新的均衡点 E ,制度数量为 Q_1 ,制度成本为 C_1 。与均衡点 A 相比,新出现的均衡点 E 意味着制度的成本更低,在相同投入情况下,可以完成更多数量制度的建立。以上的分析是基于静态理论,如果换个角度,根据动态理论对其进行分析,从 A 到 E 的变动,那些走在制度变迁的领先者可以获得超额收益,而较早的制度模仿者也可以获得一定的净收益,直到当新的均衡点 E 出现时,进行制度变迁将不会带来收益,实现供求均衡,也就意味着制度变迁完成。

四、制度变迁的主体

与传统制度经济学不同,新经济形势下的制度经济学将制度主体多元化,认为其主体可以由多种单位来充当,如个人、政府部门等。经过长时间的探讨,认为只有政府部门不会借制度变迁来满足自身的利益,同时,政府部门也具有进行制度改革的内在动力,因而理论界给出最后的定论,政府是主导制度改革的主要负责人。

导致政府由组织向制度变迁主体转变的因素是多样的,主要包括:第一,在社会经济体制下存在着竞争机制,从而使政府和制度的关系越来越密切,成为进行制度变迁的关键因素。为了在激烈的竞争中获得有利地位,各经济主体必须提升自身的技术水平,为获取一定的技术会慢慢形成一定的约束,而经过不断的演变,最终会改变原有制度。第二,出于对自身利益的考量,原来组织控制者将在一定程度上促进制度变迁的方向向着有利于自身利益的方向发展,简而言之,制度变迁的过程实际就是各类制度参与者不断博弈,最终达成共识。第三,社会的发展离不开制度的制约,必须由制度来规范人类的行为。在社会发展过程中,制度是其前进的规则,而社会中的每一个组织是其发展的主导者。在整个制度变迁过程中,组织发挥着巨大的作用,具体来讲是有效的组织。实践表明,如果一个制度体系能够对人类的各项行为进行制约,例如只要掌握权力,就能获得利润,这样一来,在利益的驱动下,人们就会主动并且刻苦地学习权力类知识,与此相同,假如制度致力于发展生产力,提高经济运行效率,那么整个社会的经济增长速度就会不断加快。由此看来,制度变迁的方向在很大程度上取决于组织的行为。

五、制度变迁的路径

制度如何进行变迁,其方式是多种多样的,其中每个组织最为关心的,也是影响最大的是,国家如何设计产权制度。国家之所以会对产权进行重新配置,其主要原因在于减少由于商品交易而产生的各项费用,形成新的利益分配制度,正因为如此,在产权制度的相关理论中制度变迁理论占据了相当大的一部分。20 世纪 80 年代,著名学者诺思提出产权制度是十分重要的,在一定程度上解释了人类在经济发展过程中建立各种经济组织的意图。在整个经济发展过程中,产权制度发挥着不可估量的作用,为产权交易过程中的损益划清界限,能够激励人类高效生产。假设存在一种极端的情况,在整个交易过程中,不产生任何费用,这样不论国家怎样界定产权都是无用的。在交易过程中,产生各类不确定性带来的成本费用,这样就致使人们产生了减少费用的念头,从而想要实现产权的清晰化和合理化,人们明白在这个过程中也会不可避免地产生各项费用。因此,人们就会进行比较,当交易产生的费用大于界定产权带来的成本时,就不会进行产权制度变迁;反之,将会改革产权制度。相比较而言,国家适合来充当产权制度的改革者,这是因为国家进行制度变迁不仅产生的费用较低,而且能够极大地提高经济效率,促进资源的合理配置,实现整个经济社会的稳定发展。

制度变迁的第二种路径是在管理者领导下,意识形态的调整与进化,它同样对制度变迁发挥着不可忽视的作用:第一,意识形态可以在制度变革之前调整公众的预期,减少改革中的阻碍;第二,意识形态可以使复杂的政治经济利益关系变得简单化;第三,意识形态可以加强公众对自身的道德约束;第四,意识形态能够增加个体对整体的凝聚力;第五,意识形态能够修补产权制度的漏洞。制度的演进往往伴随着多种既相互矛盾又相互作用的意识形态,在这些社会意识的选择中,大多数人的意见一般而言占着主导地位,而少数人的意见和创新思想往往会被既有的规则框架消灭或同化。即使占主体地位的社会意识可能是低效的、不科学的,人们依赖于制度平滑发展而产生的稳定感,也享受着对其他意识形态的支配权,从而不愿意从根本上对制度体系进行变革。因此,在改革政治制度的过程中,必须依靠国家的力量,对管理者内部的利益结构进行调整,纠正社会集体对既有政策的盲目依赖,进而推动制度的发展和演进。

六、制度变迁的方式

制度变迁模式的形成和演进既依赖在总体社会经济环境下各部门之间的矛盾特征和利益斗争结果,也依赖管理者在一定阶段内依据社会发展规律所制定的发展目标。在二者的共同作用下,制度变迁可以由外部力量推进,即在社会经济环境变化的背景下,新的生产要求和新的利益集团不断产生,从外部促使着已经不适应新的发展需求的政治体制不断优化。此时是制度自下而上的变革,它往往依赖在利益斗争中占据优势的一方并排斥其他社会组成部分的利益,再加上利益主体不掌握政治权力的特性,变革过程常常会遇到来自统治者的障碍。因此,严格的监管机制和权力制衡机制是这种制度变革成功与否的关键。具有前瞻性的政府管理者可以在预见社会发展规律和总体方向的同时,从内部促进制度变迁,从而为生产关系的发展提前扫清体制上的障碍,减少制度变革时可能造成的成本和损失。在这种非排他性的制度改革过程中,管理者运用其掌握的各种权力,通过制度方针、法律规范的形式对社会体系进行系统性的规划。

不管是从内部推进制度变革还是从外部对既成的规则体系进行突破,都是一个制度变革集团与既得利益集团长期斗争的过程。在这一时期内,改革者的实力需要长期积累,不断吸纳更多的新生力量加入并进一步渗透到管理者队伍;相反,保守者的实力需要被相对削弱,越来越多的利益相关者意识到变革的必要性和必然性从而加强与变革团队的合作共同推动制度变迁。

第二节　路径依赖理论

路径依赖作为一个经济学正式的理论概念被提出来之前,在物理学、生物学和历史学科中就已经广泛得到应用。在现实生活中,大量的事实案例都足以证明在经济领域存在大量的路径依赖现象。因此,本节将重点梳理路径依赖理论的提出、形成和形式,为本书的中国国有林区治理体制变迁的路径依赖研究提供理论支撑。

一、路径依赖理论的提出

路径依赖理论由美国经济学家诺思首先提出,他认为,路径依赖类似于物理学中惯性的概念,一旦做出了某种选择,就好比走上了一条不归路,不管这条不归路的终点是好的还是坏的,这条路径的既定方向会在以后的发展中不断得到强化,使任何制度不会轻易逃脱这条路径。因此,人们过去的选择决定了他们现在和未来可能做出的选择。①

在经济学领域,好的路径会对企业产生正反馈的作用,通过惯性和冲力产生飞轮效应,经济发展因而进入良性循环;不好的路径会对企业产生负反馈的作用,就如厄运循环,经济可能会被锁定在某种无效率的状态下而造成停滞。而这些选择一旦进入锁定状态,想要脱身就会变得十分困难。典型的例子如铁路间距,现代铁路两条铁轨之间的标准距离为 4 英尺 8.5 英寸,这个标准的产生源于早期的铁路是由建电车的人设计的,而4 英尺 8.5 英寸正是电车所用的轮距标准,而最先建电车的人以前是建造马车的,所以电车沿用的是马车的标准。最后,马车所用的标准正是在古罗马牵引一辆战车的两匹马屁股的宽度。美国经济学家阿瑟(1989)认为,新技术新制度的产生往往具有报酬递增的性质,由于种种原因,首先出现的技术通常可以凭借时间上的优势占据主导地位。巨大的规模效应使得该种管理技术应用的单位成本减少,大范围的流行又使学习效应得到加强,再加上许多行为者采取相同技术导致的协调效应,人们会对它产生依赖,从而实现自我加强的良性循环。② 相反,一种具有较之其他技术更为优良的技术却可能因为迟到一步,没有获得足够的追随者,而陷入恶性循环,甚至锁定在某种被动状态下,难以自拔。总的来说,路径依赖可以是消极的,也可以是积极的,这取决于制度最初形成时是高效的还是低效的。一旦在最初就是错误的,后续的发展过程也难以逃脱这一路径,形成一种恶性循环。路径依赖形成初期,对周围环境非常敏感,既会受到多方利益集团斗争结果的影响,也会受到一些人为性因素的作用,从而使得路径的形成和发展难以被把握。路径依赖形成后,会随着惯性的作用沿着既定轨迹长期存活,在这一阶段的偶然性因素就无法对路径产生较

---

① [美]道格拉斯·C.诺思:《理解经济变迁过程》,钟正生等译,中国人民大学出版社 2008 年版,第48页。

② W.B.Arthur,"Competing Technologies, Increasing Returns, and Lock-In by Historical E-vents",*The Economic Journal*, Vol.99, No.394(March 1989), pp.116–131.

大的影响。

二、路径依赖理论的形成

关于路径依赖理论的形成,不同领域、不同学者发表了诸多的观点,下文则对路径依赖产生的关键性因素进行了综合性的概括。关于报酬递增方面,阿瑟(1989)和大卫(1975)[1]认为,报酬递增是路径依赖形成过程中关键性的因素。显然,任何决策随着时间的发展都会产生报酬递增的效应,尤其是当这种决策已经扩散到相当大的规模时,它所能够带来的收益也越来越可观,从而促进路径依赖的形成。关于沉淀成本方面,沉淀成本是指由于过去的决策已经发生或承诺、无法回收的成本支出,它是一种历史成本,对于现在的决策而言是不可控的。对于理性经济人而言,做出新的决策时应该忽视掉沉淀成本。然而,现实的选择中,人们往往很难做到理性。对于路径依赖的形成,一旦做出了某种选择,人们就要为之付出代价,即投入大量的初始建设成本和后续对其维护的成本,从而形成了巨大的沉淀成本。即使人们发现最初的选择有着种种弊端,已经不可回收的投入也会阻碍人们进行变革。关于惯性锁定方面,对于组织而言,路径依赖形成的背后都要对利益和所能付出的成本进行考虑,一种制度形成后,相应的利益集团也会随之产生,它们对现有制度的稳定性有着强烈的需求,只有不断维持和强化现有的制度才能保证它们长期获益,即使新的制度更符合当下的社会经济发展情况。对于公众而言,一种选择或行为会随着时间的发展不断对社会进行渗透,从而产生一种惯性,人们追求稳定感并不愿意对现有的行为习惯进行改变。同时,即使所有人都意识到了既定的路径是不完善的、低效的,人们也不愿意去做那个"特立独

---

[1]　P.A.David, *Technical Choice, Innovation, and Economic Growth*, Cambridge: Cambridge University Press, 1975, p.237.

行"的人,对占主导地位的利益集团进行批判。关于自我强化方面,某种选择或行为做出后,随着长期的发展,它们不仅会受到人们的维护,其本身也不是一成不变的,会不断进行自我修复和完善。大量的制度行为会被建立用于补充该种选择的不足之处,通过在外部不断构建与之相配合的机制,它们自身的延续性得到了支撑和稳固,从而形成了路径依赖。该种选择内部的利益集团也会根据外部环境的变换调整其内部结构,从而加强该种路径的稳定性。关于时间顺序方面,最先出现的选择往往会长期的占据优势,公众对先出现的选择总是抱有认同感和新鲜感,而后续出现的同类型的选择,人们会认为它们是模仿者、抄袭者,从而潜意识中对其采取了一种排斥的态度。换句话说,任何选择都存在先来后到的问题,在公众心理已经对路径依赖产生认同后,就不容易改变他们的想法。关于随机性因素方面,不可预测的随机性因素的影响也是不可忽视的,决策在做出的初始阶段,往往会受到一系列偶然性因素的影响,从而改变它在后续发展中的轨迹。这些偶然性事件常常包括当事人的心理机制、所处的社会环境、"黑天鹅"事件的发生等,它们从多个角度共同作用于行为人的决策结果。

三、路径依赖理论的形式

诺斯指出,路径依赖通常有两种形式,这两种表现形式都是在极端的状态下形成,二者之间还包括种种中庸的其他形式。第一种形式是建立在完全竞争的市场环境下,一种制度在这种有效市场机制的环境下产生,并能够高效地运行,它反过来也会带来正的外部效益,促使与其有利益关联的经济组织和社会团体在原有的发展轨迹下,不断依据环境的变化和时代变迁带来新的特点对自身的运作机制进行完善。即使这种完善可能会造成一些消极的影响,但那只是暂时性的,相关的组织团体能够在保持既有优势的同时进行探索,从而形成更加稳健高效的发展路径,促进社会经济的发展。第二种形式则处于另一个极端,假设一个制度在初始建立时便处于不完全竞争的市场环境,并出于制定者的失误或个人利益而设立,这样从建立制度开始就是错误的和无效的。而在长期的发展过程中,这种制度往往通过自我强化和报酬递增机制有了相当规模的支持者,同时,既得利益者,通常具有一定的政治权力,也会大力宣传并拥护现有的制度。这就使得这种制度会局限于既定的框架内,不能进行突破和变革,进而导致了社会经济发展的效率低下,产生负的外部效应。

第三节　不完全契约理论

19 世纪 50 年代,西蒙就提出了第一个不完全契约的理论模型,但是真正开启了不完全契约理论正式探究的学者是格罗斯曼与哈特。另外,哈特和莫尔两人一起研究出不完全契约和产权理论,该理论也被称为(格罗斯曼-哈特-莫尔)理论,英语表示为 GHM,或者 GHM 模型。科斯定理的一个重要前提,就是在完全竞争市场的环境下,市场的交易成本为零,也就是契约的完全,那么无论信息多么复杂,契约也能涵盖所有可能性,在这种情况下,治理结构选择是无关紧要的,无论是国有林区还是集体林区均能实现帕累托最优。然而实际上,市场是不确定的,信息是不完全的,理性是有限的,导致契约往往是不完全的,也会相应产生一系列激励与协调不完全的问题。因此,从不完全契约角度分析国有林区的路径依赖问题,有利于为国有林区改革转型发展提供重要思路。

一、不完全契约的产生原因

在完全契约中,每个人都是完全理性的,能够预测未来可能发生的事件,并且两方有能力达成契约,并且在合约生效后,双方当事人能够自愿遵守合约上的各项规定,当发生矛盾和纠纷时,第三方有条件对契约条款进行强制执行。然而,在实际经济生活中,人们签订的契约往往是不完全的,也就难以签订一个十全十美的契约。不完全契约产生的原因主要有以下几个方面:第一,人是有限理性的。与人是有限理性对应的是理性经济人假设,但它之所以被称为假设,就是在现实经济社会中,完全理性是不可能存在的。人们通常会受到个人能力的限制,不管是知识的掌握和运用,都不能达到完全理性的状态。另外,人们的身体状况、心理素质、生存环境也会受到各种各样的干扰。因此,人的有限理性约束了人们签订契约所能到达的满意程度,人们总会受到各种各样信息的干扰,无法使自己的利益最大化,从而促进了不完全契约的形成。第二,交易成本对不完全契约在很大程度上产生了影响。交易成本常常受到交易的规模和市场流动性等因素的限制,当交易规模足够大并且市场流动性足够强时,契约签订的双方往往会提前为这项交易做出资金、信息、相关文件上的准备,而这些准备在高度流通的市场下也更容易完成。契约双方通过长时间的磨合谈判,对彼此和交易本身进行了充足的了解,从而使得交易条款更加完备,后续的履约处理等也将更加符合法律的规范,从而实现了双方的最优资源配置。但在现实经济运行中,交易成本在不完全竞争的市场环境下充斥在交易流程的各个环节中,即在签订契约时,取得交易信息的成本、获得充足运作资金的成本、各种手续费用以及应付意外事件所必须考虑的成本等,都对交易各方产生了极其负面的影响。尤其是针对后续偶然事件的处理问题上,交易成本的存在使得契约双方为了减少制定各种条约的成本而不得不增加契约的风险,一旦在契约签订后发生了随机性的事件,交易双方就暴露在风险中,从而无法保证自身的最大利益。第三,信息不对称是形成不完全契约的一个重要因素。信息不对称是不完全竞争市场的基本特征,它是指交易双方所掌握信息的广度和深度都是不同的,占据优势的那一方往往更容易满足自身利益,而信息处于劣势一方的利益则会受到损害。在订立契约的过程中,掌握更多信息的当事人可能会出于自身利益的考虑而向另一方隐瞒关键信息,从而狡黠地追求自身利益,逆向选择和道德风险问题也会随之产生。信息不对称问题造成了市场交易双方的利益失衡,影响社会的公平、公正原则,以及市场资源配置的效率。第四,契约条款含义不清晰也造成了不完全契约。相同的契约条款会因为个别词语含义的不同而呈现出相互矛盾的解释,最终也会造成不同的结果。契约签订的当事人可能会忽略一些语言的实际含义,并由此带来损失,也可能会处于自身利益的考虑,有意设计语言陷阱,以上都会引起契约的不完全。要想避免语言词义带来的模糊性,只能在契约订立时有更多、更复杂的条款去阐述交易内容,这又会带来交易成本的提高,为交易双方带来利益损失。

二、不完全契约的两个分支

(一) 交易成本经济学

交易成本指在社会中人们进行交易合作所需支付的成本。诺贝尔经济学奖得主科斯于 1937 年首先对交易成本进行了阐述,它的根本论点在于对企业的本质进行解释。由于交易成本泛指所有为促成交易发生而形成的成本,因此很难进行明确的界定和列举,不同的交易往往涉及不同种类的交易成本。① 总体而言,交易成本可以简单分类为:第一,信息采集成本。对市场信息、商品信息与交易对象信息进行收集的成本;第二,信息交换成本。指选择交易对象后,与对方进行信息沟通的成本;第三,议价成本。指交易双方针对契约、价格和商品品质进行讨价还价的成本;第四,决策成本。企业内部管理机构做成相关决策并最终签订契约所需的内部成本;第五,违约成本。交易一方违约而造成的事后成本;第六,对交

---

① 李志强:《现阶段中国市场流通费用及交易成本研究》,《科学经济社会》2011 年第 4 期。

易对象是否按照合同规定进行交易的成本。威廉姆森进一步将交易成本区分为事前交易成本和事后交易成本两大类。① 由于不完全竞争市场的存在和偶然性事件的频繁发生,交易双方存在信息不对称问题。订立契约的当事人不能完全了解彼此的资金水平和信用水平,从而无法对交易本身未来的收益和损失做出可靠的预测,因此在契约签订前,需花费大量的成本对需要的信息进行归集整理,这就构成了事前交易成本的一部分。在制定条约时,交易双方为了保证自身利益进行谈判协商,尽量完善契约,减少合同中的漏洞,这又构成了事前交易成本的另一部分。另外,在契约签订后,人们的有限理性使得契约无法满足各方利益并应付各种随机性事件,从而交易双方需要对契约的维护付出相当多的时间和精力。而一旦契约暴露在风险敞口中,更改、解除契约又会使得交易双方血本无归并负担着大量的机会成本,这些都构成了事后的交易成本。相对于以上的一次性交易成本,高频率的交易会有效减少契约双方的交易成本。交易的频率越高,相对的管理成本和议价成本会降低,对交易对象信息的收集和交换成本也会显著性地减少,最终会使企业的交易成本内部化以节省企业的交易成本。

(二) 新产权理论

新产权理论的奠基人是奥利弗·哈特,他认为避免不完全契约产生的关键在于通过完善交易者事前事后的风险保护机制,减少交易的成本。② 在《社会成本问题》中,科斯首先准确完整的对交易成本进行定义,并强调了产权分配在交易中的关键作用。随后,科斯提出了著名的科斯定理,即当交易成本为零或者非常低、可以忽略不计时,不管产权在交易双方如何被分配,只要在契约开始制定之前产权能够被明确地界定,那么

---

① [美]奥利弗·E.威廉姆森:《资本主义经济制度》,段毅才、王伟译,商务印书馆 2002 年版,第 34 页。

② O. Hart, J. Moore, "Incomplete Contracts and Renegotiation", *Econometrica*, Vol. 56, No. 4 (July 1988), pp.755-785.

交易者总能够通过利用市场机制达到双方利益最大化并实现最优的资源配置。这个理论进一步强调产权界定在契约签订时不可忽视的地位,即不论市场是否是完全竞争的,产权界定往往是契约签订的首要前提。而在实践过程中,完全竞争市场不可能存在,信息不对称同样无法避免,因此交易成本是不可能降低到理论中所描述的水平,从而产权的界定与分配变得更加重要。GHM 模型作为不完全契约理论的另一个分支,详细地对产权理论进行了阐述。该理论前提假定交易者都是风险中立的投资者,且双方的经济实力雄厚,有足够的资金进行投资,同时不存在其他获益的投资方式。交易双方针对一种产品签订了契约,由于产品的买方在做出签订契约的决定时,无法获得该种产品的准确信息,此时的合同即是不完全的。而卖方不仅能够掌握并控制这种产品的生产情况,还能在买方不知情的情况下进行专有化投资,从而衍生出更多种类的产品。这便使交易的买方暴露在风险之中,对其利益造成了损失,增加契约不能被履行的可能性。产权学派指出:要增加契约的完备程度,可以在契约签订之前,减少事前交易成本从而提高工作效率,也可以针对于事后各种随机性事件发生的不确定性,提高契约条款适应各种偶然事件的灵活程度。但由于人们的有限理性,契约本身总是有一定漏洞和缺陷的,所以应该至少保证利益更容易受损的一方能够增强自身的风险抵抗力,主要通过企业产权机制的分配,激励交易者进行投资。

第四节　委托—代理理论

相对于不完全契约理论而言,作为完全契约的委托—代理理论,则是体现委托人与代理人激励相容问题。之所以会出现委托—代理问题,是因为在企业的运营过程中存在着所有权和控制权的分离。在 20世纪 30 年代,有两位学者,分别是伯利和米恩斯,通过大量的研究,发现在所有企业运营的过程中存在一个突出的问题：企业的所有权与控制权分离，同时在利益目标上，企业的控制者和经营者存在分歧。在20世纪70年代，关于企业内部所有权与控制权分离的问题受到越来越多的专家学者关注，并且通过大量的研究，提出了有关于所有权与控制权分离的理论，即委托—代理理论。针对这个问题，他们的主要观点是，在经济快速发展的同时，企业内部的分工已经非常精细，企业的所有者已经无力对整个企业的全部运营过程进行管理，这样一来，就出现了一类人，其主要职责就是专门代理企业的所有者对企业进行管理，即代理人。在20世纪70年代末期，学者们给出了科学的定义，将这种权利的分离称为委托—代理关系，在这种关系中，委托人和代理人追求的利益目标存在巨大分歧，对于委托者而言，其想要实现的是企业利润的最大化，实现企业的快速发展；但是代理者的考量却不是如此，他想的是如何实现自身利益最大化，这样就不可避免地产生了利益冲突。在出现这种情况时，作为企业日常的经营者，代理人极有可能放弃委托人的利益来换取自身利益，他们可能不会考虑企业的长远发展，只要自身利益能够得到保障即可。相反，如果代理人完全从委托人的角度出发来实现对企业的经营，那么企业利润最大化还是可以实现的。但是作为企业的名义经营者，委托人对于企业的信息掌握的较少，更多的是通过代理者了解，此外，委托者对于代理者的监督通常是无效的。代理人作为企业的实际经营者，他可以在第一时间掌握关于企业运营的一切信息，权利的所有者无法对代理人的管理方式和行为动机进行把握，这样就会产生信息的不对称。由此看来，企业的实际所有者要想对企业的实际经营者进行有效的监督管理，就必须通过一些变量指标对其行为动机进行判断，进而实现企业的利润最大化目标。正因为如此，委托—代理理论才会出现，它可以帮助企业的所有者建立有效激励机制，从而使其在委托者和代理者的争论之间达到平衡。

在整个理论框架中，十分强调激励机制和协调机制的重要性。首先,企业的所有者可以采用订立契约的形式来保障自身利益。作为企业的投资者,假如能够清晰地了解企业的经营情况,他们就会针对所了解的内容来制定相关的制度规范,以此来制约代理者的行为。但是那是一种理想状态,在现代企业的运营过程中,企业的投资者往往很难了解到企业的经营信息,面临着严重的信息不对称问题。在这种情况下,企业的投资者会采取一种激励机制促使企业的实际管理者以公司利益为追求目标。常见的激励方式主要包括:发放年终奖,或者对代理人进行股权激励,也就是给予代理人公司的股权,这样公司的利益与他自身利益息息相关了。此外,还有一种较为有效的激励方式,就是采用权利或者荣誉激励,即可以承诺,经营状况良好的代理人可以升职,或者可以颁发一些证书,来对其业绩予以肯定,当代理人的权利和荣誉与企业相关时,自然会从企业的角度出发进行经营管理。以上的激励方式均可以化为企业的内部激励,此外企业还存在外部激励机制。整个产品市场的激励竞争,使得企业的管理人必须努力做好经营工作,同时代理人市场的出现,会让企业的管理者产生一种危机感。做好代理人和委托人的协调工作,在企业的经营过程中,应该努力做到满足各相关人员的利益追求。也就是说,要实现"按劳分配",在企业稳定的运营过程中,每一位利益相关者都发挥着十分重要的作用,他们的工作不同,对企业的贡献不同,因而在利益分配过程中也要区别对待,避免产生利益冲突。特别是企业的运营陷入艰难时期,这种利益冲突会表现的更加明显,如果企业不能就这一问题,采取合理有效的措施,那么极有可能是企业陷入危机。在协调利益相关者之间的关系的过程中,不要采取特殊关注原则,即对某一人的利益特别注重。因此,在企业的经营过程中,要充分协调好各类关系,不仅是企业投资者和管理者之间的利益问题,还有董事会和经理层之间的利益平衡,并且密切观察,做到防患于未然,一旦出现利益冲突,就立即采取有效措施。

第五节 生态经济理论

生态经济理论是从经济学角度研究生态系统和经济系统所构成的复合系统的结构、功能、行为及其规律性的学科。当前,生态经济理论研究的前沿主要集中在经济增长的生态经济学研究、生态系统的经济分析、具有开放进入特征的生态系统管理的研究等方面。本节主要阐释生态经济学的形成、特点和内容,力图为研究国有林区实现绿色转型提供理论支持。

一、生态经济学的形成

现代经济学认为自然资源是一种客观存在,只有纳入人类社会范畴才具有经济价值,而作为自然资源主人的人类是以追求自我利益最大化为行动取向,基于这样的前提,现代经济学的研究就会过分狭隘地集中在财富、效率、创新和最优等方面,目的是满足人类无限增加的物质欲望,而忽视了自然生态环境的承载能力和基本规律,破坏的是人类的共同福祉,这恰恰说明了现代经济学的局限。而生态经济学的研究颠覆了现代经济学的核心理论,把研究的焦点转向大多数生命的福祉上,主张要超越传统经济增长,更加关注经济可持续发展和代际的公平问题,希望避免"公地悲剧"的发生。20 世纪 60 年代后期,生态经济学作为一门新兴独立的学科开始登上历史舞台。1962 年,美国海洋学家莱切尔·卡逊第一次真正把经济社会问题纳入其著作《寂静的春天》的生态学研究之中。又过了几年,美国经济学家肯尼斯·鲍尔丁正式提出了"生态经济学"的概念。进入 21 世纪,美国著名的生态经济学家赫尔曼·达利和小约翰·柯布在其著作《21 世纪生态经济学》中,把经济系统作为生态系统一个子系统来研究 21 世纪的新经济学问题,指出传统的经济增长将我们引向环境灾难的边缘,主张用最小的生态代价换取最多数人的福祉。

二、生态经济学的特点

生态经济学作为一门生态学和经济学交叉形成的新兴学科,其特点主要有:第一,综合性。生态经济学研究范围非常广泛,包括生态系统、经济系统和社会系统等,主要基于自然科学的生态学角度来研究经济问题,从经济系统角度反观对自然生态系统的影响和作用。第二,层次性。生态经济学研究层次非常清晰,纵向来看,从顶层全社会生态经济问题的研究,就可以分为多个领域,比如,森林生态经济、湖泊生态经济、海洋生态经济、草原生态经济、农村生态经济和城市生态经济等。还可以继续细分,如森林生态经济又包括国有林区生态经济和集体林区生态经济,并可以根据主要树种继续细分,分别研究其各自的生态经济问题。横向来看,可以划分出区域,以区域为单位对其进行生态经济问题研究。第三,地域性。由于不同地域之间地形地貌和气候条件状况差异较大,对地区经济影响较大,造成生态经济学研究的地域性非常明显,特别是林业生态经济和农业生态经济表现更为突出,所以生态经济学研究通常都是以一个国家或一个地区为单位,对其生态经济情况进行研究。第四,战略性。生态经济学研究的是关于人口、资源和环境等一系列事关全局、影响深远的重大生态经济问题,不仅要使生态经济系统实现整体效益最优化,而且还要从长远利益角度上,研究一系列长远战略规划决策,还需要处理好区域和全局,当前与长远的关系。所以说,生态经济学是一门战略性非常强的学科。

三、生态经济学的内容

生态经济学是研究生态经济系统中生态系统与经济系统之间关系及

其规律的科学,主要内容包括:第一,生态经济基本理论。研究经济运行同自然资源和生态系统稳定、协调和共进的关系,人类社会的可持续发展,生态价值理论,循环经济理论,人口、资源与环境协同发展等。第二,生态经济区划、规划与优化模型。根据不同地区的自然、经济和社会情况,用生态经济学的理念进行指导规划,发挥其最大的生态经济价值。对于林区来说,农村地域空间广阔,林农从事生态产品生产,生态还原能力较强,发展林下经济具有广阔空间。对于城市来说,具有人口集中、工厂众多和市场巨大的特点,人工生态经济系统非常复杂,而系统还原能力又极其薄弱,城市的自然生态环境容易恶化,要根据林区和城市的不同情况,研究出适合当地情况的生态经济发展模型非常重要。第三,生态经济管理。国家通过制定相关生态经济标准,制定生态经济效益指标评价体系,环保部门要对产业项目建设做出环评,看是否达到标准要求,对于不利于生态环境的项目要坚决予以取缔,对于不符合不衔接不适应生态环境的法律规定要及时进行废止或修改,要加强保护生态环境方面的立法与执法,建立起生态经济良性互动的长效机制,这是生态经济学研究的重要对象。第四,生态经济发展史。从古至今,人类社会发展同生态经济关系就十分密切,生态经济问题一直备受关注,经济社会发展要同生态环境的承载力相适应,具有很强的历史普遍性,因此加强生态经济发展史的研究,找出其演变规律,对于实现人类社会生态生产生活良性循环具有重要意义。

第六节　可持续发展理论

可持续发展理论起源于古代哲学文化的精彩绝伦之处,在于其探讨的两大基本关系,即人与自然的共生和人与人的关系。进而研究人类活动的时代特征、人类活动的理智管理、人类活动的利益规则、人与自然的进化动向、人对于环境的开发与利用、人与人之间关系的品质原则,并且上升到一个人与自然一致融合的层面,形成一种人与人和谐有序的氛围。20世纪60年代,最初的"人地关系"学说转变为寻求、发现"自然—社会—经济"这一复杂机制的演变过程及其核心要义。可持续发展理论的中心思想也包含了探寻人与自然、人与人关系的协调。80年代中期,《我们共同的未来》系统地阐释了环境、社会、经济的协同发展的原理和重要性,标志着可持续发展理论进入了一个崭新的时代。可持续发展理论的本质一直沿着三个主要方向不断深入,这三个方向涉及的学科为经济学、社会学和生态学,它们已被国际公认。同时,可持续发展理论还通过利用自然环境的加速变化、社会效应和人为痕迹等试图有机地结合当代与后代、空间与时间、结构与功能等领域。生态学方向就是力图将生态平衡、自然保护、资源环境的永续利用结合起来组成其基石。该方向把保护环境与发展经济之间的平衡作为衡量可持续发展的指标。

　　中国在对可持续发展的理论和实践的研究方面有很强大的优势,基于上述的三个主要方向,独立提出了可持续发展的第四个方向——系统学方向,它的显著特点就是以综合协同的角度来探索可持续发展的起源和演化规律,以"发展度、协调度、持续度三者的逻辑自洽"为主要理论中心,依次推算可持续发展的时间、空间之间相互影响、相互制约的关系,从而形成了可以用来解释人与自然、人与人之间关系的理论依据。可以从不同的侧面对可持续发展下定义:一是以自然属性为中心来定义可持续发展。国际自然保护同盟在1991年对可持续发展的定义是:在生存不超出维持生态系统的涵容能力的情况下,改善人类的生活品质。1992年的联合国环境与发展大会(UNCED)的《里约宣言》又对可持续发展的概念做了进一步的完善,强调人类应该在与自然和谐共处的基础上过着健康的生活,谋取实现发展的权利。二是国际普遍认同的可持续发展要同时满足当代人和后代人的共同需求。这表明要实现人类的发展,但发展也要有限度,不能透支后代人的发展。联合国环境署理事会认为达到这个目的,要平等对待国内与国际合作关系,重视发展中国家的发展,评估发展中国家发展计划和其发展目的,以此来向其提供援助。还要形成一种支援性的国际经济环境,更好地管理环境。要合理使用并且提高自然资源基础维护生态稳定性同时促进经济增长。最后,还要在发展计划和政策中体现对环境保护的关注。三是可持续发展主要是自然资源与生态环境、经济、社会的可持续发展。可持续发展要重视自然资源的可持续利用和良好的生态环境,通过发展可持续性经济来谋求社会的全面进步,同时协调经济发展和环境保护的关系。确保社会每时每刻都能保证资源、经济、社会与环境协调发展,这样社会才能实现可持续发展的目标。

本章小结

由新古典一般均衡经济学和福利经济学基本定理可知,只要依靠价格信号,就会实现资源优化配置,任何经济主体对于价格信号变动都会做出理性反应,不会出现路径依赖问题。由科斯定理可以推断出,当交易成本为正时,采取什么样的产权形式会在一定程度上影响资源的配置效率,在整个经济运行过程中,如果存在交易费用,那么产权形式不同产生的费用也是不相同的,从而对资源配置效率的影响也不会相同。因此,在引入制度变迁、路径依赖、不完全契约、委托—代理、生态经济,以及可持续发展等理论之后,我们就会看到路径依赖存在的合理性。因此,本章主要对国有林区治理体制变迁的路径依赖问题的相关理论进行了综述,分别介绍了制度变迁理论、路径依赖理论、不完全契约理论、委托—代理等各种经济理论,为研究中国国有林区治理体制变迁的路径依赖问题奠定理论基础,同时在综合运用各种理论的基础上,针对国有林区的特殊性和现实问题,提出了中国国有林区治理体制变迁的路径依赖理论分析视角。

第 二 章

中国林业政策历史演变与
国有林区治理体制变迁

本章系统回顾了 1949 年以来中国林业政策和国有林区治理体制的演进过程,分析演变特征,解释变迁原因。依据中国林业政策的演变特征,1949 年以来的 70 年中国林业建设和发展大致可分为三个阶段。第一阶段可以分为建设奠基和徘徊停滞两个时期;第二阶段可以分为恢复发展、加强保护、可持续发展三个时期;第三阶段可以分为林业投入政策初步建立时期、进入以生态建设为主时期、进入生态建设新时期、体制机制改革时期。国有林区治理体制改革大致可分为初始界定、改革启动、改革渐进、改革深入和进入重构五个阶段。

第一节　国家林业政策历史演变

中国创造了世界第二大经济体、第一大工业国、第一大货物贸易国、第一大外汇储备国的"中国奇迹"。林业作为中国重要的基础产业,同样也取得了重大的发展成就,为中国经济社会发展和生态文明建设做出了突出贡献。政策变迁直接决定一个国家和地区的经济社会发展绩效水平,两者存在直接的因果关系。特别是 1949 年以来,中国先后做出了一系列关于林业发展的重大决策和战略部署,有力地推动了中国林业的发展,为生态文明建设打下了坚实的基础。目前,对林业政策的研究主要集中于林业政策体系、林业政策评估、林业政策变迁、林业政策分析等方面,对1949年以来中国林业政策的演变特征和变迁启示方面的研究还比较少。因此,在认真梳理相关林业政策的基础上,本节系统回顾了1949年以来中国林业政策的演进过程,并重点分析其演变特征,解释1949年以来中国林业政策变迁的原因,找出其背后的变迁一般逻辑与规律,并对林业政策的进一步演进做出相应判断,力图为推动中国林业治理体系和治理能力现代化建设提供借鉴经验和理论支持。

一、国家林业政策历史演变的第一阶段(1949—1977年)

从1949年中华人民共和国成立至1976年"文化大革命"结束,是我国林业政策演变的第一阶段,这一阶段又可分为建设奠基和徘徊停滞两个时期。

(一) 1949年至1956年的建设奠基时期

在1949年以前,我国山林权属一般为私有产权,可以自由交易。1950年,我国制定了《中华人民共和国土地改革法》,界定了山林权属,确立了两种林业所有制,即国有林和农民个体所有林。在这一时期,国家先后颁布了"保护森林,并有计划地发展林业""普遍护林,重点造林,合理采伐和合理利用""护林者奖,毁林者罚"等一系列林业工作的方针和政策。这一时期的林业生产力获得了解放,农民植树造林的积极性高涨,《中华人民共和国土地改革法》发布后,仅用三年时间,全国共造林171万hm²,生产木材3229m³,森林覆盖率有了较快的增长。①

(二) 1957年至1977年的徘徊停滞时期

这一时期,国家先后发布了《关于在全国大规模造林的指示》《关于

---

① 刘东生:《中国林业六十年 历史映照未来》,《绿色中国》2009年第10期。

确定林权、保护山林和发展林业的若干政策规定(试行草案)》《全国林业发展规划(草案)》等一系列林业工作的方针和政策。但由于这一时期我国林业行政管理照搬的是苏联模式,实行高度集中的计划经济体制,其间又先后经历了"大跃进""三年困难时期"和"文化大革命",加之当时国家建设对木材有大量的需求。全国范围内出现了毁林种粮的现象,森林资源遭到了严重的破坏,生态环境问题迅速凸显,林业发展遭到严重挫折。第一次全国森林资源清查结果显示,1973—1976 年,我国森林覆盖率为 12.7%,森林面积约 121.9 万 km²。① 特别是在"文化大革命"期间,全国有林地面积减少 660 多万 hm²,用材林蓄积减少 8.5 亿 m³。十一届三中全会前我国林业相关政策如表 2.1 所示。

表 2.1　1949—1977 年我国林业政策演变

时间	政策名称	主要内容
1949 年 9 月	《中国人民政治协商会议共同纲领》	做出了"保护森林,并有计划地发展林业"的规定
1950 年 2 月	第一次全国林业业务会议	确定了"普遍护林,重点造林,合理采伐与利用"的林业建设方针,指导全国的林业建设
1950 年 5 月	《关于全国林业工作的指示》	要求在风沙水旱灾害严重地区发动群众,有计划地造林,并大量采种育苗以备来年造林之用
1950 年 6 月	《中华人民共和国土地改革法》	对山林权属问题做出了界定,确立了国有林和农民个体所有林
1952 年 3 月	《政务院关于严防森林火灾的指示》	为纠正忽视森林防火政策法令的错误行为,加强今后的护林防火工作,使森林不继续遭受破坏,做出了一些指示
1954 年 12 月	《关于进一步加强木材市场管理工作的指示》	实行"中间全面管理,两头适当控制"的木材流通政策
1955 年 12 月	《征询对农业的十七条意见》	在一切可能的地方,均要按规格种起树来,实行绿化

---

① 《中国林业工作手册》编纂委员会:《中国林业工作手册》,中国林业出版社 2016 年版,第3—4页。

时间	政策名称	主要内容
1957 年 1 月	《国营林场经营管理试行办法》	鼓励和规范国营林场、社队林场的发展
1958 年 4 月	《关于在全国大规模造林的指示》	一是做好规划;二是坚持依靠合作社造林为主,同时积极发展国营林场的方针;三是努力提高造林质量;四是做好更新和护林工作
1961 年 6 月	《关于确定林权、保护山林和发展林业的若干政策规定(试行草案)》	确定和保证山林的所有权,造林坚持"谁种谁有"的原则
1962 年 9 月	《国务院关于积极保护和合理利用野生动物资源的指示》	保护和合理利用野生动物资源
1963 年 5 月	《森林保护条例》	分为总则、护林组织、森林管理、预防和扑救火灾、防治病虫害、奖励和惩罚、附则等 7 章 43 条
1971 年 8 月	《全国林业发展规划(草案)》	讨论研究发展林业的方针、政策、规划和1972 年计划
1973 年 10 月	《森林采伐更新规程》	规程分总则、森林采伐、森林更新、采伐更新管理、附则共 5 章 24 条

二、国家林业政策历史演变的第二阶段(1978—1997 年)

从改革开放之初到 20 世纪末期是我国林业政策演变的第二阶段。大力植树造林、加强森林保护、强调可持续发展,成为这一时期党和政府林业政策措施的重点。这一阶段可以分为三个时期。[1]

（一）1978 年至 1983 年恢复发展时期

以十一届三中全会为标志,我国经济社会发展开始步入正常轨道,

---

[1] 胡运宏、贺俊杰:《1949 年以来我国林业政策演变初探》,《北京林业大学学报(社会科学版)》2012 年第 3 期。

1978 年国家林业总局正式成立,林业建设全面进入恢复发展时期。这一时期多以植树造林为主,相继实施了"三北"防护林体系建设工程和全民义务植树等大型生态工程,陆续出台了一些方针政策,如《森林法(试行)》《关于大力开展植树造林的指示》《关于开展全民义务植树运动的决议》《中共中央、国务院关于开展全民义务植树运动的实施办法》《关于国营林场、苗圃进行全国整顿的通知》《关于制止乱砍滥伐森林的紧急指示》等。以上政策的出台实施,有效遏制了我国多年积累的生态严重失衡局面。具体林业相关政策如表 2.2 所示。

表 2.2　1978—1983 年我国林业政策演变

时间	政策名称	主要内容
1978 年 9 月	《森林法(试行)》	制定加快发展林业的措施
1978 年 11 月	《关于在西北、华北、东北风沙危害和水土流失的重点地区建设大型防护林的规划》	规定:从 1978 年至 1985 年,在此地区建设 8000 万亩的防护林
1979 年 2 月	《全国人大常委会关于植树节的决议》	全国人大常委会决定每年 3 月 12 日为植树节
1980 年 3 月	《关于大力开展植树造林的指示》	在全国开展规模浩大的生态建设运动
1981 年 3 月	《中共中央、国务院关于保护森林发展林业若干问题的决定》	明确规定保护森林发展林业的方针、政策,提出当前林业调整和今后林业发展的战略任务
1981 年 12 月	《关于开展全民义务植树运动的决议》	在全国开展全民义务植树运动
1982 年 10 月	《中共中央、国务院关于制止乱砍滥伐森林的紧急指示》	要求各地省委、县委和县人民政府采取果断措施,限期制止乱砍滥伐森林的事件

(二) 1984 年至 1991 年加强保护时期

随着我国市场经济体制改革的广泛深入,由于缺乏有效政府管制,在经济利益的诱惑下,在一些集体林区、国有林区,甚至在自然保护区,乱砍滥伐、偷盗林木等问题开始日益猖獗。据第三次森林资源清查(1984—1988年)同第二次清查比较数据显示,南方集体林区活立木总蓄积量减少了18558.68万 m³,森林蓄积量减少15942.46万 m³。[①] 加之在此期间我国多地发生多起火灾,1987年我国发生了1949年以来最严重的大兴安岭火灾,给国家造成了非常严重的损失。国家先后颁布了《关于深入扎实地开展绿化祖国运动的指示》《中华人民共和国森林法》《公安部、最高人民检察院、最高人民法院关于盗伐滥伐森林案件改由公安机关管辖的通知》《关于加强南方集体林区森林资源管理坚决制止乱砍滥伐的指示》《关于加强林木采伐许可证管理的通知》《东北、内蒙古国有林区森工企业试行采伐限额计划管理的决定》《林业部科技兴林方案(1990—1995)》《林业部关于进一步加强林地管理工作的通知》等一系列林业保护政策。具体林业相关政策如表2.3所示。

表2.3 1984—1991年我国林业政策演变

时间	政策名称	主要内容
1984年3月	《关于深入扎实地开展绿化祖国运动的指示》	提出了到20世纪末我国绿化事业的奋斗目标
1985年1月	《中华人民共和国森林法》	明确了涉林单位和个人的责权利关系
1985年6月	《制定年森林采伐限额暂行规定》	暂行规定了每年森林采伐限额
1986年1月	《关于搞活和改善国营林场经营问题的通知》	搞活和改善国营林场经营
1987年10月	《关于加强森林防火工作的报告》	要求各级人民政府和各有关部门要把森林防火工作摆到非常重要的位置上
1988年1月	《森林防火条例》	制定一个较为完整的森林防火行政法规
1989年5月	《关于加强林木采伐许可证管理的通知》	实行全国统一的林木采伐许可证制度

---

① 高明寿、钱彧境主编:《中国林业年鉴(1989)》,中国林业出版社1990年版,第113页。

续表

时间	政策名称	主要内容
1990 年 7 月	《林业部科技兴林方案（1990—1995）》和《林业部关于加强林业科学技术工作的若干政策性意见》	确定把促进科技成果转化作为林业科技工作的首要任务
1991 年 1 月	《关于研究解决森工企业困难问题的会议纪要》	决定在增加投入、调整经济政策、减免税收、理顺管理体制等方面对国有林区森工企业实行重大扶持政策

（三）1992 年至 1997 年可持续发展时期

20 世纪 90 年代中期,为了实现中国特色社会主义建设的伟大目标,严格限制了人口的过快增长,减少资源浪费,积极进行生态文明建设,使人口增长、资源使用以及生态环境适合于社会生产力的快速发展。这一时期国家提出了可持续发展战略,把植树造林、生物多样性资源保护、森林资源保护等放到了各项工作的突出位置,陆续出台了《中华人民共和国陆生野生动物保护实施条例》《关于当前乱砍滥伐、乱捕滥猎情况和综合治理措施的报告》《关于进一步加强造林绿化工作的通知》《国务院办公厅关于加强森林资源保护管理工作的通知》《林业部关于国有林场深化改革加快发展若干问题的决定》等一系列林业可持续发展政策。我国林业发展中存在的乱砍滥伐、毁林开荒、水土流失严重等问题得到了一定程度的遏制,生态保护取得一定成效。具体林业相关政策如表 2.4 所示。

表 2.4 1992—1997 年我国林业政策演变

时间	政策名称	主要内容
1993 年 2 月	《关于在东北、内蒙古国有林区森工企业全面推行林木生产商品化改革的意见》	全面推行林价制度,改革营林资金管理体制

续表

时间	政策名称	主要内容
1993 年 2 月	《国务院关于进一步加强造林绿化工作的通知》	提出在加快改革开放和经济发展的新形势下,进一步加强造林绿化工作的十条重要措施和要求
1993 年 5 月	《关于坚决制止乱砍滥伐、乱捕滥猎和加强林地管理的紧急通知》	针对一些地方乱砍滥伐森林、乱捕滥猎特别是非法经营、贩卖、走私野生动物及其产品、随意侵占林地比较严重的情况,要求各地立即行动起来,采取有力措施,坚决刹住这股歪风
1993 年 5 月	《关于加强国有森林资源产权管理的通知》	要求切实加强对国有林地和国有林木的产权管理
1994 年 5 月	《国务院办公厅关于加强森林资源保护管理工作的通知》	要求严格执行森林采伐限额制度和木材凭证运输制度,强化林地利用监督管理,切实加强对野生动物和珍稀植物的保护,打击破坏森林资源的违法犯罪活动
1994 年 10 月	《中华人民共和国自然保护区条例》	强调要将生物多样性作为重点保护对象
1995 年 1 月	《关于实行使用林地许可证制度的通知》	决定从 1995 年起在全国实行使用林地许可证制度,并对使用林地许可证的使用范围、审批单位与权限等做出了明确规定
1996 年 9 月	《林业部关于国有林场深化改革加快发展若干问题的决定》	对国有林场实行分类经营、调整组织结构、转换经营机制、合理利用资源、优化产业结构等工作提出具体要求
1996 年 9 月	《野生植物保护条例》	明确提出以严厉的措施,保护生物多样性,维护生态平衡

三、国家林业政策历史演变的第三阶段(1998 年至今)

1998 年,我国发生特大洪灾,造成直接经济损失达 2000 亿元,[①]此后我国林业发展开始向以生态建设为主的历史性转变,这其中又可以分为

---

① 于正:《水灾对今年中国经济影响有多大》,《湖南政报》1998 年第 17 期。

三个时期,《天然林资源保护工程》的启动,标志着我国林业发展进入投入政策初步建立时期;《关于加快林业发展的决定》的出台,标志着我国林业发展进入生态建设为主时期;《中央林业工作会议》的召开,标志着我国林业发展进入生态建设新时期。

(一) 1998 年至 2002 年林业投入政策初步建立时期

1998 年特大洪灾以后,党中央、国务院从维护国家生态安全的高度,果断决定在 12 个省(区、市)开展天然林资源保护工程试点,2000 年在 17 个省(区、市)正式启动天保工程。天保工程的实施是我国林业发展指导思想和政策上的一次重大调整,不仅彻底打破了国有林区以采伐生产为主要目的的传统林业思想,也在历史上第一次建立了对林业财政投入的政策与机制,形成了国家财政对林业投入也是对生态建设的"反哺",避免了我国天然林资源可能消亡的命运,在我国生态建设史上有重大意义。同时,我国又出台了多项林业相关政策,如表 2.5 所示。

表 2.5　1998—2002 年我国林业政策演变

时间	政策名称	主要内容
1998 年 8 月	《国务院关于保护森林资源制止毁林开垦和乱占林地的通知》	通知要求必须采取严厉措施,坚决制止毁林开垦和乱占林地的行为,抢救和保护森林资源,并提出七项具体要求
1998 年 8 月	《国务院办公厅关于进一步加强自然保护区管理工作的通知》	强调保护和发展森林资源的重要性、迫切性
1999 年 5 月	《国家林业局关于加强重点林业建设工程科技支撑的指导意见》	明确了林业工程科技支撑的指导思想和战略目标
2000 年 1 月	《中华人民共和国森林法实施条例》	制定保护森林资源的法规
2000 年 9 月	《国务院关于进一步做好退耕还林还草试点工作的若干意见》	把退耕还林还草试点工作列入重要议事日程
2001 年 5 月	《天然林资源保护工程管理办法》和《天然林资源保护工程核查验收办法》	规范工程运作,保证工程各项目标的顺利实现

续表

时间	政策名称	主要内容
2001 年 10 月	《全国林业发展第十个五年计划》	明确了我国林业未来五年的发展计划
2002 年 12 月	《退耕还林条例》	标志着退耕还林从此步入了法制化管理轨道

（二）2003 年至 2008 年进入以生态建设为主时期

2003 年 6 月出台的《中共中央、国务院关于加快林业发展的决定》，把生态建设确定为中国林业发展的主攻方向,在中国林业发展史上具有重大作用和意义。随后陆续出台的《全国荒漠化和沙化监测管理办法》《全国林业产业发展规划纲要》《全国林业自然保护区发展规划(2006—2030 年)》《关于完善退耕还林政策的通知》《关于改革和完善集体林采伐管理的意见》等一系列的林业相关政策,标志着我国林业发展进入以生态建设为主时期。具体林业相关政策如表 2.6 所示。

表 2.6 2003—2008 年我国林业政策演变

时间	政策名称	主要内容
2003 年 6 月	《中共中央、国务院关于加快林业发展的决定》	确定了以生态建设为主的林业发展方向
2004 年 11 月	《全国林业产业发展规划纲要》	促进林业产业可持续发展
2005 年 4 月	《国家林业局 2005 年工作要点》	深入落实"抓住一个重点,办好两件大事,强化三项工作,深化四项改革,加强五大建设,处理好六大关系"的林业工作总体部署
2006 年 7 月	《全国林业自然保护区发展规划(2006—2030 年)》	确定 2006—2030 年全国林业自然保护区发展规划
2007 年 5 月	《中国森林防火科学技术研究中长期发展纲要(2006—2020 年)》	提高森林防火科技水平
2008 年 6 月	《中共中央 国务院关于全面推进集体林权制度改革的意见》	全面推进集体林权制度改革

（三）2009 年至 2014 年进入生态建设新时期

2009 年 6 月召开的《中央林业工作会议》系统研究了新形势下林业改革发展问题,突出强调林业在贯彻可持续发展战略、生态建设和应对气候变化的重要地位和作用,标志着中国林业发展进入生态建设新时期。此后,国家又先后出台和实施了一系列林业相关政策,中国生态服务水平明显提高。特别是设立了祁连山、三江源等 10 个国家公园试点,建立各种类型、不同级别的保护区 2750 个,总面积约 14733 万 hm^2,约占中国陆地面积的 14.88%。自然保护区范围内分布有 3500 多万 hm^2 的天然林和约 2000 万 hm^2 的天然湿地,这样就保护 90.5% 的陆地生态系统类型,85% 的野生动植物种类,65% 的高等植物群落,及 300 多种重点保护的野生动物和 130 多种重点保护的野生植物。[①] 党的十八大以来,中国治理沙化土地面积累计达 1000 万 hm^2,保护森林面积达 20800 万 hm^2,森林蓄积量达到 151.37 亿 m^3,森林覆盖率达到 21.66%,成为全世界同期森林资源增长最多的国家。具体林业相关政策如表 2.7 所示。

表 2.7　2009—2014 年我国林业政策演变

时间	政策名称	主要内容
2009 年 6 月	中央林业工作会议	系统研究了新形势下林业改革发展问题,全面部署推进集体林权制度改革工作,推动我国林业又好又快发展
2009 年 10 月	《林业产业振兴规划(2010—2012 年)》	指导林业产业应对金融危机的行动计划方案,规划期为 2010—2012 年
2010 年 6 月	《全国林地保护利用规划纲要(2010—2020 年)》	提出了适应新形势要求的林地分级、分等保护利用管理新思路

[①]　张壮、赵红艳:《改革开放以来中国林业政策的演变特征与变迁启示》,《林业经济问题》2018 年第 4 期。

时间	政策名称	主要内容
2010 年 12 月	《大小兴安岭林区生态保护与经济转型规划（2010—2020 年)》	规划提出,要大力发展绿色食品产业、林木深加工产业、林区商贸服务业等传统优势产业,并积极培育生态文化旅游业、北药产业、清洁能源产业等三大新兴产业
2011 年 6 月	《全国主体功能区规划》	明确了国家层面四类主体功能区的不同功能定位,将全国划分为国家层面优化开发、重点开发、限制开发和禁止开发四类主体功能区
2012 年 7 月	《国家林业局关于国有林场森林经营方案编制和实施工作的指导意见》	促进国有林场森林可持续经营,充分发挥国有林场示范带动作用
2012 年 10 月	《国家林业局关于加强国有林场森林资源管理保障国有林场改革顺利进行的意见》	为切实加强国有林场森林资源管理,保障国有林场改革顺利进行,提出的改革意见
2013 年 8 月	《中国智慧林业发展指导意见》	系统诠释了智慧林业的内涵意义、基本思路、目标任务和推进策略
2014 年 4 月	《国家林业局关于推进林业碳汇交易工作的指导意见》	加快生态林业和民生林业建设,努力增加林业碳汇,积极推进林业碳汇交易

（四）2015 年以来进入体制机制改革时期

2015 年 3 月,由中共中央、国务院正式印发的《国有林区改革指导意见》和《有林场改革方案》通篇贯穿了绿水青山就是金山银山和人人都是生态文明建设者的发展理念,标志着中国林业进入了全面深化改革的新阶段,为推进国有林场和国有林区改革指明了方向。后来又陆续出台了一系列林业相关政策,中国林业发展开始进入体制机制改革时期。具体林业相关政策如表 2.8 所示。

表 2.8　2015 年以来我国林业政策演变

时间	政策名称	主要内容
2015 年 2 月	《国有林场改革方案》和《国有林区改革指导意见》	保护生态、保护民生、创新体制
2015 年 4 月	《关于加快推进生态文明建设的意见》	全文共 9 个部分 35 条,包括总体要求;强化主体功能定位,优化国土空间开发格局等内容
2016 年 11 月	《中共中央国务院关于完善集体林权制度的意见》	国家再次对集体林权制度改革工作进行全面部署
2017 年 7 月	《省级林业应对气候变化2017—2018 年工作计划》	进一步加强省级林业应对气候变化工作,确保"十三五"既定目标任务如期实现
2018 年 1 月	《国家林业局关于加强林业品牌建设的指导意见》	为更好发挥品牌引领作用,推动林业供给结构和需求结构升级,提升林业产业竞争力,实现林业提质增效

第二节　国有林区治理体制变迁

1949 年以来国有林区治理体制的演变过程,依据我国林业政策、机构和体制的演变特征,大致可分为初始界定、改革启动、改革渐进、改革深入和进入重构五个阶段。本节通过回顾 1949 年以来国有林区体制机制的演进过程,并重点梳理归纳其变迁的逻辑特征,从而找出其背后变迁的内在逻辑规律,发现国有林区治理体制变迁的成果很难巩固,始终没有完全走出旧体制的影子和羁绊。因此,进入新时代,在构建国有林区现代治理体制过程中,须打破传统管制模式的桎梏,强化多样化治理的实践取向,为我国生态文明建设和美丽中国建设提供更多的经验启示和理论支持。

一、国有林区治理体制的初始界定阶段(1949—1978年)

制度框架是决定一个国家综合实力长远表现的最重要因素,而决定制度框架的核心要素则在于产权界定。1949年的《中国人民政治协商会议共同纲领》和1954年的第一部《中华人民共和国宪法》颁布,从法律上明确了国有林区森林资源归国家所有,森工企业代表国家管理森林资源的全民所有产权结构,这是对国有林区产权配置的初始界定。这种产权制度在当时历史条件下满足了国家对木材的战略需要,但随着生产力的快速发展,这种国有国营、政企合一,军事化半军事化管理的国有产权模式弊端很快显现出来。一方面,由于权利是由国家所选择的代理人来行使,作为权利使用者的林业部门官员,对森林资源的使用转让,以及最终利益的分配都不具有充分的权能,加之这些林业部门官员多数存在追求政治利益而偏离综合效益最大化的动机,就使他们对综合效益和其他成员监督的激励需求明显降低。另一方面,国家要对各级林业部门官员进行充分监察的成本又非常高,而国家在选择各级林业部门官员时也往往出于政治利益而非综合效益考虑。因此,国有林区在这种国有国营产权模式下的委托—代理问题就显得十分突出,这种产权结构长期存在导致责任主体与经营主体模糊,责、权、利相分离,激励不相容,信息不对称,难以实现林地最大化利用和生态产品的最大化产出。

二、国有林区治理体制改革启动阶段(1978—1990年)

判定一种产权结构是否有效率,一个重要的衡量标准是能否将外部性成功转化为内在化激励,这需要必要的法律制度来保障。在这一时期,国有林区开始从人治向法治转变,陆续出台了《中华人民共和国森林法》《中华人民共和国环境保护法(试行)》等一系列法律规章制度,正式确立了国有林区的产权制度,实现了从法律层面为国有林区建设提供保障,开启了依法治林的新阶段,并取得了一定实效,但同时也阻碍了国有林区同步市场化的进程。虽然,从法律角度清晰界定了国有林区森林资源的所有权归国家所有,但在实际工作中,具体代表国家行使所有权的部门则是模糊、不确定的,并不存在一个完整意义上拥有排他使用权、收入独享权和自由转让权的部门。因此,国有林区的产权主体实际是虚置和异化的,产权权能是残缺和不完全的。在这种失衡的体制下,森林资源市场定价难以形成,价值被严重低估,森林资源被粗暴掠夺,并且遭到严重浪费和破坏,国家利益受到不断侵害。

三、国有林区治理体制改革渐进阶段(1990—2000 年)

制度变迁理论认为,制度环境对制度变迁的速度具有重要影响,而制度环境最重要的内容就是法律和规范,相对于经济社会快速变迁而言,法律和规范具有明显的黏性和惰性。这一时期的国有林区开始强调政策调整,目标是探索建立现代森工企业制度。先后颁布了《林业经济体制改革总体纲要》和《中华人民共和国森林法实施条例》,国有林区四大森工集团在这一时期开始成立,森工企业的主体资格与法律地位得到确立,在一定程度上解决了所有者缺位问题,为国有林区发展注入了新动力。但由于没有完全从传统计划经济的惯性思维和僵化体制中跳出来,国有林区政企合一的“一长制”经营管理模式没有发生根本改变。森工企业成为国有林区实际上的产权主体,集森林资源占有、使用、收益、处置四权于一身,处于绝对强势的控制地位,既是管资源的政府,又是用资源的企业,“管资源”与“砍树木”同出一家。在利益、市场及周边环境影响下,国有林区很难建立起对森林资源的有效监督机制,结果毁林开垦、监守自盗、违法用地、无序开发、过度采伐、偷采矿藏等问题在我国国有林区中的一些地方经常发生。

四、国有林区治理体制改革深入阶段(2000—2015 年)

一个地区在无法提高生产技术水平的情况下,只有通过产权变革,重置奖惩机制,才能获取专业化和劳动分工收益的能力,才能达到生产的可能性边界。在这一时期,对森工企业的改革已经不能从根本上解决国有林区的转型发展问题,需要对国有森林资源的产权进行改革,这在当时已经形成共识。其间,国家为推进国有林区产权制度改革,先后出台和实施了《中共中央、国务院关于加快林业发展的决定》《国家林业局关于加强国有林场森林资源管理保障国有林场改革顺利进行的意见》等一系列林业相关政策,并把黑龙江伊春重点国有林区、吉林森工集团等确定为先期改革试点地区,并取得了一定的经验。但在试点实践中,具体产权契约设计和程序操作上仍处于不确定、不完全、不完整的残缺状态。比如,从伊春国有林权改革试点来看,它的林地承包经营权仅仅被锁定在试点林业局的林业在册职工,这种产权设计导致投资风险增大、资源配置劣化、运转效率低下、有效产出不足,难以得到国家认可,林权改革的目标也无法实现。另外,由于长期缺乏统一管理,国有林区的森林、生态、环境、资源管理权限分散在 10 多个部门,相互掣肘、重叠管理、重复发证、林权纠纷等问题比较突出,容易造成无人管理,出现管理真空。

五、国有林区治理体制改革进入重构阶段(2015 年至今)

国有林区体制机制现代化构建是从过去统治向现代治理的转变过程,追求以实现公共利益最大化为目标的善治,要求不断推进治理主体、治理方式和治理工具等方面的改革与创新。自 2015 年以来,国家陆续出台了《国有林区改革指导意见》《东北内蒙古重点国有林区森林经营方案编制指南》《关于促进林草产业高质量发展的指导意见》等文件,2018 年

3 月,新成立国家林业和草原局引领改革创新,使国有林区封闭僵化、低效运转、资源闲置、权利冲突等体制机制问题得到明显改善,国有林区各项改革取得了阶段性进展。一是进入了全面保护发展的新阶段,全面禁止天然林商业性采伐,森林资源消耗明显减少,森林蓄积明显增加。二是林业职工对住房、工资、医疗、教育、养老的满意度明显提高。三是政事企分开推进较快。截至 2019 年 1 月,全国森工企业已剥离机构 706 个,人员 5.1 万人,国有林区改革取得重要突破和进展。① 四是森林资源监管得到进一步强化。五是地方政府在抓改革、保生态、惠民生、促转型方面的作用越来越明显。尽管取得的成效很大,但国有林区的正外部性难以实现内部化,改革的压力不够,动力不足,仍然存在地方政府和林业部门的林权纠纷,林权证内城镇建设用地违法,政策性负担沉重,预算软约束等一些历史遗留问题亟待解决。1949 年以来我国林业机构改革历史变迁,具体如表 2.9 所示。

表 2.9　1949 年以来我国林业机构改革变迁

时间	机构沿革
1949 年 10 月 1 日	中央人民政府林垦部成立
1951 年 11 月 5 日	中央人民政府林垦部改为中央人民政府林业部,垦务工作交给农业部管理
1952 年 12 月 31 日	政务院财政经济委员会决定由林业部统一领导全国国营木材生产和木材管理工作
1954 年 11 月 30 日	中央人民政府林业部改称为中华人民共和国林业部
1956 年 5 月 12 日	全国人民代表大会常务委员会决定成立中华人民共和国森林工业部
1958 年 2 月 11 日	第一届全国人民代表大会第五次会议决定将林业部和森林工业部合并为林业部
1961 年 7 月 8 日	国家经济委员会、林业部决定:国家经委物资管理总局木材局的工作,由国家经委物资管理总局和林业部共同领导

---

① 耿国彪:《我国重点国有林区改革取得重要突破》,《绿色中国》2019 年第 1 期。

续表

时间	机构沿革
1962 年 11 月 18 日	中共中央、国务院《关于成立东北林业总局的决定》
1964 年 1 月 27 日	中共中央、国务院批准成立大兴安岭特区
1970 年 5 月 1 日	农业部、林业部和水产部合并成立农林部
1978 年 4 月 24 日	国家林业总局成立
1979 年 2 月 16 日	农林部撤销,成立农业部和林业部
1990 年 2 月 13 日	根据人事部批复,林业部新成立四个事业单位
1991 年 12 月 14 日	国务院正式批准在东北、内蒙古国有林区组建四个企业集团
1998 年 3 月 10 日	九届全国人大一次会议通过国务院机构改革方案,林业部改为国务院直属机构国家林业局
2018 年 3 月	组建国家林业和草原局,由自然资源部管理,不再保留国家林业局

本章小结

本章以国有林区开发历史为主线,系统回顾了 1949 年以来中国林业政策和国有林区治理体制的演进过程。依据中国林业政策的演变特征,1949 年以来中国林业建设和发展大致分为三个阶段。国有林区治理体制变迁分为国有林区治理体制的初始界定阶段、国有林区治理体制改革启动阶段、国有林区治理体制改革渐进阶段、国有林区治理体制改革深入阶段、国有林区治理体制改革重构阶段。从中得到国有林区治理体制变迁启示:未来,中国在林业政策制定方面,不能简单模仿其他产业政策,在兼顾各方利益的前提下,要尊重林业发展的特殊规律,突出强化国家所有权,充分发挥市场在林业资源配置方面的决定性作用,全面提升林业的生态效益、经济效益和社会效益。

第 三 章

中国国有林区治理体制变迁的
特征事实与非均衡性

　　我国国有林区是森林资源产权归国家所有的地理区域,由于我国国有林区国有产权和林业的特殊性,使它具有很强的公共性、外部性、契约性、代际分配性和市场发育不完善的特征事实。这些特征事实形成了国有林区多重的向量空间,在这种空间内各种力量相互作用,有时是同向的,有时是非同向的,结果就会导致公地悲剧、资源诅咒、体制机制等非均衡问题出现。

第一节　国有林区的特征事实

　　我国国有林区的国有产权和林业特殊性是国有林区的独特属性。它与国有企业不同,它具有生态性;它与集体林区也不同,它具有很强的公共性、外部性、契约性、代际分配性并且市场发育不完善。这些性质使国有林区具有多重向量空间,有时能够相互促进,有时会形成内耗,导致市场对国有林区资源的有效配置能力有限。

一、公共性

国有林区一直被视为国家所有、全民所有的公共财产,公共产品属性明显,表现为国有林区生态具有无偿性、非排他性、强制性和不可分割性等特征。每一个公民消费国有林区生态环境数量,取决于国有林区向社会提供的生态价值总量。尽管国有林区以生产生态产品为主,但同时也失去了生产其他产品的机会,机会成本很高,但公民对良好生态环境的消费却不用付任何成本。举例来说,一个公民到国有林区的公园中对美丽风景进行游玩消费,他的消费并不会影响别人对这一美丽风景的消费。另外,国有林区的生态价值具有供给不可分割性和排他性,在多数情形下,每个公民无论是否已经付费都可以免费对国有林区提供的空气、绿色和景观进行消费,非排他性非常明显,这为"免费乘车"提供了便利。国有林区提供的多种生态产品都在不同程度上呈现出公共品的特点,使森林资源和自然资产被过度消费使用,进而导致国有林区生态环境恶化失衡的公地悲剧发生。

二、外部性

理论界把国有林区生态遭受破坏的问题,一般归结为外部性原因。外部性的定义较为复杂,简单来说,就是在成本(利益)问题上,个人和社会之间难以达到统一。通俗来讲,就是一些单位或者个体通过一定的方式对其他单位部门或者个体产生影响,然而并没有为自己的行为承担责任或者获得好处。按照外部性的影响进行分类,可以分为:正、负两种外部效应,从国有林区的角度来看,由于近几十年的过量采伐,大多表现为负外部性。比如在国有林区采伐森林破坏生态环境,开发矿产资源破坏森林,建立污染企业污染河流和空气,由于缺乏强有力的监管,乱排乱放产生的社会成本,企业不需要自己承担。因此,关于国有林区的外部性问题随处可见,既有正外部性也有负外部性,虽然单个消费者或生产者产生的外部性可以忽略不计,但是把大量的生产企业和消费个人加总在一起,对社会产生的影响将是不可估量的,将严重影响社会资源的最优配置。

三、契约性

国有林区的契约性可以简单分为三种类型:一是自然资本契约类型,即国有林区的人力资源同森林资源之间的契约关系。这类契约将国有林区的森林资源和人力资本联系在一起,赋予可再生的森林资源以人格力量,在相对人类欲望资源普遍稀缺的世界里,森林资源的自然属性同人力资本的社会属性之间形成的交易性契约,在某种角度看来类似于商品交易,人与物的关系在该类契约中得以充分体现,更为重要的是,体现出了在以森林资源为纽带人与人之间的关系。这类契约是在人与自然的重复博弈中,自然力对人类的多次报复中形成的游戏规则,具有不完全性,这是因为大自然"喜怒无常",难以预测下一步的变化是有利还是有害,同时人类作为有限理性的行为者,其行为选择复杂而多变难以遵循规律,决定了这类契约的不完全性。二是国有森工企业的契约表达类型。从某种意义上看,国有森工企业是将森林资源和人力资本联系在一起的一种非市场契约形式,这种林业契约性通过森工企业的形式而表达出来。三是国家与国有林区管理者的非市场契约类型。康芒斯(Commons,1934)认为,许多集团之间的矛盾、利益、冲突,靠许多交易解决,并把交易分为买卖的、管理的、限额的交易。现实表明,国有林区的森工企业在同中央及地方政府各部门打交道过程中,广泛存在管理交易下的非市场契约关系,而且在同中央政府交往过程中这种契约关系表现尤为明显,并且随着时代的进步,其契约内容也在不断发展演变。

四、代际分配性

代际分配是指在场的当代人与不在场的后代人之间的社会有限资源的分配。随着时间的不断更迭，一代又一代人承载着延续生命的重任，人类社会的演进就是在不同代人之间接续完成，自然界中有限的自然资源不仅是我们这一代人的重要财富，同时也关系到下一代人的生存发展，对于生命周期有限的人类来说，我们这一代人应该充分承担起自然资源所有者的责任，同时也要肩负起为下一代人看护自然资源代管者的责任，在对当代人发展不构成损伤的前提下，要为下一代人的发展做好适当的资源储备。国有林区的可持续发展需要对森林资源和生态环境进行储蓄，代际公平要求当代人不能为了私利而毫无节制的去透支下一代人资源，这也是国有林区可持续发展的必然要求，它突破了可持续发展理论研究对象和权利保护的时空限制，特别强调公平的延伸性，要求对国有林区森林资源和生态环境的分配上，要实现代际间的分配正义。国有林区的森林资源和生态环境是不同代人共同拥有的资源具有可延续性，不同代际之间在开发、利用和保护上的权利应当是平等的。但在国有林区森林资源和生态环境有限的情况下，人类社会对森林资源和良好生态环境的需求量却在与日俱增，其结果就是国有林区的森林资源将继续被砍伐，生态环境将继续遭受破坏，我们这代人产生的恶果由下一代人来承担。尽管森林资源是可再生资源，但其具有生长周期长、风险高的特点，需要长期连续经营管理，在开发使用过程中，由于利益驱动，当代人往往倾向过度耗费资源，代际之间的利益冲突就会不可避免地发生，进而引发森林资源和生态环境代际间的不公平利用。从经济学角度上看，当代人对国有林区的过度开发和森林资源毫无节制的利用，虽然在一定程度上可以增加当代人的利益水平，但往往是牺牲后代人的利益作为代价的，具有很大的负外部性。由此可见,国有林区代际之间的森林资源和生态环境使用分配问题成为目前代际分配所要解决的现实难题之一。

五、市场发育不完善

目前,国有林区的市场发育还不完善。主要表现在以下几个方面:第一,国有林区的定价机制尚未完善。由于只考虑国有林区的经济价值而没有考虑生态价值,森林资源和生态产品仍然存在价格扭曲等问题,在森林资源和生态环境的定价问题上,与其真实价格严重不符,定价与实际价格相背离在一定程度上加剧了森林资源的消耗,同时成为国有林区生态环境恶化的首要因素。必须承认的事实是森林资源的总量是有限度的,不能无限供给,不能满足人类的无限需求,它能否促进经济社会的持续发展,在某种角度上取决于国有林区的森林资源和生态产品价格是否合理。第二,国有林区相对封闭。改革开放已经证明开放市场对一个地区发展非常重要,但国有林区利益集团利用其政治地位排斥市场竞争之后,就变得越来越僵化封闭,国有林区内各种要素难以实现自由流动和优化配置,排斥社会资本进入,市场秩序无法保障,这种做法虽然短期内可以获益,但国有林区的长期整体利益必然遭到损失,在人才使用上也是如此,“林二代”“林三代”占据重要位置没有严格按照人才招聘的市场化原则,存在严重的逆向选择和人力资源错配问题。第三,国有林区具有垄断特质。国有林区政企合一的体制机制没有根本改变,普遍带有浓厚的行政色彩,行政垄断偏好强烈,各级地方政府一直独立占有森林资源市场的主导地位,不仅扮演着管理者的角色,同时还是林业部门的监督者,利用权力和地位垄断各类市场,限制自由市场,阻碍潜在市场竞争,由此造成国有林区各类市场的不完全竞争现象明显,导致国有林区效能低下、资源浪费和有效生态产品供给不足等问题十分突出。

第二节　国有林区治理体制的非均衡性

制度非均衡是指人们对现存制度的一种不满意或不满足,意欲改变而又尚未改变的状态。本节以非均衡性为重要切入点来观察分析国有林区治理体制。总体上看,国有林区治理体制的非均衡性主要表现在公地悲剧问题显著、体制机制问题突出、资源诅咒问题普遍等方面。这种非均衡性的体制的负面影响是非常突出的,由于国有林区产权主体虚置长期缺位,部门职责交叉重复,责、权、利严重不统一,直接导致统一协调、监督管理等方面的工作难以有效开展,难以解决顾此失彼、相互掣肘、无法形成合力的问题,严重阻碍国有林区生态资源的科学有效配置。

一、公地悲剧问题显著

"公地悲剧"这一概念产生于 20 世纪 60 年代末,它的提出者是著名经济学家哈丁(Hardin)。所谓公地悲剧就是许多人共同拥有一块自然资源财产的使用权,每个人都没有权利排除其他人,而每个人都是按照自身利益最大化的原则行使自己的使用权,由于过度使用自然资源,最终引发资源枯竭的公地悲剧。我国的国有林区一直存在着产权归属和界定问题,整个国有林区类似一个大公地,传统的管理体制已经不能适应现代市场经济的要求,因而对国有林区进行现代化改革是未来发展的一个重要方向。目前,国有林区的法人治理结构依然不健全,政府并没有完全退出林区的经营管理,特别是国有林区"内部人控制"的损公肥私问题仍然没有得到很好解决。因此,我国国有林区层面的"公地"问题非常显著,主要原因就在于我国国有林区个人层面的产权关系非常清晰而国有林区层面的产权关系非常模糊,造成个人层面会过度消耗国有林区资源,使得国有林区资源和经营管理低效甚至失效。其"公地悲剧"的问题主要表现在以下几个方面。

（一）管理层的公地问题

国有林区的管理层名义上是代表国家利益，但实质上却是代表不同利益集团，甚至是代表个人利益。上级部门也是有选择地给予管理层部分权利，管理层其他人员各自拥有不一致和不完整的责、权、利关系。由此可以看出，管理层清晰的个人或者利益集团的权利关系同国有林区不清晰产权相矛盾，必然导致国有林区的公地问题。国有林区管理层各利益主体会通过合作博弈以及不合作博弈共同来抢占国有林区资源。一方面，国有林区在人事管理上存在公地问题，国有林区普遍存在干部任用的平衡现象和拉帮结派现象，局长想任用自己需要的人员占有某些位置，而拥有干部管理权的书记也要任用自己需要的人员占有某些位置，其他管理层负责人也要平衡，博弈的结果就是国有林区人事部门就成了公地，其悲剧就是人员冗余、人浮于事、互相掣肘、管理效率低下。另一方面，国有林区的财、物管理也存在公地问题，管理层对企业财、物资源各把一摊、各管一方互不买账，缺乏有效的统一指挥和协调机制，使得国有林区资源过度消耗，资源整合利用效率不高，部门沟通协调交易成本加大，从而影响国有林区的长期可持续发展。

（二）作业层的公地问题

由于国有林区的产权关系不明晰，导致内部各层级责、权、利不一致和不完整，在作业层就是表现在机器、设备、材料以及基层作业林业职工对必要生产工作时间的过度消耗上，具体来说就是基层作业林业职工的浪费和偷懒，使国有林区的生产资源和劳动时间成为公地，造成我国国有林区长期难以解决的高成本、低效率问题，也就是说基层作业的林业职工只考虑到个人的边际收益大于等于个人的边际成本，而不考虑他们行动所造成的国有林区成本的公地问题。比如，国有林区中森林资源浪费严重，林业职工出工不出力，内部人控制使国有林区内部变相私有化，通过追求额外货币性收益与非货币收益等方式进行权力寻租,在总成本不变的条件下,转嫁成本承载主体,增加个人收益,其结果是国有林区资源资产大量流失,国有林区的整体利益必然受到侵害。

(三)外部因素的公地问题

国有林区外部因素包括上级主管机构,提供公共物品和公共服务的政府机构以及国有林区的相关业务协作单位,外部诸因素仿佛视国有林区为一个可以随意放牧的公共牧场,可以获取各种非正规的利益,从而使国有林区利益受到损害,且不分析外部诸因素行为的合法性,究其大量国有林区的财产资源成为外部公地的原因,同民营企业比较分析就会发现,其根本原因就在于国有林区产权不清晰,以及经营管理人员责、权、利不完整和不一致,使得外部因素更容易把国有林区而不是民有林区作为公地来随意捞取好处。

二、体制机制问题突出

(一)产权主体虚置

按照阿尔钦的定义,"产权是一个社会所实施的选择,一种经济品的使用的权利"①。在一些重要法律文件,如《宪法》,都明确指出国有林区森林资源完全由国家所有,受国家支配。但在实际工作中,由哪个部门代表国家行使所有权则是模糊的。现阶段,中央政府在森林资源产权的安排上存在两方面的欠缺:一是谁代表国家行使权力;二是谁来担任森林资源的专业管理机构。在现实生活中,产权主体虚置主要表现为:在国有林区森林资源的所有权配置上"有名无实",即虽然在名义上国家为森林资源的所有者,但事实却并非如此,更多的森林资源还是被地方政府掌控,

---

① 阿尔钦:《产权:一个经典注释》,载 R.科斯等:《财产权利与制度变迁》,上海三联书店、上海人民出版社 1994 年版,第 166 页。

"内部人控制"的负面影响仍然没有得到很好解决。此外,由于企业以利润最大化为经营目标,加上产权虚置,使得越来越多的企业只想着怎样生产更多的木材,全然不考虑森林资源的质量问题。同时,很多森工企业虽然在企业形式上有所改变,已经注册为国有大型企业,但是在企业经营的多个方面并不符合国有大型企业的要求。成为国有企业的森工企业在资金方面完全依靠中央政府部门的投资,森林资源可以无偿使用,政府部门和企业的职能混淆,造成企业的管理体制缺失,企业纪律松弛,职工慵懒散,各种经济活动处于低效率状态,直接导致国有林区经济发展陷入长期危困泥潭。由于国有林区的国家所有权、收益权受到部门和当地政府条块利益的多元分割,尽管历经多次改革,但没有真正触及产权,产权主体单一,产权市场不发达,国有产权涉及范围过广,国有林区内部变相私有化等问题始终没有得到彻底解决。由于体制和政策的局限,森林资源产权主体长期缺位,经营与责任主体不清,责、权、利严重不统一,管资产和管人、管事脱节,没有实现林地最大化利用和生态产品最大化产出,也难以实现中央的有效约束和控制。尽管三大国有林区下辖的每个林业局都有一本国有林权证,但这并没有赋予林业局更多的权力和责任,仍然由国家林业局掌握着树木的采伐权限,此外,森林资源转让和处置困难,这也是国有林区森林资源资产常遭侵占、破坏、平调和随意处置的一个重要原因。

（二）委托—代理关系扭曲

委托—代理关系本身是一种合约,合约中存在着激励和约束机制。在委托—代理关系中,由于信息不对称和二者的目标函数不同,代理人常常会做出道德风险和逆向选择的决策,损害委托人的利益。国有林区产权归国家所有,为全体国民所有,表面上看产权非常清晰,但这种产权关系存在严重委托—代理问题。一是从委托主体来看,国有森林资源资产归全民所有,所以国家理所当然是国有森林资源资产的最终委托人,具有终极剩余索取权,从法律的界定和表面上看产权是非常清晰的①,委托人主体权责也是清晰的,但是,国有林区的产权事实,既不是全体国民所有,也不是国有林业职工所有,所有权主体国家只是一个抽象的集合体和模糊概念,在现实中具体责任主体很难找到,人人都关心,人人不负责,由于力量分散薄弱以至于出现无法实施监督功能的尴尬局面。二是委托—代理问题呈现多层次和多主体特点。从最底层个体到森工企业,从森工企业到各级地方政府,从各级地方政府再到全国人民代表大会和国务院,出现一连串如此纷繁错杂的主体,在这种远距离、长链条和多主体的委托—代理关系中,由于每个主体的目标函数不同,信息不对称和内部消耗较大,进而造成国有林区的森林资源和自然资产的监督和管理成本较高,难以达成一致,甚至会出现失控现象。三是从代理主体来看,代理人作为独立的经济个体,直接掌管国有森工企业,比如森工企业党委书记和局长的权力直接来源于上级任命,无法自由选择,缺少有力竞争者,同时对两位代理人的政绩考核标准也不同,容易发生目标冲突。不难看出,在我国国有林区现行的治理体制中,实际上都是代理人在承担森林资源的经营管理工作,对于真实存在可追溯责任委托人是不存在的,这样就导致他们之间的委托—代理关系没有市场契约的约束,这也意味着代理人无法拥有森林资源的真正产权。由此看来,作为委托人之一的林业职工难以对代理人的行为实行有效监督,整个国有林区俨然就是一个公共物品,向国有林区的索取必然大于投入。四是国有林区的委托—代理链条过长过重,初始委托人的激励和监督措施,在向下传导过程中,逐级递减,无法有效对基层进行监督和管理,也不会出现最终的委托者,这种自上而下的政治控制并不能完全消除代理成本,国家无法真正约束国有林区的经营者,难以直接行使所有者的权力,社会和公众也无法对国有林区管理者起实在的监督和制约作用,从而使代理问题更加复杂。现

----

① 王亮、王楠:《森林资源监督客体缺陷对监督质量的影响浅析》,《内蒙古民族大学学报（社会科学版)》2010 年第 1 期。

实已经表明,找不到可追溯责任的最终委托主体,没有清晰明确自然人,没有剩余索取权,没有分成租合约,没有强力的市场容错纠错机制,将缺少约束无力监督,这种委托—代理关系就会成为空壳形式,在国有林区昂贵的代理费用存在于森工企业低效运转的损耗过程中,也存在于森林资源超采和经营管理水平粗放的损耗之中。代理法人由于利益驱动无人监管,频繁超采问题就会经常出现,为了追求最大化利润,集管理者和监督者于一身的国有林区代理人,自然倾向过度砍伐,而对于在任期内无利可图的更新造林和提高经营管理能力方面的投入积极性就不会很高,其结果就导致国有林区越穷越采、越采越穷的恶性循环。

（三）所有权权益不落实

我国国有林区的所有权是全民所有(即国有),在此条件下,界定国有林区使用权的归属就具有重大意义。目前,森工企业只要获得行政许可,就可以免费或无偿使用我国大量的森林资源,除此之外,森工企业还可以通过林木生意,获取巨额利润。相反,对于森林资源的真正拥有者国家和地方政府的权益却很难得到保障,唯一可以获取的收益仅仅是税收,这种管理制度减少了所有权人的总收益。除此之外,对于许多地方政府而言,缺少了利益的驱动,对森林资源的管理工作必然有所懈怠,森林资源的界定模糊,这为一些"有心人"提供了可乘之机,就会对森林资源的使用权和转让权进行寻租,这样地方政府没有获得出让使用权的收益,而地方政府中的某些人会获得权力寻租带来的好处。分析国有林区国家所有权益没有得到有效保障的原因,主要在于中央政府与地方政府,地方政府与地方政府之间没有处理好森林资源的利益分配关系。

（四）管理职能紊乱

各种森林相关机构关系错综复杂。国有林区辖区内包括许多地方行政区域,在黑龙江的大兴安岭林区和伊春林区还设立了当地政府、林业管理局、资源管理机构等联合机构,但却是外强中干,看似机构设置齐全,但实际上运作效率低下。一是多头管理。国有林区的森林、生态、环境、资源的管理权由 10 多个部门共同承担,这样难免出现一些部门职能的交叉重叠,相关资源要素错配问题难以避免,统一管理监督难以开展,更重要的是容易造成市场和政府低效和资源浪费,同时也容易破坏生态环境的系统性。二是管理重叠。政府各部门对自然资源存在重叠管理问题,也容易导致无人管理,造成管理上的真空,比如国有林区森林中的一些耕地,既属于耕地资源又属于森林资源,对其管理则有矛盾和冲突,土地部门和林业部门就会发生一些矛盾。三是职能交叉。国有林区管理职能部门的职能交叉现象严重。举例来说,国土资源部门、林业部门和农业部门均对林区中不曾开发的土地实行监管。四是职责不清。国有林区的行政监管权与产权管理权不清晰,土地、水、森林等资源大部分属于国家所有,但是没有同行政监管部门建立委托行使关系,国家林业局和地方政府"管资源"和"管发展"权责不相一致,国家林业局要保资源,地方政府要保经济、保稳定、保民生,务林人要保生活,当资源保护与地方经济发展发生矛盾时,牺牲国家森林资源利益就成了最优选择。这样容易对产权主体的合法权益造成侵害,在实践中也很难对滥用监管权的行政机关追究法律责任。五是缺乏整体战略规划。由于我国国有林区管理职能分散,职能交叉,各部门各自为政,部门之间相互掣肘,导致管理缺乏统一性和全局性。

(五) 森工企业行为越位

政企不分使"森工企业"拥有多重身份和行使诸多的权利,一方面森工企业是企业法人,经营企业发展,同时它本身又是林业局,承担着林业管理的工作,更重要的是,森工企业多为地方政府,肩负着管理社会的责任,而这些活动大部分的经济支出都来自木材的生产。为维持充足的可用资金,过量砍伐树木,幼小的树木也不能幸免,更糟糕的是,森工企业缺乏植树造林的意识,有限的森林资源临近枯竭。近年来,国有林区虽然组建了相应的森工集团,但传统的经营机制没有根本发生变化,森林资源的管理者和经营收益的受用者仍然是森工企业。这必然导致森林资源的不合理开发和低效率使用。森工企业在面临利益冲突问题时,当然会将企业自身的利益与近期利益摆在首位,几乎不会从长远的角度来考虑社会的整体利益。

(六) 监管问题突出

国有林区的森工企业集森林资源占有、使用、收益、处置四权于一身,既是管资源的政府,又是用资源的单位,资源管理与树木砍伐都由森工企业自身决定。监管机制受到诸多因素,如利益、社会环境等的影响,往往难以有效发挥作用。国有资源监督管理部门采取的一些措施,如上级派驻等,实际上只是"面子工程",难以对森工企业采取有效的监督,这是因为森林资源监管部门的很多基本需求需要通过所属单位来满足。在该种情况下,在森工企业面临利益与资源的抉择时,它们往往会舍弃资源而选择利益,导致毁林开荒、蚕食林地、监守自盗、违法狩猎、偷采矿藏等问题经常出现。据不完全统计,为追求短期效益,吉林省国有林区在过去的20多年的时间里,林地流失面积达到80多万 hm^2。有的林业局甚至以每公顷几万元的价格擅自出让林地,农民只要向林业局交纳每年每亩50元的林地使用费,就可以将林地改做耕地使用。[1] 另外,由于各部门的资源数据来源和统计方法的不一致,经常会出现数据"打架"问题,为监管设置了许多障碍,比如,在土地管理部门登记备案是荒地或未利用地,在林业部门就可能认定是林地,这样部门监管工作就很难开展。

三、资源诅咒问题普遍

(一) 国有林区的资源诅咒问题

"资源诅咒"产生于20世纪50年代,形成于20世纪90年代,萨克斯、沃勒(Sachs,Warner,1995)运用1971—1989年间跨国数据对资源诅

---

① 金德友:《吉林省森林资源可持续发展经营政策与措施的研究》,东北林业大学硕士学位论文,2002年。

咒假说进行了检验,他们以 1971 年初级产品出口总值占 GDP 比重来衡量一国的资源丰裕状况,回归结果显示,在控制了其他一系列影响因素之后,资源丰裕对经济增长存在显著的负效应,因此认定资源诅咒效应确实存在。[①] 国有林区是以林业资源为主体产业的地区,其发展具有生命周期特征,随着国有林区林业资源枯竭,经济进入衰退期,"资源诅咒"问题开始显现,如图 3.1 所示。

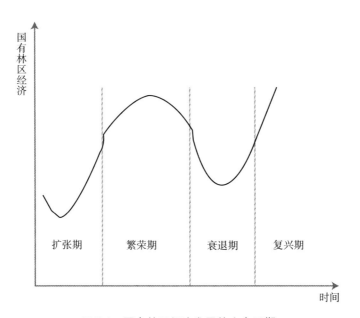

图 3.1　国有林区经济发展的生命周期

　　图 3.1 显示的是国有林区发生"资源诅咒"的过程。中华人民共和国成立初期,国有林区大规模的开发,大量人流、物流和资金流开始涌向这一地区,国有林区进入经济发展的扩张期。当人口、基础设施、产业体系达到一定规模时,国有林区开始步入经济发展的繁荣期。随着林业资源的逐渐枯竭,加之产业结构单一,内因外因共同作用,国有林区开始进入

---

① J.Sachs,A.Warner,"Natural Resource Abundance and Economic Growth",NBER Working Papers No.5398,1995.

衰退期。这一时期,国有林区普遍出现可采资源枯竭,生态系统严重退化、经济结构严重失衡、民生问题较为突出等经济社会问题,因此,国有林区在一定程度上显现出"资源诅咒"现象。

1. 可采森林资源枯竭

可采资源枯竭导致地区经济增长缓慢的"资源诅咒"问题,不仅是世界性难题,也是我国急需解决的首要问题,对于以林业为主导产业的国有林区,一旦林业主导产业断裂,经济发展前景将会更加暗淡。国有林区是我国最大的木材生产基地,多年来由于重视短期效益追求眼前利益最大化,"重采轻育"和"重取轻予",长时间高强度超负荷采伐,导致国有林区在 20 世纪 80 年代中期开始全面进入可采资源枯竭期。与开发初期相比,大小兴安岭林区林缘向北退缩了 100km,森林质量和数量全面下降,可采资源已近枯竭,森工企业已无资源可用,木材工业和多种经营更是步履维艰,林区经济、社会问题短期难以改善,国有林区面临着严重的资源危机。一是可采林业资源总量锐减。大兴安岭国有林区由于资源型企业对原材料的巨大需求,经过长时间、大规模和高强度开采,可采成熟林资源由开发初期的 4.6 亿 m³ 下降到第八次清查的可采资源仅占森林面积、蓄积的 3.2% 和 3.6%;龙江森工集团管理的林区中可采资源仅占森林面积、蓄积的 1.1% 和 1.5%。① 1998 年,国有林区伊春、海林和铁力的可采资源就已经枯竭,伊春 2014 年的情况如表 3.1 所示。

表 3.1　2014 年伊春林业管理局商品材产量

单位:m³

企业名称	商品材产量	商品材产量			按用途分			
		合计	原木	薪材	直接用原木	加工用材	造纸用材	其他
伊春林业管理局	1293	—	—	1293	—	—	—	1293

---

① 顾仲阳、袁泉:《重点国有林区全面保护　黑龙江停止天然林商业性采伐》,2014 年 4 月 2 日,见 http://www.gov.cn/xinwen/2014-04-02/content_2651500.htm。

企业名称	商品材产量	商品材产量			按用途分			
		合计	原木	薪材	直接用原木	加工用材	造纸用材	其他
双丰	—	—	—	—	—	—	—	—
铁力	—	—	—	—	—	—	—	—
桃山	—	—	—	—	—	—	—	—
朗乡	1293	—	—	1293	—	—	—	1293
南岔	—	—	—	—	—	—	—	—
金山屯	—	—	—	—	—	—	—	—
美溪	—	—	—	—	—	—	—	—
乌马河	—	—	—	—	—	—	—	—
翠峦	—	—	—	—	—	—	—	—
友好	—	—	—	—	—	—	—	—
上甘岭	—	—	—	—	—	—	—	—
五营	—	—	—	—	—	—	—	—
红星	—	—	—	—	—	—	—	—
新青	—	—	—	—	—	—	—	—
汤旺河	—	—	—	—	—	—	—	—
乌伊岭	—	—	—	—	—	—	—	—

数据来源:国家林业局编:《中国林业统计年鉴(2014)》,中国林业出版社2015年版,第272页。

表3.1显示,重点国有林区伊春林业管理局只采伐薪材,可采森林资源已经枯竭。同开发初期相比,伊春林业管理局活立木总蓄积由4.28亿 m^3 下降到2015年年末的2.92亿 m^3,虽然有一定恢复,但也仅为初期的68%,在伊春国有林区的16个林业局中,12个林业局的可采林木资源近乎枯竭,其他的也严重过伐。二是中幼龄林面积比例大,龄组结构极不合理,低质林比重过高,林相破败。在东北、内蒙古四大国有林区中,多数森林为天然次生中幼龄林,中幼龄林面积比例较大。乔木林面积中,中幼龄林1533万 hm^2,占59%,近成过熟林1052万 hm^2,占41%;乔木林蓄积中,中幼龄林1183亿 m^3,占46%,近成过熟林1416亿 m^3,占54%。中幼

龄林、近熟林、成熟林、过熟林的面积比例为 8∶3∶2∶1,呈现倒锥形,与合理的龄组结构 3∶1∶2∶1 相差较大。四大国有林区中,大兴安岭和龙江森工近成过熟林比例最低,龙江森工林区的成过熟森林资源几乎消耗尽,目前 7.91 亿 m^3 林分蓄积量中,幼中龄林面积占 79.2%,蓄积量占 72.8%,成过熟林面积仅占 3.9%,蓄积量占 5.9%;大兴安岭林业集团管理的林区中,幼龄林面积占 62.3%;①伊春国有林区现有森林资源是以幼中龄林为主体,可采林木资源已近枯竭,林分质量变劣,生态功能低下,林地生产力水平下降,森林结构整体上处于不稳定状态。三是珍贵树种资源持续减少。国有林区采取"拔大毛"式的重复采伐作业方式,导致红松、落叶松、樟子松、胡桃楸、水曲柳、黄菠萝、椴树等大径级、珍贵树种的面积不断减少,所占比例持续下降,资源总量日益衰减。红松是世界公认的珍贵树种,世界 60% 的天然红松林分布在中国,其中伊春(小兴安岭)林区分布最集中、最为典型。中华人民共和国成立初期伊春天然红松林 120 万 hm^2 左右,占森林总面积的 1/4,而现在伊春市成片的天然红松林已经不足 5 万 hm^2,水曲柳、黄菠萝、胡桃楸等贵重阔叶树的过度开发更为严重。

2. 生态系统严重退化

1981 年,国际著名的思想库罗马俱乐部指出:"经济和生态是一个不可分割的整体,在生态遭到破坏的世界里,是不可能有福利和财富的。"②国有林区的"资源诅咒"问题,本质上是对森林资源的野蛮开放和掠夺式开采所带来的副作用,生态系统严重退化是其主要显现之一。一是生物多样性遭到破坏。自 20 世纪以来,无论是日俄对我国东北国有林区森林资源的疯狂掠夺,还是中华人民共和国成立后对国有林区森林资源的粗放式开发,导致国有林区生态环境严重恶化,生物多样性受到严重破坏,

---

① 夏朝宗等:《东北内蒙古四大森工集团森林资源状况分析及加强保护发展措施研究》,《林业资源管理》2014 年第 6 期。

② 陈岱孙:《中国经济百科全书》,中国经济出版社 1991 年版。

生物种类数量明显减少。林下的灌木、藤本、草本植物等遭到不同程度的破坏,五味子、刺五加等逐渐稀少,关东三宝的野山参已是罕见。由于森林破坏,改变了野生动物的生存环境,野生动物的分布区日益缩小,东北虎、梅花鹿、豹、紫貂等已经濒临灭绝,黑熊、野猪也多年不见。二是水土流失严重。长期以来,由于对国有林区的过度开发,重点国有林区所在的东北地区出现严重的水土流失问题,如表 3.2 所示。

表 3.2　2013 年东北三省水土流失情况

	水土流失面积 （km²）	面积占比 （%）	侵蚀沟条数 （条）	条数占比 （%）
全国	1293200	13.68	962382	100
黑龙江	73251	16.19	115535	12.01
吉林	34744	18.38	62978	6.54
辽宁	43988	30.00	47193	4.9

数据来源:水利部:《第一次全国水利普查水土保持情况公报》,2013 年 5 月 29 日,见 www.mwr.gov.cn/sj/tjgb/zgstbcgb/201612/t20161222_776093.html。

表 3.2 显示,东北辽宁、吉林、黑龙江三省水土流失面积均超过了全国平均水平。以重点国有林区伊春市为例,由于森林资源过度开发,致使局部地区的生态环境严重恶化,水土流失面积不断扩大。在 1999 年时,全市水土流失面积高达 9372.12km²,占全市总土地面积 28.50%。1998年,松嫩平原和三江平原先后遭受了 30 年一遇春旱和百年一遇洪水,均与该因素有直接联系。同时,伊春市山洪发生的频率也越来越高,从 20世纪 50—70 年代每 10 年 1 次,逐渐发展到 80—90 年代每 10 年 3 次。[1]干旱、泥石流、山体滑坡等多种生态灾害均有增加趋势。尽管实施了天保工程,但由于地方财政紧张,国有林区生态恢复缺乏内在动力机制,很多

---

① 王雪梅:《伊春市生态保护与经济转型发展对策研究》,哈尔滨工业大学硕士学位论文,2012 年。

国有林区仍然呈现出生态约束的"资源诅咒"现象。

3.经济结构严重失衡

根据产业经济发展规律,合理的经济结构具有促进经济长期发展、抵御经济发展风险、提升区域经济竞争力等多种优势。然而,我国国有林区经济结构严重失衡,第一、二、三产业的比重严重偏倚,基于资源禀赋的林业产业一直占据主导地位,而以高新技术产业和现代服务业为主体的第三产业发展明显滞后,如表3.3所示。

表3.3　2010—2013年全国及重点国有林区产业发展概况

年份	重点国有林区					全国			
	总产值(亿元)	总产/全国产值(%)	第一产业比例(%)	第二产业比例(%)	第三产业比例(%)	总产(万亿元)	第一产业比例(%)	第二产业比例(%)	第三产业比例(%)
2010	484	2.1	45.0	38.7	16.3	2.3	39.1	52.1	8.8
2011	550	1.8	44.0	37.3	18.8	3.1	36.1	54.5	9.3
2012	624	1.6	42.1	36.9	21.0	3.9	34.9	53.0	12.2
2013	719	1.5	42.0	35.6	22.4	4.7	34.6	52.8	12.6

资料来源:朱震锋等:《重点国有林区产业结构综合效益的影响及评价》,《林业经济问题》2016年第2期。

从表3.3可以看出,重点国有林区林业总产值逐年提高,第三产业比例有所增加,经济结构向合理方向发展,纵向经济结构得到一定改善。但是,横向经济结构变动效果明显落后于全国水平。这种失衡的经济结构,在国有林区全面停伐时,林区内林业相关产业链全面萎缩。比如,以受影响最大的食用菌产业为例,伊春停伐后食用菌生产原料自有来源渠道断流,目前绝大多数依赖外进,导致产业萎缩,停伐前全市黑木耳生产规模达6亿袋,2015年减少为4.9亿袋。目前,国有林区经济结构呈现出产业规模小,经营分散,资金来源少,投资不足,缺少拳头产品和龙头企业等特点。这种经济结构特点直接影响技术变迁速度,难以实现生产效率大幅提升和高附加值产业的发展。

4.民生问题较为突出

目前,国有林区职工的贫困深度和贫困强度非常大,民生问题较为突出,具体表现为四个特征:一是基础设施落后。自林区开发以来,国家对国有林区基础设施建设投入严重不足,学校、医院、道路等生产生活配套设施建设严重滞后。国有林区没有享受到国家的"村村通"优惠政策,交通条件很差,80%以上都是低等级公路。居住条件很差,仍然有很多林业职工生活在板夹泥房屋里,即使棚户区改造,由于收入过低很多职工无法支付"上楼"的差额款和装修费。二是贫富差距过大。由于市场经济不发达,收入来源少,普通职工由于工资收入低,取暖、四季服装、交通成本、蔬菜水果等生活成本又非常高,很多家庭生活非常困难。另外,由于国有林区是一个不城不乡、不农不工的特殊地区,国家的惠农政策、扶贫政策很难在这一地区实施,林业职工很难享受到国家的优惠政策,因而导致国有林区同非林地区贫富差距越来越大,林业职工普遍陷入贫困的境地。三是林业职工收入较低。《2015年中国林业发展报告》显示,2014年,东北区的林业在岗职工年平均工资26735元,是全国平均水平的77.43%,为各区最低。[①] 如果遇到重大疾病、父母病逝、子女升学等重大事件时,他们抗风险能力很弱,往往会陷入贫困。另外,国有林区的林业局普遍远离中心城市,地处偏远,个人房产等资产价格很低,没有更多的财产性收入。四是富余人员安置困难。国有林区停伐产生了大量的富余人员,天保工程一期一次性安置职工52万人,约50%的一次性安置人员目前生活困难,因无力缴纳社会保险费而"断保"。重点国有林区伊春市因木材停伐直接或间接受到就业影响的劳动力约达8.5万人。由于国有林区计划经济色彩浓厚,市场不发达,加之富余林业职工多年从事木材生产,知识

---

① 《2015年中国林业发展报告》,2015年12月4日,见 www.forestry.gov.cn/main/62/content_825636.html。

老化,技能单一,年龄普遍偏大,再就业十分困难,下岗失业职工生活十分困难。

(二) 国有林区"资源诅咒"问题的成因

自从"资源诅咒"理论被提出以来,国外许多学者开始从不同的角度对"资源诅咒"现象产生的原因进行分析,并从传导机制上对其进行解释,概括起来引发国有林区"资源诅咒"问题有三个方面原因。

1. 要素转移引发"荷兰病"效应

20 世纪中叶,荷兰发现了天然气资源,经济出现短暂繁荣,但由于资源产业比重过大,导致制造业、农业等其他产业的迅速衰退,整个经济开始萧条,失业增加、出口下降等问题开始出现,后来人们把这种因福得祸的现象称为"荷兰病"。"荷兰病"最典型的特征是资源部门繁荣而其他部门萎靡,原因是资源的开发所产生的巨大收入驱使着资本、劳动力等要素流出制造业部门,流入资源部门,致使制造业开始出现萎缩,形成了资源转移效应。制造业一旦衰退,必然会导致人才的流失以及技术创新不足,从而使国家的经济增长缺乏驱动力,继而引发"资源诅咒"现象。而国有林区经济发展也有类似特征,林业产业是国有林区的主导产业,具有一木擎天的重要地位。但是国有林区经济结构的长期单一发展,引发要素转移,进而产生"荷兰病"问题,主要有四个原因:一是 20 世纪 50 年代初期,由于国民经济建设需要大量木材,国家开始重点开发国有林区,大量人、财、物开始流向国有林区,流向木材部门,一切生产经营活动围绕木材生产开始展开,导致木材部门迅猛扩张,但是各类林产品的产业链条很短,初级产品比例高,技术含量和附加值高的最终消费品比例低,严重降低资源配置效率,不利于国有林区完善产业结构、抗击市场风险,一旦经济形势和产业政策发生变化,国有林区经济缺乏弹性,必然出现"资源诅咒"的种种困难。二是国有林区经济过分依赖木材资源,只追求木材产品生产数量扩张,长期形成了"一木独大"的产业结构,而对其他产业发展重视不够,导致国有林区产业结构单一,经济结构失衡,经济、民生、财政税收等严重依赖林木资源产业。这种单一型产业结构造成国有林区经济发展缺乏可持续性，随着木材资源红利的逐渐消减，国有林区经济状况日益恶化。三是林业产业的过度繁荣，导致本应停留在制造业的资源快速流出，以新兴产业为代表的制造产业为了吸引人才和资金，不得不以高工资、高利率作为代价，导致行业成本上升，利润空间下降，从而影响国有林区经济的整体竞争力，与中国经济快速发展相比，国有林区经济增长乏力，发展明显滞后。四是在"大木头"思想的影响下，国有林区普遍重采轻育，森林资源遭到严重透支，自然恢复速度缓慢，人工培育措施乏力，后续森林资源严重不足，森林生态功能出现严重赤字，国有林区生存发展基础受到严重侵蚀，人才、资金和技术等要素资源必然转移，国有林区"资源诅咒"问题进而集中显现。

2. 林业产业对产业多元化的"挤出"效应

丰裕的自然资源一方面促进了资源型产业相关要素投入的增加，另一方面对有利于经济发展的相关要素也产生了"挤出"效应，主要包括对教育、投资、人力资本、科技创新以及基础设施等的挤出作用。研究发现，有"资源诅咒"现象发生的地区，教育投资占 GDP 的比例普遍较低，而且这些地区往往也不重视人力资本。人力资本作为经济增长的重要推动力，总是更容易被资源丰裕的地区所忽视，而"挤出"效应中最显著的特征就是人力资本积累不足，不重视教育的投资，人才外流，导致资源型地区创新能力不足，无法实现产业多元化，经济失去了长期增长的动力。国有林区产生"资源诅咒"问题的重要原因，同样是这种"挤出"效应引发的，国有林区产生"挤出"效应的原因可以归结为三个方面：一是计划经济在国有林区进入最早，退出又最晚，造成国有林区的资本和劳动力过分集中于林业产业，国家的"剪刀差"政策又使国有林区出售的林业资源大大低于其实际价值，导致国有林区没有必要的资本积累和人才积累，当林业资源枯竭时，国有林区"资源诅咒"问题就会集中爆发。二是由于林业产业是国有林区的主要经济支柱，容易形成对林业产业的路径依赖，导致资金、技术、人才等要素被锁定在林业产业中,而很难流动到高附加值的产业中。三是国有林区建设初期,林业产业的投资回报率比较高,吸引了大量的资本和劳动力进入林区,由于采伐、粗加工林业产业对技术、劳动力素质要求不高,林业局和森工企业没有动力去进行人力资本投资和技术改造,加之林业产业的物质设备和人员技术专用性非常强,导致对资金、技术和劳动力素质要求比较高的高附加值产业产生了"挤出"效应。因而,国有林区难以实现产业多元化发展。

3. 产权制度不合理无法保障可持续发展

"资源诅咒"产生作用的根源就在于产权制度不合理。由于不合理的产权安排,使资源的所有权、经营权以及管理权都有可能成为寻租和腐败滋生的土壤。在这种弱化的产权制度下,一些政治利益团体应运而生,打击了企业的创新动力,政府腐败程度和社会冲突日益加剧。由于寻租行为产生了错乱的政治激励,自然资源不能合理、公平的分配,从而导致国家资源错配,生产边际效益下降,长期可持续的经济发展受到阻碍。目前,国有林区同其他资源丰裕区一样,存在产权主体虚置,责权利分离,监督管理缺位的产权制度弱化问题,这是国有林区发生"资源诅咒"问题的体制性根源。一是多头管理。森林、生态、环境、资源的管理权限分散在10多个的部门,无法对资源进行合理调配,转型所需资金很难积累,也不能有效使用。二是职能交叉、管理重叠。国有林区存在职能交叉、重叠管理问题,容易引发矛盾和冲突,也容易导致无人管理,出现管理真空。这种管理方式不能满足转型发展的要求,对经济结构调整升级都起到了抑制作用。三是条块分割。国有林区辖区内包括许多地方行政区域,林业和地方"管资源"和"管发展"权责不相一致,不能形成保护和利用的有机统一、互促共赢,不利于国有林区实现长期可持续发展。四是监管问题突出。国有林区森林资源监督体系主要特点是自己经营,自己监督。比如,在一些国有林区内,农民只要向县林业局交纳每 750 元/hm^2 的林地使用费,就可以把这些林地作为耕地使用,由于利益驱使,导致毁林开荒和监守自盗等问题时常发生。出现问题后又相互推诿扯皮，致使国有林区生态环境进一步恶化，难以破解"资源诅咒"问题。

本章小结

本章主要阐述中国国有林区的特征事实与非均衡性，通过研究发现国有林区具有公共性、外部性、契约性、代际分配性和市场不完全性特征，这些特征进而导致国有林区治理体制出现非均衡性。本章主要针对我国国有林区面临的公地悲剧、体制机制问题和"资源诅咒"的非均衡问题进行深入研究，剖析其产生的原因，发现国有林区面临的这些问题并不是一个解不开的"死结"。

第四章

中国国有林区治理体制变迁的
路径依赖形成、体现及成因分析

历史上,虽然我国国有林区治理体制历经多次改革探索,但始终受到初始制度惯性的影响,原有治理体制的条条框框没有得到实质性突破,在一些重要领域改革依然滞后,改革效果也远未达到预期,许多问题仍然没有得到根本性解决,整个国有林区治理体制被锁定在低效的状态中难以自拔,甚至出现自我利益强化和逆向改革的倾向。

第一节 国有林区治理体制变迁的
路径依赖形成

新古典经济学一般均衡理论依据一系列假设前提,从而构建完全竞争模型。其中,有四个重要假设条件:有无数个生产者和消费者;完全信息;所有产品是均质的;没有进入和退出壁垒。在这种情况下,我们会发现,不仅没有交易成本,而且还没有沉淀成本,从而任一企业和消费者按照利润最大化和效用最大化追求各自的利益最大化,最终导致社会福利最大化,从而不会出现路径依赖问题。即使出现在规模经济条件下,由于资本市场完全,构建了完全可竞争模型,也会至少实现帕累托次优鲍莫尔等(Baumol, et al., 1982)。① 针对这些理想化结果,诺思认为影响制度变迁轨迹的决定因素包括报酬递增效应和存在交易成本的不完全市场。只有存在报酬递增时,制度才能发挥至关重要的作用,当上述两个决定因素都不具备时,制度就是无关紧要的。诺思把技术发展的路径依赖特征应用到对制度变迁轨迹的研究中,并提出阿瑟总结的关于报酬递增的固定成本、学习效应、协调效应和适应性预期同样适用于制度变迁②。由于这种制度自我强化机制的存在,一种制度矩阵的相互依赖能够产生报酬递增,报酬递增又为制度变迁的保持提供了动力,使之沿着特定的轨迹继续发展变革。当报酬递增存在,制度能够在竞争性的市场环境中运行,交易成本将接近于零,此时的制度变迁路径就是有效率的。但在不完全竞争的市场中,较高的交易成本和分散的信息将会导致无效或低效的制度形式长期存在,甚至占据支配性地位。诺思通过对经济长期下降或增长模型和路径依赖的研究,发现制度长期变迁一般有两种路径:一种的前提是制度在起始阶段本身存在报酬递增,且它在无效率的组织和不完全市场中运行,由于该制度附带的利益集团会对政治实体施加影响以使自身获益,参与制度运行的主体将自身的主观构想付诸实践,从而形成了一种起到支撑作用的意识形态,这两个方面共同发挥作用,使一项制度在无效的路径依赖长期保持下去。而在另一种变迁路径中,正外部性、学习效应以及从历史中产生的某种主观主义模型共同形成了另外一种有效的路径依赖,从而使一项制度在沿着某种变迁轨迹发展时,能够进行效益最大化选择的同时克服那些外部的不利影响,使经济能够长期增长。

路径依赖意味着初始制度安排对后来的制度选择是有影响和约束作用的,即"人们过去做出的选择决定了他们现在可能的选择"(诺思,

---

① W.J. Baumol, et al., *Contestable Markets and the Theory of Industry Structure*, London: Harcount Brace Jovanovich, 1982, pp.81-90.

② W.Brian Arthur, "Competing Technologies, Increasing Returns, and Lock-in by Historical Events", *The Economic Journal*, Vol.99, No.394(March 1989), pp.116-131.

1990）。在这种初始制度安排完成后，就会形成一种路径，使制度在报酬递增的作用下沿着该种路径不断自我强化。① 我国国有林区治理体制在初始安排时，就形成了巨大的制度惯性，在巨大的初始成本、学习、协调和适应性预期等效应共同作用下，形成了一种路径，使我国的国有林区治理体制能够在保持既有优势的同时也在不断完善。当然，我国国有林区治理体制的实施也不是一帆风顺的，在当时国内政治形势以及其他不利因素的冲击下，产生了一系列社会问题，包括林业职工的福利损失等。但总体来说，我国国有林区治理体制从初始形成开始，到我国第一部《森林法》出台这段时期，我国国有林区治理体制变迁的报酬递增路径依赖特征是非常明显的。

一、国有林区治理体制建立的初始成本效应

在报酬递增存在的前提下，制度是至关重要的。而一项制度初始建立时所耗费的巨大成本，也导致了这种制度的变迁路径很大程度上依赖于报酬递增。正如诺思对这种特点的阐述："制度最初设立的初始成本是巨大的，就像美国 1787 年制定宪法时的情况一样。"②如前文所言，我国国有林区治理体制在初始建立时就耗费了巨大的建设成本，其中主要是固定成本，这同样使国有林区治理体制变迁长期沿着原有路径演变和强化，我国国有林区初始的治理体制一旦形成，即使政府已经意识到它有诸多的缺陷和效率低下的弊端，但由于其在初始建立时付出了巨大的成本，且远远高于在后期对该制度安排进行改变时所需的成本，所以很难使这种无效的制度安排在运行的过程中偏离原有的路径，这也导致了我国

---

① 张元庆：《我国征地补偿制度变迁的路径依赖与路径创新研究（1949—2013）》，辽宁大学博士学位论文，2014 年。

② ［美］道格拉斯·C.诺思：《制度、制度变迁与经济绩效》，杭行译，格致出版社、上海三联书店、上海人民出版社 2008 年版，第 35 页。

国有林区治理体制长期在低效率中运行。

在中华人民共和国成立初期,我国深受马克思主义的生产力与生产关系理论的影响,认为只有先改变落后的生产关系,生产力才有空间蓬勃发展,因此极其重视制度建设和制度变迁在建设中发挥的作用。因此,中华人民共和国成立初期,我国投入了大量的社会成本以及经济成本建立新制度,包括土地改革、社会主义改造等,从而在较短的时间内建立起社会主义政治经济制度。其中,对我国国有林区治理体制的建立起到必不可少的作用的,无疑就是对土地的公有制改造。通过对土地所有权私有变公有的改革,我国国有林区治理体制在投入大量成本后初步建立起来,但同时也产生了土地公有制的弊端。由于土地公有制通常在最大程度上强调国家和集体利益,而忽视个人利益的实现,国有林区在经营过程中屡屡发生损害国家和职工利益的事件。在之后的国有林区治理体制运行中,初始建立时保留的土地公有制弊端更是不断体现出来。而到今天,个人利益与集体利益的矛盾有了愈演愈烈的趋势。但由于建立国有林区治理体制时所耗费的初始成本巨大,原有的治理体制在长期的保持中已经不断深化,对它的任何完善和改变所需要的成本远远高于维护它的成本。所以,一项制度在投入巨大的初始建设成本后,就会产生一种路径依赖,使制度能够在既定的轨迹中,随着报酬递增的强化不间断的保持下去。

二、国有林区治理体制的学习效应

当我国社会主义改造完成后,公有制和社会主义被理想化,在土地公有制基础上建立起来的国有林区治理体制也自然成为最优的国有林区治理体制。在过度崇尚集体利益与国家利益高于个人利益的时期,政府大力宣传土地公有制思想,不断加深民众对集体的认同感和归属感,由此加强人们对未来社会的美好期待。而国家作为国有林区治理体制的制定者,在政府的大力倡导下也得到了社会的认同。此时,国有林区治理体制建立时投入的巨大初始成本,在未来可观的预期收益的对比下也变得无关紧要。因此,国有林区治理体制的制定和推广模式被作为成功的典范,由各个地方政府大力推广并效仿,由此形成了学习效应,使这种有利于政府和集体利益而有损于个人利益的治理体制得到了普及推广。

在各个地方政府出于自身利益最大化的追求而互相学习攀比的同时,普通民众也深受社会主义公有制优于一切的思想的熏陶,踊跃配合政府的大力宣传,对国有林区治理体制的学习效应不断加强。另外,地方行政官员的任期制和绩效考核制度,使他们更多地着眼于自身利益和短期利益。在学习效应下,地方政府不断维护和强化这种治理体制,从而使该地区经济在短时期内得到一个较大的飞跃,而当地政府官员作为受益者也会得到升迁。在有限的任期后,即使曾经的学习效应引发了诸多的经济问题和环境问题,政府官员也因为已经离任而不负任何责任,这样的国有林区治理体制造成林地大量闲置,林业职工权利受到侵害。各地的管理部门和既得利益集团也会争相学习模仿其他地区治理林区时获利的模式,这进一步扩大了国有林区治理体制学习效应的影响,使得这种低效率的制度体系在原有的路径下保持和强化。

三、国有林区治理体制的协调效应

诺贝尔经济学奖获得者诺思指出,协调效应一方面产生于和其他组织的契约,另一方面也可以从一些辅助性活动中产生,比如对政治组织进行投资。[①] 正式制度会产生一些非正式的约束,而非正式约束反过来又会不断改进原来的正式制度,并且在该正式制度的其他领域得到应用。

---

① [美]道格拉斯·C.诺思:《制度、制度变迁与经济绩效》,杭行译,格致出版社、上海三联书店、上海人民出版社 2008 年版,第 57 页。

因此，一项制度在发展的过程中，不仅会受到其他制度的影响，也会受到由该制度本身所派生出来的非正式性的约束、干扰和影响。而我国国有林区治理体制正是在以上种种因素的协调影响下，保留了它的先天缺陷并一直延续下来，形成了一种路径依赖现象。

国有林区产权模糊这种制度安排就是影响国有林区治理体制效率的重要因素，这同时也是协调效应的来源之一。在国有林产权清晰的西方国家，很少会发生损害国家利益和个人利益的乱砍滥伐行为。而在国内由于国有林区治理制度是在土地公有制基础上建立起来的，产权模糊，从而为损害国家和个人利益的行为提供了制度上的漏洞。同时，相关的政府部门又会出于对自身利益的考虑，极力维护现行的国有林区治理体制，即便知道这种制度是无效率和弊端众多的。在国有林区治理体制正式形成后，随着其长时期的发展，更多的非正式约束会从中产生，反过来进一步稳固原有的治理体制，使得改变这种体制面临着种种阻碍，包括来自某些既得利益集团的阻挠。由此可见，由于协调效应的存在国有林区治理体制在变迁过程中不断得到发展和维护，形成了很强的报酬递增式路径依赖发展。

四、国有林区治理体制的适应性预期效应

当建立在一种特定制度基础上的社会经济运行模式受到欢迎时，这种制度就会在报酬递增的作用下，以一种制度共识的形式长期强化下去，最终形成一个地区经济社会的长期发展路径。从整个国家的角度来看，一种制度一旦建立，它所耗费的初始成本就会成为它的保命符，使其能够长时间地延续。而在它延续发展的过程中，民众对其的适应性预期也会随之产生，即使发现了这种制度本身存在的一系列缺陷，也很难说服自己或他人做出一些改变。因此，在政府的大力宣传下和从众心理的影响下，人们出于对政府的信任，会越来越接受一项制度安排，并形成一种心理预

期,这种制度能够长时间地保持并获得大多数人的支持,它一定是最合理的制度,进而这项制度在人们心目中获得了不可动摇的地位,它的持久性和稳定性也会进一步增强。这种适应性预期的产生,会导致一项制度在报酬递增的作用下表现出路径依赖现象。

国有林区治理体制就是这样的一种制度。在最初建立时,政府一方面受当时的政治形势的影响,一方面出于自身的利益考虑,投入了大量的成本建立这个体制,并进行了广泛的宣传。大多数人因此接受了这种制度安排,而其本身有利于集体利益、损害个人利益的特点也被选择性地忽视,甚至即使注意到了这种不利因素,民众也认为这是一种有价值的个人牺牲。当对国有林区治理体制的信任积累到了一定程度,人们的心中会形成对该制度的美好预期,而它本身在发展过程中暴露出来的种种弊端,对其在社会中的地位并不能产生太大的影响。人们宁愿相信这种弊端是暂时性的、偶然性的,也不愿改变其既定的发展轨迹或者去思考它存在的合理性。因此,国有林区治理体制的种种弊端被管理者在维护自身利益的驱使下被选掩盖和美化,同时也赢得利益相关者的支持和拥护,使这种制度沿着既有的惯性不断延续。

第二节　国有林区治理体制变迁的路径依赖体现

路径依赖的原型是物理学中的惯性。1975 年,美国著名经济史学家保罗·大卫首次将自然科学中的路径依赖名词引入经济学研究领域。之后诺斯把路径依赖推广到对制度变迁的解释,他提醒我们,在制度变迁中同样存在路径依赖性的问题。继诺斯之后在制度领域进行路径依赖分析的还有青木昌彦。他认为路径依赖是制度重建时,由参与者的认知能力所决定的主观选择模型继续认同旧的基本制度结构,导致旧制度在新政权中以新的形式延续的情况。① 路径依赖理论揭示了过去对现在和未来的强大影响,特别对长期存在的低效或无效制度进行了深刻阐释和分析,对制度变迁的研究具有重要的理论价值。事实上,我国国有林区初始制度的选择、传统认知的约束和现存的制度存量,都会影响国有林区治理体制的变迁进程,进而形成对既有制度的路径依赖,而难以高效完成新时期国家赋予国有林区保生态、保民生、促转型的历史任务。

一、对国有林权制度的依赖

路径依赖是历史制度主义的核心概念和轴心机制,其基本内涵是:一旦一项制度安排得到了最初的选择,由该制度安排所设定的框架或模式将被延续下去,除非有足够的力量克服最初形成的惯性。② 我国在建立初期,确立了重工业优先发展的战略,为适应这一战略,我国国有林区产权模式同样沿袭了苏联的计划经济所有制模式。20 世纪 50 年代,我国确立了国有林区森林资源归国家所有,森工企业代表国家管理森林资源的全民所有产权制度,这可以说是对国有林区产权配置制度的初始界定。这种产权制度在当时加速了国家工业化进程,满足了国家"工业化"战略任务。但是,随着生产力的快速发展,目前国有林区仍然延续过去的传统体制,已经严重束缚了国有林区的生机与活力。在国有林权大一统的产权模式下,国有森林资源产权制度尽管经过多次改革与变迁,但现代意义上的国有森林资源产权配置制度始终没有形成,国有林区始终摆脱不了国有国营占主导地位的产权格局。由于没有从惯性思维和僵化的体制跳出来,还是过分强调国有森林资源管理的计划性,使得国有林区政企合一的"一长制"路径得到不断强化,进而导致政府对所属森工企业长期绝对

---

① [日]青木昌彦:《比较制度分析》,周黎安译,上海远东出版社 2001 年版,第 89 页。
② [美]B.盖伊·彼得斯:《政治科学中的制度理论:"新制度主义"》,王向民、段红伟译,上海人民出版社 2011 年版,第 71 页。

强势控制和长期出现利益错位的路径依赖问题。这种体制进一步发展演变,将创造出全能型政府模式,整个国有林区将形成强政府、弱社会、小市场的体制架构,三方处于极度失衡的状态。在这种失衡的体制下,我国国有林区长期处于国内、国际大市场之外的隔绝封闭状态,林地的价值由于不能进入市场而长期被忽视,国有林业资产的保值增值更是难以企及。另外,政府长期独家垄断林木供给,垄断林木价格多年不变,"权力任性""搭便车",甚至乱砍滥伐林木、滥垦乱占林地的"公地悲剧"问题都难以有效解决。

二、对传统认知模式的依赖

诺思(North,2005)认为,环境、历史遗产等因素决定人的智力结构,从而影响人的认知能力和品位,使人们做出的选择有所不同。[1] 可见,认知作为构成非正式制度的一种主观信念,存在于所有人身上,能够长期影响组织制度的发展方向和演变轨迹,是产生路径依赖的重要原因之一。我国国有林区进入计划经济最早,退出又最晚,在认知上长期受到传统政治和意识形态的影响和支配。经过了多年的传统认知模式的强化,在国有林区经济上形成国有国营的政企合一的经济形态,政治上建立了高度集权的政治体制,文化上形成官本位思想。从国家层面上看,尽管国家对国有林区的认知实现了从"木材生产区"到"生态功能区"的巨大飞跃,但始终没有跳出固有的国有国营传统认知模式。随着这种大一统的国有林区经营管理模式的固化,社会资本难以进入国有林区,民营经济发展受到很大束缚,导致辖区内林业职工从心理上长期拥有安全感,没有危机感,没有竞争意识,普遍存在慵懒散等问题。

---

[1] D.C.North, *Understanding the Process of Economic Change*, Princeton:Princeton University Press,2005.

三、对现存制度环境的依赖

现存制度环境大体包括:意识形态、法律、秩序、习惯、惯例等。任何一种制度的变迁都会受到它所处的制度环境的影响。这种制度环境甚至会决定一种制度的发展方向。所以说,任何一种制度的变迁都会对当时的制度环境产生依赖性。[①] 我国国有林区治理体制变迁就显现出对现存制度环境依赖的明显特征。我国的国有林区治理体制尽管经过了多次演变,但仍然存在许多被公认的低效制度安排,这一变迁悖论就是现存制度环境引发路径依赖的结果。一方面,国有林区治理体制处于巨大而复杂的制度系统中,依附于国有经济体制而存在,不是核心制度,容易受到影响和决定,无法根据"效率最大化"的理想化路径进行设计,变迁的难度很大,只能进行现存制度有限的边际创新,新制度的产生也只能在现存制度环境中寻找生存空间。另一方面,国有林区自建立之日起,随着时间的推移,会产生回报递增的效果。由于初期林业投资回报率比较高,初始体制得到不断自我强化,最终这种政企合一的治理体制一直延续至今。目前,国有林区已经形成了一套完备的晋升机制,使林区体制内人员对未来充满了美好预期,随着时间发展,这种美好预期不断强化,以致这种体制越来越稳定,呈现出路径依赖特征。因此,国有林区治理体制变迁对相互交织的现存制度环境产生了路径依赖,使变迁呈现黏性特征。

第三节　国有林区治理体制变迁的路径依赖成因

通过对 1949 年以来国有林区体制变迁的回溯分析,发现国有林区传

[①] 张元庆:《我国征地补偿制度变迁的路径依赖与路径创新研究(1949—2013)》,辽宁大学博士学位论文,2014 年。

统体制向现代体制变迁过程中具有明显的体制黏性特征,处于惰性状态,呈现出诸多路径依赖症状,这表明路径依赖是制度变迁内在的秉性。如果这种路径依赖不能有效控制,国有林区治理体制的改革将陷入一种效率低下、甚至停滞的体制锁定状态,究其深层次的原因,主要在于初始条件与历史背景,体制锁定约束,利益集团博弈、沉淀成本滞后、不完全市场和非理性竞争共同产生的滞后效应。

一、初始条件设定

国有林区的初始条件是国有林区在发展过程中所必须依赖的各种经济、社会和文化等各种现存制度和风俗习惯的总和,是国有林区改革发展的基本前提。同时,相关的政策也在产业发展的过程中起到了极大的引导作用。一种产业发展模式能否在激烈的竞争中长期得到公众的认可,关键就在于其能否在社会、经济、文化等因素的综合作用下得到不断发展完善的驱动力。因此,在一种产业发展的过程中,必然会对周围的自然资源环境、经济发展水平、科技水平、社会文化一系列因素产生依赖,同时上述因素也构成了产业发展模式的初始条件。

保罗·大卫在其对技术变迁路径依赖的研究中指出,经济发展通常会受到自然资源、社会需求水平、科学技术以及政府政策的影响,这些影响或许是偶然性的,但往往会对经济发展模式和产业结构起到深刻的引导作用。由此,该地区的产业经济会沿着某种既定的轨迹发展下去,此时,经济发展的路径依赖现象便产生了。[1] 我们可以根据性质将上述对经济发展水平产生重要影响的因素分成四种类型,包括资源因素、技术因素、制度因素以及需求因素。

---

[1] P.A.David, *Technical Choice*, *Innovation*, *and Economic Growth*, Cambridge: Cambridge University Press, 1975, p.261.

（一）资源因素

自然资源与非自然资源，二者的开发和利用水平很大程度上影响了一个地区经济发展初期的产业类型的选择，同时也作为经济社会发展的基础条件，在长期的建设中引导该地区产业经济的发展方向。一个地区的矿产资源丰富，便有利于发展诸如钢铁工业、机械工业等重工业，矿产资源的种类也大体决定了当地的经济结构与社会结构。在初始经济开发时，政府便会根据本身具有的比较优势，包括地理位置、水源、自然资源等要素，对本地区的经济发展模式做出一个基本的定位。在此基础上，又以自然资源的开发为核心，构造一个能够最大限度利用自身优势的产业链或工业基地。这样的发展模式被人们广泛应用，巴西的亚马孙雨林为当地的林木开采和加工业提供了丰富的资源，德国鲁尔工业区以及与之类似的东北老工业基地也从当地的矿产资源中受益良多。丰富的自然资源为其所在地区产业基地的形成提供了强有力的支撑，也在无形中塑造了当地的社会文化、制度体系以及人文习俗，这些又反过来促进了城市经济的形成和发展，甚至会带动大范围内的经济建设。资源优势带来的种种发展便利在潜移默化中对城市经济、政治、文化的发展进行渗透，使人们主动或被动地对资源产生依赖，进而形成了经济发展的路径依赖。

（二）技术因素

技术因素贯穿着产业经济建设的始终，也是决定产业发展模式的关键。在一个地区产业发展的初始阶段，资源通常发挥着巨大作用，推动了产业经济从初期到上升时期的演变。而技术在这一过程中，与资源的开发和利用相结合，不断提高资源利用的效率和资源产品的丰富程度。而在产业经济的发展进入繁荣时期后，技术必须与其他生产要素共同发挥作用，并派生出新的发展模式推动产业经济完成由依赖资源到依赖资本、创新的转变。在这一过程中，旧有发展模式引发的种种问题，如资源短缺、环境污染、市场饱和等得以弱化，产业经济体系也能够在新的发展环境下形成并完善。而我国国有林区在发展的过程中，一方面在初期阶段,技术和资本要素无法满足林区经济建设的要求,使得初级加工工业在产业部门中占比高,而获益大的上游工业则受到当时国内技术水平的限制,占比较低。当时的社会风气也使林区在开发的过程中过于激进,片面追求量的优势而忽视了质的要求,导致林区资源开发低效率,浪费严重。另一方面在林区经济面临着转型的关键时期,虽然技术已经能够与资源、劳动力、资本等要素结合并应用于经济发展,但长期以来固定的发展模式已经深入人心,制度上的路径依赖也在逐渐形成,我国国有林区的经济未能突破种种因素的制约,依然保留了 20 世纪粗放型经济的特点。

（三）制度因素

制度因素,包括国家提出的各种发展策略、指导性政策方针以及法律建设等,为国有林区产业经济的发展提供了框架上的支持。在社会主义经济建设的初期,我国实行优先发展重工业的策略,在轻工业与一些基础性产业尚未发展的阶段,这种经济发展策略无疑超越了现实,也进一步导致了我国林区经济发展模式单一、经济效益低下。例如,伊春市是我国重点国有林区,一直以各种政策措施推进林业产业的运行,该市单一的经济发展模式持续被强化。

（四）需求因素

需求因素是一个地区产业经济形成与发展的外在驱动力。只有在市场存在对某种产业的需求时,产业体系的建设才能够得到整个社会的支持,从而为其提供充足的技术、资本以及劳动力的支持。换句话说,消费和需求决定着产业结构,如果没有需求,生产也就没有目的,而技术与资源也会流向其他的产业部门。而需求的结构也引导着产业结构的形成,决定了一个地区经济发展的规模的方向。例如,德国鲁尔工业区以煤钢资源为产业主体的发展模式的形成,是由于当时工业能源主要是煤炭,基本的生产材料是钢材。而其后期的衰落也印证了需求的关键作用,伴随着石油天然气资源的全球性开采,清洁能源的兴起同时导致了旧能源需求的锐减。中华人民共和国成立初期,经济处于起步阶段,同时政府过于强调重工业的发展,对能源的需求激增,促进了我国煤炭型城市与林木产业基地的形成。同时,不科学的资源开发方式伴随着"高投入、高增长、高消耗"等发展模式成为常态,对经济、资源、环境都造成了无法挽回的损害。在此基础上形成的林区经济不可避免地受到国内技术、需求的制约,在短时期内发挥了巨大的作用,但随着产业经济的建设,生态环境的不断恶化,这种粗放式的发展模式的弊端逐渐显露出来。

二、体制锁定约束

国有林区体制经过多年改革仍然乏力,路径依赖问题突出。如果这种体制惰性长时间得不到有效纠正,就会导致国有林区经营管理体制出现低效、停滞的体制锁定状态。

(一) 相互交织的体制网导致的路径依赖

制度都不是单独存在的,从诞生之日起就处在复杂制度网络之中,如果想单独推进某项制度改革,将因缺少必要支持和补充而难以获得成功。国有林权改革试点没有全面推开,处于停滞状态,根本原因就在于陷入了局部改革的陷阱。从地方到国家,每一项制度都是处于既有相关制度预先搭建好的框架之中,犹如一张编织好的立体网络。一项制度变迁不能随心所欲,受到制度环境中各种相关制度的牵制和约束。同样国有林区体制也处于这样巨大而复杂的制度系统中,在国有经济体制中属于边缘制度,不是核心制度,极易受到影响和决定,单个国有林区无法根据"效率最大化"的理想化路径进行设计,只能实现制度的边际变迁和部分的新理念和新诉求,变迁难度很大。因此,相互交织的制度网络使制度变迁呈现黏性,进而产生路径依赖。

(二) 现存体制造成的路径依赖

现存体制是制度变迁的逻辑起点,为路径依赖提供了重要条件。由于现存体制的各个子制度之间是耦合存在关系,单个国有林区难以根据"效率最大化"的最优路径进行制度设计,变迁难度很大。此外,国有林区自成立之日起,就建立起了高度集中的计划经济体制,这种体制不断自我发展、自我强化,最终形成了政企合一的全能治理模式。这种全能治理模式进一步演变就发展成全能政府,导致整个国有林区表现出明显的"强政府、弱社会"特征,即使个别国有林业职工对体制创新有需求,也难以转化成现实行动;即使个别林业局试图打破旧体制的创新活动也难以推开,难以得到上级主管部门的认可。因此,相互交织的现存制度环境使制度变迁呈现黏性,进而产生路径依赖。

三、利益集团博弈

新制度经济学家诺思认为,任何一种制度形成背后,都会产生与这一制度相关联的利益集团,当一项新制度对原有制度的替代使得依附原制度的利益相关者利益受损时,他们便会极力阻碍新制度的推行而维护原有制度的存在,此时,他们考虑的并不是企业以及社会的总利益,而是他们自身的利益。正如美国经济学家奥尔森在他的利益集团理论中提到,利益集团所关心的并不是其行为是否增加了社会总收益,而是他们能否在总收益中占有更大的份额。[①] 目前,围绕国有林区现行体制不断衍生分化出既得利益者、体制外精英和体制内受损者三类利益群体,有的在不断强化,有的在不断削弱,但是他们对维持现行治理体制的态度几乎一致。正是因为国有林区现存体制长时间受到这三类利益群体的维持和强化,国有林区的体制惰性效应才很难破解。

---

① 汤吉军、年海石:《国有企业公司治理结构变迁、路径依赖与制度创新》,《江汉论坛》2013 年第 2 期。

四、沉淀成本滞后

沉淀成本指由于过去决策导致的不能在现在或将来的决策中改变的成本。尽管在国家层面上,支持国有林区改革转型,但主管部门从自身利益角度出发往往会设法阻止治理体制变迁。另外,国有林区的土地所有权、资本以及劳动力等关键生产要素难以更新流动,长期也积累了大量的沉淀成本。由于沉淀成本在国有林区是真实存在的,为了更好分析沉淀成本对国有林区治理体制变迁的影响,现将不存在沉淀成本和存在沉淀成本的情况分别进行研究。

(一) 不存在沉淀成本,国有林区治理体制变迁情况

假设一个国有林区体制改革(用 N 来表示),保持体制不变(用 O 来表示)。采用新体制,效率高,成本低,但是需要购买相关的技术和设备并重新进行人员培训,这部分沉淀投资或专用性投资很大。用 VC 表示采用新体制的操作成本,用 I 表示前期投资成本,两者相加小于继续使用老体制加上前期投资的成本,国有林区基于节省成本考虑将采用新体制,其条件为 $VC_N + I_N < VC_O + I_O$。

重新整理方程式:

$$I_N - I_O < VC_O - VC_N$$

$$\Delta I < \Delta VC \tag{4.1}$$

其中, $I_N - I_O = \Delta I, VC_O - VC_N = \Delta VC$。(4.1)式表明,国有林区采用新体制的条件是,采用新体制新增投资成本 ΔI 要小于采用新体制节约的操作成本 ΔVC;反之,国有林区依据成本收益计算,将不会采用新体制。

(二) 存在沉淀成本,国有林区治理体制变迁情况

假设国有林区在旧体制上已经做的沉淀投资为 I_O,它在旧体制上的操作成本为 $aVC_O(0 < a < 1)$。其中, a 可理解为可补偿率,($1 - a$)可理解为沉淀率。那么,是否采用新体制的条件为 $VC_N + I_N < aVC_O$。两边

同时减去 I_O ，并将 aVC_O 分解，重新整理不等式，可得：

$$I_N - I_O < VC_O - VC_N - (1 - a)VC_O - I_O$$

或者 $\Delta I < \Delta VC - [(1 - a)VC_O + I_O]$

进一步可变为

$$\Delta I + [(1 - a)VC_O + I_O] < \Delta VC \tag{4.2}$$

（4.2）式表明，只有当新增投资 ΔI ，加上沉淀成本 $[(1 - a)VC_O + I_O]$ 之和，要小于采用新体制节约的操作成本 ΔVC ，新体制才会被国有林区采用，沉淀成本可以得到补偿；反之，国有林区由于缺乏技术和制度创新的激励，将不会采用新体制，前期投资的沉淀成本将得不到补偿。

（三）　比较(4.1)式和(4.2)式两种情况

假设其他条件不变，可以得出以下结论：一是国有林区治理体制变迁动力同新增投资 ΔI 大小成反比；二是国有林区体制动力同节约操作成本 ΔVC 大小成正比；三是国有林区体制创新动力同沉淀成本大小成反比。当沉淀成本存在时，国有林区在进行体制创新时，不能忽视沉淀成本的存在，如果沉淀成本过多，国有林区将会对传统治理体制产生的路径依赖，直接影响未来的体制变迁活动。

五、无效市场限制

在不完全市场中，垄断竞争、寡头竞争以及不完善的信息导致了低效率的制度发展模式长期存在。同时，人们的思维方式和智力水平也在低效率的社会运转体系中被限制和约束，使得制度变迁脱离其初始设定的预期。我国国有林区因此能够保留其初始发展模式，与新时期的社会经济水平及发展需求脱节，仍然依赖于自然资源的开发。同时，不完全市场也带来了国有林区无法与市场需求相适应的弊端。在创新性经济飞速发展的背景下，林区经济却由于落后的制度建设、不完善的法律体系以及守旧的思想观念逐步僵化,进而导致林区产业经济结构单一,发展模式僵化,无法为林区治理制度的变革提供驱动力。由于没有创新资源的整合,国有林区无法充分利用地域优势和规模优势与周边地区的经济发展互相配合。甚至部分管理者出于短期利益和个人利益,在产业内部进行不合理竞争,进一步加大林区经济的内部消耗。

本章小结

本章对国有林区治理体制变迁的路径依赖形成、体现及成因进行了分析,发现我国国有林区治理体制建立之后,在固定成本效应、学习效应、协调效应和适应性预期的共同作用下产生了对原有路径的依赖,主要表现在对国有林权制度、传统认知模式和现存制度环境的依赖,并且在体制锁定约束、利益集团博弈和沉淀成本滞后等作用下,这种路径依赖特征得到进一步加强,这种路径依赖惯性是导致我国国有林区治理体制长期、低效变迁的重要原因,也是我国国有林区出现种种问题的重要原因。

第 五 章

中国国有林区治理体制改革
路径依赖的案例研究

本章运用"路径依赖"理论,对国有林区伊春、吉林森工、内蒙古大兴安岭重点国有林管理局治理体制变迁过程中的路径依赖问题进行深入分析,探讨其产生的原因并提出革新对策,为分析在现行国有林区治理体制下出现的低效运转、资源闲置、权利冲突、林业职工生活困难等问题提供新的解释,为下一步继续深化我国国有林区改革,调动内生改革动力,引导变迁方向,提供新的理论支撑。

第一节　伊春国家重点国有林区综合改革情况

在认真研究国内外相关文献和整理历史档案、政策文件的基础上,选取具有代表性和典型性的伊春国有林区作为经验表述案例,重点分析其管理体制的变迁过程,分析发现伊春国有林区管理体制只能进行有限的边际改革,无法实现全面重构。通过微观反观宏观结果表明,在我国国有林区现行体制场域下,非绩优的路径依赖在体制锁定、回报递增、根本不确定性和沉淀成本的共同作用下,对国有林区管理体制变迁过程起到了桎梏作用。因此,我国国有林区要走出路径依赖的羁绊,需要顶层破局设计,打破现有体制,实现范式彻底转换,结合自身演进的内生性因素,面向市场进行改革,构建混合所有制体系,真正实现我国国有林区的再造与重生。

一、基本情况

伊春市位于黑龙江省东北部,是全国重点国有林区、全国唯一的国有林权制度改革试点和林业资源型城市经济转型试点城市,素有"祖国林都""红松故乡""绿色伊春"之美誉。全市行政区划面积 3.3 万 km^2,林业施业区面积 4 万 km^2,森林覆盖率 84.8%,活立木总蓄积量 3.21 亿 m^3,是中国重点国有林区和林产工业基地。伊春市坚持生态立市、产业兴市的方针,积极实施天然林资源保护工程,创新落实大小兴安岭生态保护与经济转型规划,经过多年努力,伊春生态保护和经济发展取得了明显成效。伊春市作为生态文明建设先行示范区,全国首批全域旅游示范区,在国家生态文明建设和绿色低碳发展的大背景下,仍面临着生态建设与转型发展的两大重点任务,选择我国国有林权改革的缩影伊春作为研究案例,更具有代表性和研究的典型性。

二、治理体制变迁过程

伊春国有林区是欧亚大陆北方森林带的重要组成部分。这里自古分布广袤的原始森林,绵延数千公里。清朝封建统治者从保护皇陵风水和垄断森林特产等政治经济目的出发,长期实行封禁政策,严禁汉人入垦,直至清朝末年,白山黑水之域仍是原始的森林景观。1931 年九一八事变后,日本帝国主义加紧对东北森林资源的侵占,掠夺小兴安岭林区的优质木材达上亿立方米,破坏森林面积竟达数百万公顷。中华人民共和国成立后,中央政府为大力开发伊春市林业区,特地安排专人进行实地考察,并制订相应的开发方案。自 1950 年起,综观伊春国有林区发展近 70 年历程,其治理体制大致可分为初始形成、政企合一和分权改革的三个阶段。

(一) 1950 年至 1964 年的初始形成时期

1950 年,为适应森林工业大发展的需要,经中共中央东北局和东北人民政府批准,伊春森林工业管理局正式建立。由于伊春刚刚开发不久,小兴安岭大部分还处于原始状态,环境险恶,生活艰苦,人烟稀少,固定工人寥寥无几。后来,国家将即将入朝作战的"中国人民解放军林业第三师"部队派往小兴安岭,参加新林区开发建设。林业三师由于是入朝参战部队,属于加强编制,下辖七、八、九三个团,加上师直属机关部队,全师近万人。除九团和师直属机关部队去了合江,七、八两团共 7000 名官兵来到伊春。1954 年 5 月,中共伊春林区工委成立,伊春森林工业管理局也随之升格为地厅级单位。这一时期形成了以单一木材生产为目的,军事化、半军事化管理为手段的初期模式。通过集中统一的管理,对当时国民经济快速恢复起到重要作用。

(二) 1964 年至 20 世纪 80 年代末的政企合一时期

由于历史的原因,伊春林区发展的路径是先林业后地方,先企业后政府,从而导致很长一段时间是大企业小政府的局面。林业一统天下,除森工生产自成体系外,其他行业,如公安、商贸、医疗、卫生、学校、农场等无一不是林办。20 世纪 50 年代初,连做豆腐和赶马车的,也都挂的是"中华人民共和国林业部伊春森林工业管理局豆腐坊或大车队"的牌子。1958 年,伊春林区同全国其他地方一样,在中央、省市委的统一部署下,也兴起了人民公社化运动,建立以林业局为主体,一局一区一社组成工农商兵结合的政社合一、政企合一的城市人民公社。同时,各林业局和各区的党、政、企开始了不同形式的合署办公。在此基础上,11 月 6 日,中共黑龙江省委批复,原则同意《关于建立伊春市人民公社联社的意见》,联社实行政林合一、政社合一。1964 年 6 月 23 日,中共中央、国务院下发文件,撤销伊春市,建立伊春特区,试行"政企合一"的体制。伊春市政府和伊春林业管理局合并,一套人马,两块牌子,实行双层领导制度。有关企业工作以林业部领导为主,地方工作以黑龙江省政府领导为主。特区党委隶属林业部党组和黑龙江省委双重领导。至此,伊春国有林区政企合一的管理体制完全建立,一直维系到 20 世纪 80 年代末期。尽管政企合一管理体制能够有效降低政企之间的摩擦程度,减少企业寻租等交易性成本,但是随着时间的发展,森工企业预算软约束问题逐渐出现,结果森工企业盲目扩张采伐任务。这一时期,伊春国有林区遭到掠夺式的开发,森林资源遭到前所未有的破坏,森林分布呈现混乱不堪的局面,可采成过熟林已基本枯竭。

(三) 20 世纪 90 年代初开始的分权改革时期

由于伊春林区政企合一管理体制的代理成本和政治控制成本高昂,经济性、体制性成本沉重,加之森工企业普遍效率低下,自 20 世纪 80 年代,伊春国有林区开始出现产业结构畸形,地方财政空虚,城市建设欠账严重,社会事业发展缓慢,生态环境不断恶化等一系列重大问题。于是从 90 年代初期,伊春国有林区开始了脱困和经济社会转型的积极探索。

1. 铁力林业局"一改两管三分"改革

1995 年年初,铁力林业局把缓危解困的突破口选定在"一改两管三分"上,即深化以产权制度改革为中心的企业内部配套改革,管住资源,管住资金,分流富余人员,搞活工资分配,基层单位分散突围。到 1996 年年底,基本遏制了经济下滑,企业危困局面有所缓解。

2. 双丰林业局"两调一转"改革

1997 年伊春市委、市政府推出"铁力经验"以来,双丰林业局坚持举铁力旗,走双丰路,"双丰经验"的核心就是"两调一转",即调整所有制结构,调整产业产品结构,加速经济转型。经过几年的不懈努力,不仅扭转了经济急剧下滑的被动局面,初步缓解了当时的危困,而且开始走上一条在困境中谋求长远发展之路。

3.国有林权制度改革试点启动

2004 年 4 月,伊春被国家林业局确定为全国唯一的国有林区林权制度改革试点单位。4 月 29 日,乌马河林业局成为国有林权制度改革的第一块试验田。国有林权的一元结构就此被打破,拉开了国有林权主体多元化的序幕。然而,伊春林权改革试点时至今日并未得到推广,仍处于停滞状态。究其原因,主要可以归结为操作不公,森林资源碎片化,国有资产流失,地方政府消极,部门利益纷争等几个方面。

4.组建现代林业公司

伊春巨大的国有森林资源具有准公共产品和外部性产品特征,实施大公司战略,是伊春林业改革的重要方向。2018 年 10 月,按照中共中央、国务院《国有林区改革指导意见》精神,为适应重点国有林区经营管理体制改革需要,黑龙江伊春森工集团有限责任公司正式成立,标志着伊春国有林区向政企分开走出了坚实的一步,迈入了新的历史阶段。

三、治理体制的路径依赖问题显现

(一) 国有国营体制尚未打破

1.责任与权利不对等

表面上看,国有森林资源产权存在所谓的"所有人",但实际上这种所有人是有名无实的,自然也就不会有人去考虑产权所有者的利益问题了。政企不分导致国家森林资源行政管理机构与其经营部门沆瀣一气,导致代表中央政府监督管理森林资源的部门难以履行职责。名义上,森工企业的员工充当主人的角色,可实际上这些员工往往只有护林的责任和义务,并不享有任何权利和利益,这导致了员工对护林工作产生了消极的态度。森林资源保护责任难以落实。加之长期过量采伐,企业超负荷承担国家下达的木材生产任务,使国有林区陷入了越穷越砍、越砍越穷的怪圈。目前伊春林区森林蓄积和可采成过熟林蓄积分别比开发初期下降较为严重,市区范围内的 17 个林区中,可以进行林木采伐的已经寥寥无几。

2. 林业投入乏力

由于实行国有国营管理体制,林业经济发展缓慢,投资渠道较为单一,资金来源分为两部分:一是国家的财政拨款,二是企业自身获得的经营利润。现阶段,这两种资金来源也已经略显乏力。实行天保工程以后,各个林区的木材生产量逐渐减少,与此同时,国家提供的资金支持也在减少。尽管国家在此期间相应加大了投入,但这与林业发展的实际需要相距甚远。由于森工企业早已出现全行业亏损,自有财力维持正常经营运转尚且困难,根本拿不出钱来搞林业建设。

3. 经济结构失衡

改革开放之前的中国处于计划经济体制下,伊春市林业发展结构单一化,不仅经营活动单一,而且森林产权制度单一。由于上述因素的影响,长期以来伊春林区的产业结构、企业结构、就业结构乃至城市形态和功能的变化十分缓慢。为了促进林业经济的发展,国家先后出台相关政策,但是治标不治本,并没有从根本上解决问题。在林业经济中,非传统林业经济仍然只占据一小部分,林业经营与科技的关联较少,林区经济发展缓慢。

4. 经营活力不足

在国内所有林区中,伊春市深受计划经济的影响,长久以来,所管辖的林区继续由国家所有,保持计划经济体制下的经营方式,经营者的责任意识和追逐效益的动力不足,林业职工干与不干一个样,干多干少一个样,干好干坏一个样,这必然制约了林业的经营管理水平和劳动生产率的提高,严重束缚了生产力的发展。为了保护森林资源,近年来,政府部门严格限制木材的采伐量,导致森工企业必须裁减人员,数万人需要转业或者下岗,除此之外,近年来的数据显示,待业人数逐年增加。森工企业也受到人口老龄化的影响,森工企业的退休职工人数逐年增加,已经达到企业职工人数的四成左右,为此企业必须为离退休职工提供大笔的养老金,这对森工企业的发展而言,无疑是雪上加霜。森工企业长期拖欠职工薪酬,拖欠离退休人员养老金,很多职工生活困难。

5. 社会资本投入受阻

长期以来,国有国营一统天下的林业管理体制机制,导致森工企业在发展过程中缺乏投资来源,这种情况大大降低了林业部门的发展动力,并且使其在投资竞争中处于不利地位。尽管国家实施了天保工程,但在制度设计上没有为社会资本进入提供接口,没有从根本上解决林业部门资金缺乏的问题,在林业经济发展的各个过程,都需要政府部门的支持与配合,目前林业陷入了高成本、高投入、无效果的尴尬局面。

(二) 政企不分体制未根本改变

伊春林区设立初期是以开发森林资源为目的,区域经济发展的主要推动力必须由林业部门来提供,除此之外,经济中许多产业的发展都离不开林业。林业经济体制的建设受到当时的社会状况和经济因素的影响,正因为如此,政企不分的林业体制应运而生,实行这一体制能很好地避免国有林区森林资源面临的多头管理问题;负责国家森林资源管理的各个行政部门可以直接为林区建设提供服务;实现森林资源的统一安排管理,进而促进林区产业的平稳发展。因而可以说这种体制的存在具有一定的历史客观性。然而随着时代的不断进步和社会经济的快速发展,发展林业经济已经不能满足区域经济的发展要求,特别是改革开放以来,我国逐渐由计划经济向市场经济体制转变,政企合一的林业管理体制的弊端日益显露出来,具体包括以下几点:

1. 企业负担沉重

各林业局从成立之初,就承担着大量的政府性和社会性管理职能,据不完全统计,目前各林业局负担的政府性、社会性职工高达6万人。沉重的社会负担严重束缚了企业的正常经营和发展,同时,由于中心产业发展滞后,造成林业部门的收益大幅减少,从20世纪80年代末期开始,整个林区产业陷入连年亏损的窘状,已经连年亏损超过 5 亿元,负债总额达到 80 亿元左右。①

2. 政府正常职权难以行使

在政企合一管理体制的背景下,各级政府特别是区级政府难以放弃微观经济管理职能,不得不直接管理企业的生产和经营活动,既要抓经济、抓民生,又要管资源、管生态,扮演着运动员、裁判员的双重身份,一方面,不利于政府部门职能作用的发挥;另一方面,政企合一的管理体制对大多数经济产业的发展产生了极为不利的影响,阻碍了现代企业制度的完善。

3. 地方建设受到影响

由于政企合一体制的限制,企业承担全部地方建设费用,难以纳入国家财政预算范围,国家在"县城供水"、教育危房改造、卫生疾控和救治体系建设上都给予了政策支持,而政企合一地区却享受不到,加之企业经济危困,自身都难以为继,根本无力投入地方建设,致使原本依赖林业发展的很多建设性项目无法顺利开展,例如,城区内很多地区基础设施落后,林区内职工的住房问题难以解决,甚至在某些林区连基本的饮水都成为问题。

(三) 巨大沉淀成本难以消解

1. 巨大的经济性成本

从对伊春市进行开发起,由于投入的设备和人才专业性很强,所以大量的资本难以收回,使得伊春必须承担巨额的沉淀成本。一是在开发伊春林区的初始阶段,曾经产生大量的投资成本,不仅包括生产设备,还有专业性人才的投入,但是在国家实施天保工程后,资本的时间价值机制使得伊春市森工企业负担着沉重的沉淀成本。举例来说,由于国家政策全

---

① 宋雪莲、仉庆华:《伊春试点:国有林权改革第一案——中国的第三次土改》,《中国经济周刊》2006 年第 37 期。

面禁止木材采伐,导致一些专业的伐木设备被废弃,或者因为企业的地理位置不佳,难以出手转让等。二是伊春市偏远的地理位置是导致其巨额成本无法收回的重要原因之一。道路对林区发展起着至关重要的作用,在伊春的辖区内,许多森工企业投入大量资金对林区道路进行修建,同时完善电力设施。但是长期以来,森林资源被大量开采,森林资源陷入即将枯竭的局面,在这种情况下,大量专业人才外流,因而投资建设的基础设施全部成为不可回收的历史成本。伊春处于哈尔滨市的偏远地区,大部分地区没有开通高铁,大量的技术人才选择外出就业,可以留在伊春的人才少之又少。伊春交通系统尚未完善,一方面,增加了企业的运输成本;另一方面,交通的不便利使得投资难以进入林区市场,这两方面因素导致伊春森工企业发展缺乏动力。三是企业转型与退休员工安置都产生大量的成本。2013 年以来,国内的所有重点林区先后停止采伐木材,伊春市率先做出表率,停止商业性的采伐活动,由此出现大量的林业职工需要转岗再就业,据不完全统计,伊春在 2013 年有近 9 万名员工需要安置,这些员工再就业的难度很大,因为他们技术手段单一,年岁已高,地方政府为满足这部分人员的基本生活需求,每年要提供超过 7 亿元的资金进行补贴。除此之外,森工企业的下岗职工人数逐年增加,粗略估计,地方政府将会从财政收入中提取 8 亿元左右用来保障下岗职工的生活。[1] 伊春市微薄的财政收入难以支撑如此巨大的开支,林业发展受到阻碍。

2. 体制性沉淀成本难以逾越

一是林业主管部门时刻考虑自身利益。虽然国家主张林区绿色发展,但是林区的主管部门考虑到自身利益,必然会采取一定的措施阻止或延迟其管理部门的退出。这主要是因为害怕产生声誉性负资产,对于这些主管部门而言,森工企业就像人的四肢一样重要,所以允许森工企业自由退出,就相当于斩断它们的手脚,这是极为困难的选择。虽然森工企业

---

[1]　刘思源:《伊春国有林区生态文明建设问题研究》,东北林业大学硕士学位论文,2017 年。

出现亏损,主管部门也感觉无所谓,因为它们可以完全依赖国家的救助弥补亏损。长期以来,主管部门掌握着森工企业的主要权利,想要它们放下如此大的权利是非常困难的。由于以上种种原因使伊春失去了可以发展的机遇,企业将面临更为严峻的考验,林区绿色发展滞后多年。二是森工企业自身存在的因素阻碍了发展的步伐。企业内部管理部门达成高度的共识,坚决反对所属林区的自由退出,阻碍林区绿色发展。出现此种现象的原因在于此种体制下,他们可以借助委托—代理关系中的漏洞来为自身谋取利益。企业职工也会不自觉地维护这种体制企业的存在,这是因为长期以来,他们已经习惯于这种混日子的工作方式,一旦林场被裁撤或企业破产,他们就必须去寻找新的工作,就必须参与到社会激烈的竞争中去。伊春市内林区自身的体制弊端严重阻碍了自身的发展,受到计划经济体制的影响,绝大多数林区企业仍然政企合一,导致企业经营效率低下,资源浪费严重。由此可以发现,如果森工企业不解决自身的体制性问题,就难以有任何发展。三是缺乏完善的市场环境。长期以来,伊春的主要财政收入来自林业经济,当森林资源面临枯竭时,市场上的各类生产要素均难以自由流转,进而导致交易成本急剧上升,因而伊春在林业开发初期投入的大量设备、人才等就成了社会沉淀成本。

3. 社会性沉淀成本难以支付

目前,一些城市面临着林业资源逐渐枯竭的艰难局面,导致这些城市承担巨额的债务,不必要的管理层级、在职职工过多等因素导致产生大量的沉淀成本。纵观伊春发展的全过程,沉淀成本产生的主要途径包括刻意增加就业岗位,经济周期中正常的失业和社会救助的巨大成本。2014年,国家出台政策,全面禁止林木的采伐,这给伊春市的财政收入带来了巨大的冲击,当时全年的财政收入仅在20亿元左右,虽然国家天保工程的实施能在一定程度上给予资金支持,但是伊春市仍然面临巨额的资金缺口,难以弥补。在接下来的一年中,伊春市又面临近12万人员社会保险补贴的支出,这对于本就已经困窘不堪的伊春而言无疑是雪上加霜。

毫无疑问,仅仅依靠伊春自身的经济发展和财政收入,根本无法完成林区的绿色发展。

四、治理体制的路径依赖成因分析

通过对中华人民共和国成立以来伊春国有林区管理体制变迁的回溯分析,笔者发现国有林区传统体制向现代体制变迁过程中具有明显的体制黏性特征,处于惰性状态,其根源在于回报递增强化、体制锁定约束、根本不确定性和沉淀成本共同产生的滞后效应,如图5.1所示。

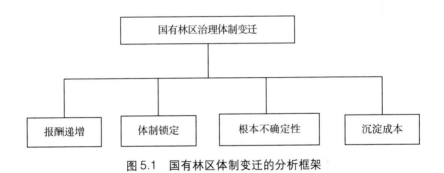

图5.1　国有林区体制变迁的分析框架

(一) 回报递增强化

皮尔逊认为,制度惯性之所以能形成,关键在于制度一旦形成,随着时间的延续会产生"回报递增"的效果,它通过制度成本、适应性预期和利益群体三种方式发挥作用。① 研究伊春国有林因回报递增强化管理体制惯性,同样需要从制度成本、适应性预期和利益群体的作用三个方面范畴来研究。

1. 制度成本

任何制度的建立和运行都需要巨大的建设和维持成本,随着时间的

---

① ［美］保罗·皮尔逊:《回报递增、路径依赖和政治学研究》,载何俊志等编译:《新制度主义政治学译文精选》,天津人民出版社2007年版,第73页。

延长,改变这一制度需要付出的成本更大。就建设成本而言,中国工业化是在"剪刀差"的制度设计中,通过"林业剪刀差"无偿或极低价格汲取林木资源剩余最大化来实现的。当前中国虽然已经进入生态文明时期,但是国有林区公共事务还是要自行解决,必然付出大量的建设成本。伊春国有林区自成立之初,为了满足国家发展工业的迫切需要,形成了高度集中的军事化、半军事化的经营管理模式,由于初期林业投资回报率比较高,这种体制得到不断自我强化,最终形成了改革之始的政企合一的管理体制。这种体制表现为林业资源国家所有,大型国有森工企业经营,林区对国家承担"无限责任"的国有国营制度特征。由于伊春国有林区自身积累严重不足,当森林资源枯竭全面停伐时,就出现了严重的资源、经济和社会问题,这种体制的建设成本很大。就维持成本来说,维护林区稳定是伊春国有林区的首要任务之一,在实施重大产业项目时,上访问题就会增多,当涉及林场撤并、征地拆迁时同样会涉及一些人的既得利益,容易出现群体性事件,为改革带来许多不稳定风险,这些都是伊春国有林区存在制度惯性,实施改革不能忽略的维持成本。

2. 适应性预期

在制度与行动者个人的互动过程中,制度用规则来规范或诱导行动者的行动,如果行动者适应了制度规则,那么他将能够从制度中获得目标资源。在制度场景中,行动者之所以采取某种行动,是因为其预想其他行动者会有相应的行动选择。一旦形成了制度预期,制度便具有了自我强化的可能。伊春国有林区管理体制就是这样一种安排,在早期开发建设过程中,国家为了加速工业化进程,对伊春国有林区投入巨大,并通过加大宣传力度,吸引了大量的人员、资金、技术进入伊春,而且形成了一套完备的晋升机制,使人们对伊春林区体制充满了信任和预期。当信任不断叠加,人们自然会形成一种对现存体制的美好预期,尽管这种体制会对多数人造成伤害。但是随着时间发展,这种美好预期将得到不断强化,以致这种体制将越来越稳定,使得伊春国有林区管理体制变迁呈现出路径依赖特征。

3. 利益群体的作用

围绕伊春国有林区现行体制不断衍生分化出既得利益者、体制外精英和体制内受损者三类利益群体，有的在不断强化，有的在不断削弱，他们对现行管理体制的评价差别很大。这三类利益群体与伊春国有林区体制之间的动态关系如图 5.2 所示。

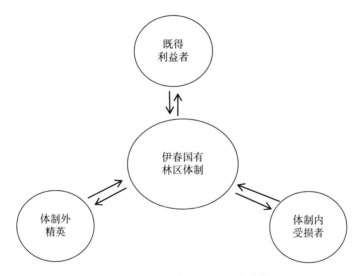

图 5.2　伊春国有林区体制中的利益群体关系图

第一类人群是既得利益者。这一类人群主要指体制内的管理阶层，他们能够从现行制度安排中获取资源。他们的行为往往从部门利益和个人利益出发，实现部门利益和个人利益的最大化，因而他们不愿因体制改革而丢去权力。第二类人群是体制外精英。比如，在伊春国有林区体制外的各类商人，这类人善于表演，善于活动斡旋，善于经营，自身在体制之外，没有直接得到体制的庇护，但是在现行体制框架下，他们通过自己的洞察与经营，并遵守现有制度设计，也能实现自己的价值追求，尽管他们并不是很认同现有制度，但他们也希望维持现状，不愿看到重大变革。第三类人群是体制内受损者。比如，伊春国有林区内大量的林业职工，在这种体制中处于弱势地位,属于受损者,如果森工企业倒闭或林场撤并,他们就会被迫脱离现有制度安排,未来的不确定性会给他们造成极大心理压力。尽管林业职工收入低,但他们还是留恋这份职业,不愿退出,所以林业职工对现行体制普遍存在矛盾心理,一般不会直接反对现有制度安排,但会消极抵制改革。正是这种适应性预期效应的影响,伊春国有林区现有体制长时间受到这三类利益群体的维持和强化,伊春国有林区的体制黏滞效应就很难破解。

(二) 根本不确定性和沉淀成本约束

伊春国有林区在开发初期,为了采伐木材,投入大量加工设备和人员物资,由于专用性较强,国家在实施天保工程之后,从事伐木的相关的机器设备、厂房和人员技能成为难以回收的沉淀成本。另外,由于市场不完全,资源不具有完全流动性,伊春国有林区还存在根本不确定性。由于沉淀成本和根本不确定性的共同作用,伊春国有林区体制变革十分困难。如图5.3所示。

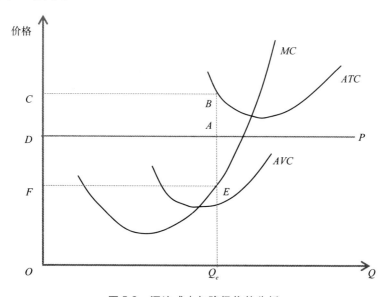

图5.3 沉淀成本与路径依赖分析

如果没有沉淀成本,ATC 和 AVC 重合,市场价格 P 一旦低于平均总成本,决策者面临亏损,他会立刻退出,即依靠产品市场供求价格出售资本品,事前决策与事后情况一致,这是标准的新古典竞争模型。然而,如果至少有部分沉淀成本,那么就会导致 ATC 和 AVC 不一致,市场价格 P 小于平均总成本,也不一定需要退出。此时继续生产的利润为负,等于矩形 ABCD 的面积。如果就此停产,其亏损为固定成本,等于矩形 BCFE 的面积。因为停产造成的亏损大于继续生产的亏损,所以会继续生产。只有当市场价格低于平均可变成本 AVC 时,企业才会选择停产,显然这与标准的新古典经济结论不同。因此,企业投资行为取决于沉淀成本的情况,很容易看到滞后效应或路径依赖。这亦说明,在市场不完全条件下,沉淀成本会产生路径依赖,从而使经济体制转轨处于惰性状态(zone of inaction),难以进行经济体制转轨。

通过以上分析可知,在根本不确定性和沉淀成本的共同作用下,如果伊春国有林区管理体制变革,那么林区各类人员的价值和效用将会大打折扣,他们之间的协调效益也将大大降低,从而导致组织变革的效能下降。可以看出,路径依赖的存在也是伊春国有林区的一种理性选择。

五、治理体制改革的实践探索

(一)稳步推进国有林权制度改革

为有效破解林业管理体制和经营机制中的深层次矛盾,伊春于 2006 年在全国率先启动了国有林权制度改革试点。10 多年来,纳入改革范围的 5 个林业局 15 个经营所 8 万 hm^2 林地的承包经营试点取得了明显的阶段性成效。所有林地均未发生林政案件和森林火情、火警。林业承包制度的实施在一定程度上实现了对森林资源的有效保护,资源消耗量大幅减少。林地承包职工通过大力发展林下经济,以短养长,家庭人均年增收 4000 元以上。2013 年,伊春又启动了活立木交易市场,在一定程度上解决了试点后续工作的困扰。

（二）扎实推进汤旺河国家公园试点建设

2008 年,伊春汤旺河以其区域内自然资源的独特性、代表性、稀有性和对生态环境的科学保护,在 4 个备选地区中脱颖而出,被国家环境保护部、国家旅游局联合确定为全国首个、也是目前唯一的国家公园建设试点。试点以来,伊春结合国情、市情实际,借鉴美国黄石等著名国家公园的建设经验,坚持"绝对保护第一,谨慎开发第二"的理念,围绕保护、旅游、富民三大功能定位,系统化、累积式开展生态体系建设,主要包括森林生态保护体系、湿地生态保护体系、野生植物生态保护体系等,在保护与发展上取得了显著成效。2012 年,汤旺河国家公园森林覆被率高达 93%,汤旺河林海奇石风景区晋升为 5A 级景区,当地居民通过发展旅游、林下种养和居室经济,人均可支配收入由 2007 年的 6178 元提高到了 14096 元。

（三）积极探索林业资本化运营

2012 年,中国经济体制改革研究会受托对伊春林业实行资本化经营进行深入探讨,并撰写《伊春林业资本化运营研究报告》。专家组就该项研究报告进行会审,报告得到了国家发展和改革委员会、财政部等部委的一致认可。此外,伊春还在经营城投贸易有限公司、建立旅游资本和林业资本运作平台方面进行了有益探索。

（四）科学评估森林与湿地资源价值

中国林业科学委员会于 2009 年全面对伊春市的森林资源的使用价值进行评估,结果显示,伊春森林和湿地资源丰富,总价值在 1.3 万亿元左右,作用巨大,每年提供的生态服务总价值 1433 亿元,在所提供的生态服务中,有 2/3 贡献给了伊春以外的区域,为东北大粮仓建设和平衡区域生态环境发挥了重要作用。①

---

① 胡琴等:《生态价值可以量化,最新研究评估结果显示伊春森林与湿地资源价值达 1.26 万亿元》,《中国林业》2010 年第 20 期。

（五）创新森林经营模式

开展了森林认证,面积已达 104 万 hm²,占林业管理局森林总面积的 27%。探索了森林碳汇经济,在带岭林业实验局启动了森林碳汇研究项目,特别是 2013 年 6 月,中国绿色碳汇基金会与伊春市人民政府、伊春林业管理局在北京就增汇减排问题举行成果发布会,会议结束后,伊春被国家发展和改革委员会确定为"中国低碳发展宏观战略研究案例"。

（六）实施生态移民和烧柴改革

将伊春林场布局与林业住户区相结合,林区内现有的林场数目超过 200 个,裁撤合并一部分,成立中心林场,建设纯天然生态系统。现阶段,已经被撤掉的林场超过 50 家。除此之外,政府部门倡导林区内使用新型方式进行取暖、煮饭等,此举大大减少了木材的消耗,进而起到保护森林资源的作用。

第二节　吉林森工改革发展情况

一、基本概况

1994 年年初,吉林森工正式成立,经过六年的发展,2000 年被吉林省政府认定为经营国有资源的合法机构。吉林森工具有独立法人资格,业务经营范围广泛,主要包括:森林资源的开发利用、木材的采伐、加工以及销售等。在进行体制改革之前,吉林森工集团是名副其实的国有控股公司,集团内部在职职工人数超过 13 万,另有离退休职工 4 万人左右,称得上是大集团。吉林森工拥有多级下属单位,主要包括为木材加工提供辅助工作的单位大约有 80 家,后勤服务单位有 70 多家,覆盖水电暖等多个方面,各类机构繁多,如教育、纪检等机构。吉林森工也不可避免地受到计划经济体制的影响,企业所有制结构单一,人员数量庞大,企业文化落后等,使得企业发展滞后,甚至陷入经营危机。面对这种情况,国家试图采取一些措施来解决这个问题,但实践表明,效果不是很明显。直到 2005 年,在省政府的大力支持下,吉林森工进行了一次综合、全面、深入的改革,并且成果显著。改制后的吉林森工总经营面积达到 140 万 hm^2 左右,大部分为林地面积,占据了全部经营面积的 80% 以上,林分属于长白山林区针阔混交林。集团资产负债表显示,吉林森工的总资产在 58 亿元左右,负债总额为 33 亿元,权益总量为 25.3 亿元,包括所有者权益和股东权益两部分。企业职工总人数为 7.5 万人,其中在职职工和离退休职工大概各占一半。在现有经营规模的基础上,公司设立多家子公司,由母公司进行统一管理,公司设立"两会一层",即董事会、监事会和经理层。涌现出新的股份制公司形式,这是我国森工企业历史上出现的首家上市的公司。其经营产品多种多样,不仅仅包括木材、木制品,还涉及饮料等多种产品。据统计,吉林森林工业诞生以来,累计生产商品材 1.5 亿 m^3,上缴利税 100 亿元,更新造林 100 多万 hm^2,提取育林基金 100 亿元,承担办社会费用 100 多亿元,为国家建设做出了巨大贡献。

二、改革总体思路

2005 年吉林省政府决定实行全面改革,规定全省范围内的 800 多家国有企业在 2006 年之前全部完成体制改革,省政府的决策给吉林森工企业带来了希望,可以尽快走出企业困境。为了更好地把握此次机会,吉林森工成立改革小组紧抓改革工作,同时选派集团领导对改革工作的开展进行监督。经过反复调研论证,统一思想,最终明确改革的总体思路是:"按照省委、省政府'整体改制到位,债权债务清理到位,职工身份转换到位,国有资本退出到位,基本建立现代企业制度'的总体要求,实现森林经营业与加工业分离、主业与辅业分离,推进体制创新、机制创新和管理创新,完善法人治理结构,建立现代企业制度。"①在总体思路明确以后,吉林森工依据实际,按照一企一策的原则,形成了《改制重组方案》。主要做法是:

(一) 加工业实施股份制改造

派遣专人对二、三级林区加工企业的经营状况进行调查,掌握企业的实际情况,如资产负债占总资产的比重,人员的数量及配置等,根据调查结果确定相应的改革方案,同时明确改革完成具体时间,对于长期净利润为负的加工企业采取破产处理,对于经营状况良好的多家企业进行股份制改革,并依法进行重新注册,实现自主经营、自负盈亏。

(二) 辅业转制民营

有针对性地对辅助企业单位进行整改,符合退出条件的辅助单位可以民营化,如环卫公司、安装公司等,对于其他的辅助单位进行股份制改革,如医院、水电暖等单位,逐渐改变其国有经济体制。

(三) 社会职能全部移交

吉林森工下设多个社会性质机构,如教育机构和纪检机构等,为更好实现体制改革,吉林森工必须将社会职能全部移交。现阶段,教育职能移交已经基本完成,已将 5000 人转交给当地政府部门负责。

(四) 职工劳动关系实现转换

吉林森工把所有在册国有职工转换为企业员工,改革使职工身份发生根本性改变,因而必须予以一定的补偿,主要有四种方式对职工的经济损失进行弥补。第一,对于那些原本在加工企业和辅助单位工作的职工,运用资产量化的方式对其进行补偿,资产不足的情况下采取现金补偿的方式,通过一定的方法确保每一位劳动者都能得到补偿。第二,体制改革以后,同企业解除劳动关系的人员仅采取现金行式进行补偿。第三,体制

---

① 柏广新等:《破解森工企业改革难题 谋求更快更好发展》,《中国林业产业》2006 年第 7 期。

改革之后,没有同吉林森工解除劳动关系的员工,虽然身份发生了转变,由隶属于国家的企业职工变为企业员工,但是政策规定此类人员不予以经济补偿。进入新形式企业后,仍然在原有的基础上累计计算工作时间。第四,对于由于特殊原因无法解除劳动关系的人员,由国家和企业共同承担费用。

(五) 对集团进行股份制改造

在体制改革已经取得初步成功的时候,吉林森工开始对余下资产以股份制形式进行整改,使吉林森工彻底从国有独资转变为国家控股、内部员工参股的有限责任公司,其中国家控股 65%,内部员工参股 35%。

三、改革的主要措施

(一) 鼓励职工到非国有企业就业

做好社会保障工作不仅可以使企业职工在退休后的基本生活有所保障,同时也可以缓解企业的资金压力。因此,要大力宣传社会保障政策,不论你在什么单位工作,只要缴纳养老保险金,到法定退休年龄都会享受养老保障。通过大力宣传社会保障政策,打破企业职工广泛存在的国有企业是铁饭碗,不愿意去民营企业的陈旧观点。

(二) 实行精准操作

为切实做好改革工作,吉林森工集团抽取骨干力量成立改革小组,小组组长由集团董事长担任,小组的主要任务是制订改制方案,明确改制方法步骤。为快速推进改革,在所属八个林业局抽调了 18 名后备干部与省委组织部派驻集团的督查人员共同组成监督组。体制改革工作带有较强的政策性色彩,而且涉及范围广,吉林森工为尽快实现体制改革,采取一系列措施。首先,制订完善的操作程序,确保改制严格遵照程序进行;其次,在改制过程中必须坚守"三公"原则,确保操作的透明化;最后,充分体现民主性原则,指出改制方案必须经过职工代表的一致同意方可执行。

（三）做好资产核算工作

对吉林森工的资产进行准确评估,该项工作由多家评估机构共同完成来确保结果的准确性。另外,做好负债和资产的转移工作,通过产权转让合同,将企业原有的债权债务一并转交给股份制企业,进而提高企业资产质量,增强企业的盈利能力。

（四）做好林区信访工作

改革必定会牵扯到利益问题,本次体制改革与企业所有员工的利益密切相关,在改革逐渐深化的过程中,许多深藏已久的问题集中突显,部分企业出现了群体性上访事件,为了保证改革顺利推进,集团领导特别重视信访稳定工作。一是在改制过程中始终把维护职工利益作为出发点和落脚点。在制定政策时,充分考虑职工群众的利益,避免了因政策措施制定不当,造成企业职工利益受损;政策实施过程中,坚持公正、公平、公开、透明的原则,避免政策执行不当引发职工群众不满和上访。二是全面加强了信访工作领导。积极同吉林省社会保险公司进行合作,为100名选派干部进行培训,培训结束后专门成立了三个信访工作小组,各个企业纷纷效仿,成立专业信访组,抽调精兵强将,配齐配强信访部门领导干部和工作人员,全力化解信访矛盾。三是集团领导勇于面对矛盾,亲自接待上访群众,耐心劝解安抚,努力把矛盾化解在公司内部,当好最后一道防线,坚决不给省政府和上级部门找麻烦,切实做好本职工作。

（五）大力扶持改制企业发展

针对已经完成体制改革的企业,政府部门继续扶持,特别是林业部门,要尽可能地在工商注册、税务管理等方面给予帮助,同时通过三个方面给予帮助、指导和扶持。一是在原料供应方面继续执行按市场价格优先供应政策,排除企业后顾之忧。二是积极协助企业组建股东会,建立科学有效的内部治理结构,通过选举分别成立董事会和监事会,同时选出优秀的管理层。三是想方设法帮助企业解决生产经营中遇到的实际困难,使其能够生存和发展。

（六）积极争取政府支持

政府部门和社会各阶层有义务对林业的发展提供支持。为了促进森工企业体制改革的进程,吉林森工的负责人积极与政府部门和国家相关部门取得联系,并实时汇报改革情况,尽可能争取资金支持。当然,国家林业部门也做出表率,深入基层开展调研工作,在城市加工厂改革举步维艰的情况下,拨付天保工程一次性安置资金 1 亿元,切实解决了职工的安置问题,促进体制改革的顺利进行。与此同时,吉林省政府也予以大力支持,在自身财政紧张的情形下,依然为林业改制提供 2 亿元的资金支持,并为其改制创造良好的社会环境。

四、主要成效

（一）破解了企业办社会难题

通过这次改革,进一步实现了政企分开、事企分离,移交了社会职能,解除了企业长期背负的沉重负担,真正解决了长期困扰森工企业的最大难题。社会职能移交后,仅教育一项每年就减少费用支出 5000 多万元。

（二）企业创利能力显著增强

实施企业制度的现代化改革使得吉林森工发生了巨大的转变,产权结构由单一转向多元,法人治理结构得到健全完善,现代企业制度基本建立。公司以经营、培育和管护森林资源为主体,建立了新的经营机制,创利能力明显增强。

（三）企业职工人数明显减少

进行体制改革后,近 14 万公司员工变更劳动关系,有 29.7% 的员工得到经济补偿,并与公司终止劳动合同;大约 39.1% 的员工签订协议,解除劳动关系;还有一部分人由政府接管。体制改革后,企业员工不到 4 万人,不必再负担沉重的职工薪酬。

（四）创业热情被激发出来

通过体制改革,企业员工发生了很大的改变,企业职工身份不再是国有员工,而是一部分成为企业员工,一部分成为公司股东或者进行自主创业,在改制前形成的模糊思想彻底消失,取而代之的是主动参与企业生产经营,保护国有林区的森林资源。

（五）森林质量明显提高

天保工程的实施,给国有林区带来了极好的发展机遇,也为给推进林业改革创造了良好条件。改革的成功推行大大减轻了沉重的企业负担,也激发了吉林森工培育、经营森林资源的积极性。国有林地面积由113.4万 hm² 增加到 120.2 万 hm²,森林覆盖面积显著增加,提高 8 个百分点,林分公顷蓄积量由 130m³ 增加到 136m³。这次改制后,保护、培育森林资源的理念更加深入人心,必将为林区今后更好更快的发展助力。

五、发展构想

改革给吉林森工带来诸多好处。不仅减轻企业负担,而且优化企业结构,有利于企业未来的发展壮大。2006 年,吉林森工体制改革彻底完成,意味着一个全新的开始。2007 年以后,吉林森工实现快速成长,为了更好的发展,吉林森工提出了多种发展方针和政策,其中最为重要的是"3698"发展战略,其主要内容为:企业发展坚持以科学发展观为主要指导思想,努力实现三个优化,积极发展六大支柱产业,培育九大骨干企业,实现八个目标。

（一）实现三个优化

三个优化中最为关键的是优化生态产业。优化产业布局,实施天保工程,切实做好森林资源的保护工作,加强森林培育,充分利用市场的导向作用,合理配置森林资源,积极发展新型林木产业,优化林业的经营管理。当今世界,经济的一体化趋势明显,森工企业必须较好地适应这种趋势,从管理思想和管理方式两个方面入手,进行创新,努力培育能代表企业的主打产品,同时,充分利用现代技术手段,实现企业的高效运转,出色完成经营管理工作。

(二) 发展六大支柱产业

发展六大支柱产业,具体是指:第一,以经营森林资源为主的产业,主要进行森林培育、种植等工作;第二,木材深加工产业,主要产品有地板;第三,以开发为主要手段的森林矿产产业;第四,以森林产品为原料的食品药品加工产业;第五,生态旅游业,主要是森林公园的建设;第六,金融产业,主要包括运作资本、证券买卖等。

(三) 培育九大骨干企业

九大骨干企业主要包括:森林经营公司,其主体为八大林业管理局;吉林森工人造板集团;金桥地板股份公司,主要经营复合地板;森林矿产集团,以生产铁矿石为主;食品药品公司,主营产品为泉阳泉饮品;生态旅游公司,主要是长白山自然风景区;物资公司,主要供应林业物资;除此之外,还包括进出口公司和财务公司。

(四) 实现八个目标

吉林森工计划在“十三五”规划期间,以科学的增长速度和增长质量,实现森林资源良性循环、持续发展、越采越多、越采越好,集团实力雄厚,员工生活富裕,全面建成林区小康社会。从 2015 年开始,森林资源实现可持续经营和利用,产业结构合理,产品质量优良,市场占有率较高,企业健康、科学发展,员工生活达到全面小康标准,集团成为具有国际竞争力的大型森林工业集团。从目前来看,三个优化已得到有效推进,六大支柱产业已成雏形,九大骨干企业已具备条件,八个目标基本实现。

第三节　内蒙古大兴安岭重点国有林
管理局体制改革情况

内蒙古大兴安岭重点国有林管理局自 1952 年成立以来,隶属关系几经变化,但始终在大兴安岭林区履行生态建设职能。1991 年国务院确定的首批 55 户试点企业集团中,内蒙古森工集团是其中之一,同时保留林业管理局的职能和名称,但林业管理局的事业性质逐渐模糊、职能部分缺失。2008 年,内蒙古大兴安岭重点国有林管理局(内蒙古森工集团)在内蒙古自治区党委、政府和国家林业局的正确领导下,在属地党政的大力支持下,全力解决制约生态建设、经济社会发展和改善民生等方面的体制性障碍,从根本上实施了一系列理顺体制、调整机制、创新制度的重大改革。

一、改革背景

内蒙古大兴安岭林区跨呼伦贝尔市、兴安盟等 9 个旗市,是鄂伦春、鄂温克、达斡尔少数民族聚居区。下辖 19 个林业局,111 个林场所。林区面积 10.67 万 km^2,占大兴安岭林区总面积的 47%。有林地面积 8.22 km^2,活立木蓄积 7.4 亿 m^3。经营面积、有林地面积、森林蓄积居国有林区之首。

现有企事业单位 44 家,职工 20 万人。20 世纪 50 年代以来,内蒙古大兴安岭林区十分注重林区生态文明的建设,不仅向国家提供充足的木材和林业产品,同时纳税总额超过 160 亿元,更重要的是造林育林工作效果明显,林地面积增加 1800 万亩,森林覆盖率大幅提升,在林区开发的初始阶段,覆盖率不足 60%,2017 年已提高到 77.44%,为我国生态文明建设做出了重大贡献。天保工程实施以来,国家密切关注森林资源的使用情况,并且定期对森林资源进行清查,结果显示,近年来,国内森林总面积增加明显,净增长达到 60 万 hm^2,此外,活立木储蓄量与森林蓄积均有不同程度的增长。按商品材出材率和同期价格计算,可产生直接经济价值 210 亿元,相当于天保工程当期投入的六倍,为构筑呼伦贝尔大草原和松嫩平原重要生态保护伞提供了良好的前提条件。

虽然林区在各行各业的发展中发挥了巨大的作用,但是由于受到多种因素的影响,林区经济出现了较为封闭的问题。内蒙古大兴安岭林业管理局在生态保护与建设事业职能之外,承担政府职能,履行社会服务职责,形成了"小社会"。为争取国家政策,组建了企业集团,同时也为安置大量富余人员,推行多业并举,致使生产经营活动不断扩展,成了一个无所不及的森工企业。辅业依附主业,职工居民全部依附企业,森林培育主业不突出。近年来,随着林业在建设生态文明中的地位和作用不断提升,全国经济的快速发展,市场经济体制的不断完善,国有林区政企不分、企事不分、体制僵化的矛盾日渐显现。表现在生态建设上,责任主体的缺失,造成国有林区的发展逐渐与生态建设的长效机制相背离。从林区经济发展的角度来看,国有林区经济结构简单,多项机制不符合市场经济体制发展的需要。从社会公益事业的角度来看,国有林区内基础设施落后,林区自身经营的单位只能白白增加企业的社会负担。站在企业职工的生活的角度,职工工资水平过低,各项社会保障在内部低水平运行,林区居民没有享受属地均等的公益政策,除此之外,林业职工缺乏多元化技术能力,缺乏生产资料,生存环境恶劣等诸多因素,林区人与周边城市、农牧民在收入和享受公共公益政策上形成二元结构,成为新的贫困群体。这些问题,影响着林区经济社会发展和生态安全,阻碍了和谐林区、小康林区的建设步伐。

为了深入落实《中共中央国务院关于加快林业发展的决定》,2008 年内蒙古自治区党委常委会工作要点中把推进森工集团体制改革提上重要议程;政府工作报告中明确指出"切实让那些为生态建设做出贡献的地方和群众受益"。国家林业局和内蒙古自治区党委、政府多次到林区视察,明确要求林区打破"以林为壑"、自成体系、自我封闭的局面,加大改革力度,尽快建立适应市场经济发展的现代企业制度,闯出一条国有林区体制改革的新路。

二、体制改革的总体思路

2007 年 12 月,内蒙古大兴安岭林业管理局(内蒙古森工集团)新班子组建后,在原有工作的基础上,按照深入贯彻科学发展观的要求,适应新形势、新任务,确立"解放思想抓机遇,毫不动摇保生态,只争朝夕谋发展,关注民生促和谐"的改革方针,推进林区与社会结合,与市场结合,与发展结合。新的领导班子建立以后,结合实际情况,强调改革必须朝着"强化两个职能,理顺一个关系"的方向进行。国家明确规定林业管理局承担起生态建设的责任,同时也将林业管理局视为林业发展的主要力量,不仅要履行建设和保护生态环境的责任,还要对林业部门进行行政管理。站在一个全新的视角,深刻落实胡锦涛提出的关于"保护好大兴安岭这片绿色林海,为建设祖国北方重要生态屏障做出贡献"的重要指示。此外,在现有基础上,实现森林覆盖率、质量的持续提高,重点强调森工企业的经营管理能力,为了更好地适应社会主义市场经济发展的需要,企业向自主经营、自负盈亏、独立自主,成长为具有独立地位的企业法人,在追求利润最大化目标的同时,逐步建立并完善多元化现代企业制度,进而促进企业经济实力的整体提升。所谓理顺关系,是指明确林业管理局与其所属地方政府之间的关系,明确林区建设与管理的主体,认识到地方政府部门在建设林区公益事业中的重要作用,将管理职能主动移交给政府。努力实现政府从事社会事业恰如其分,内蒙古森工集团行使职能不超出边界,真正实现政事、企事分开。总之,内蒙古大兴安岭林业管理局主要利用生态事业的社会公益性质,通过争取政策,向上"要钱"保生态;内蒙古森工集团作为市场竞争主体,实现利润最大化是核心,要完全走向市场"挣钱";在公益基础设施建设和社会保障等民生工作上,协调政府为职工群众"花钱"。

三、改革的主要措施

内蒙古大兴安岭林业管理局把剥离企业社会职能改革作为突破口和关键,并全力以赴推进中小企业改制,与此同时,为强化内蒙古大兴安岭林业管理局行政事业职能、内蒙古森工集团企业经营职能,建立以属地政府为主的社会事业管理体系,进行了相关的配套改革,极大地促进了政企分开、政事分开,为企事分开奠定了坚实基础。

(一)高效有序平稳地实施剥离企业办社会职能改革

2007年年底,内蒙古自治区党委、政府以落实胡锦涛重要指示精神,促进生态平衡与提高人民生活水平为出发点,出台相关政策决定取消内蒙古森工集团的社会职能,成立由自治区分管林业副主席任组长、相关副主席和14个厅局、呼伦贝尔市、兴安盟党政主要领导参加的内蒙古森工集团剥离企业办社会职能改革领导小组。内蒙古自治区领导明确指出,内蒙古森工集团这次剥离企业办社会职能改革具有"内蒙古特色",是一次以剥离社会职能为主要内容的林区社会事业管理体制的整体改革。此次整改涉及的范围广泛,不仅包括文教卫生,而且还涵盖了消防、社会保障等多个方面。对于2007年12月1日以前的在职职工,以及全部的资产均交由所属地区政府负责,而相关的债权债务仍然由内蒙古森工企业负责管理。此次整改不论是在程度、范围,还是在过渡时期的安排与费用的承担办法方面,都与以往存在巨大的区别。整改开始的半年时间内,有将近140个单位机构,包括教育、医疗等,首次移交所在地政府管理,在职员工人数超过1.3万人,资产总额达到5.3亿元。2008年年底,属地政府将审核后的公务费和工资拨付盟市和旗县,对新移交属地政府管理的在职职工与离退休职工进行了工资整改,并且将缺少的部分发放到职工手中。关于如何处理第二批移交的员工,内蒙古自治区政府决定根据实际,实行协议委托管理,具体事宜将协商确定。截至 2019 年 1 月,内蒙古林区森工企业已剥离机构 706 个,人员 5.1 万人。

(二) 全面理顺林区社会保障体系

在上述改革取得显著成效的基础上,明确了林区职工、居民的社会保障体系。国有森工企业的职工养老保障工作全部转交给林区所在地的政府部门负责,与此同时,根据实际情况,对于一些特殊离退休人员采取照顾政策(重体力劳动者男 55 虚岁、女 45 虚岁即可退休)。将林区内所有职工的保险工作,主要分为医疗、工伤、生育以及事业四个方面,全部交由政府部门统一管理,并明确三年过渡期内的缴费以林区职工平均工资为基数,在待遇上与林区所在地的参保人员相同。对于那些林区职工的直系亲属,也被包括在林区所在地社会保障体系中,同样,和当地的城镇居民享受到完全相同的待遇,如医疗保险、困难人员救助医疗、特困人员最低生活保障等政策待遇。[1] 一些老工伤纳入政府保障体系,进行一些能力指标、残疾指标鉴定后,根据所查结果给予保障政策,切实保护每一位参保人员的生活水平。

(三) 全面推进辅业改制

紧紧跟随社会事业管理体制改革的步伐,在 2008 年年底,中央政府出台了辅业改制政策,内蒙古森工企业及时把握即将截止的最后机遇,下大力气对中小企业的管理体制进行整改,明确内蒙古森工企业的主要产业,现代企业制度逐渐在中小企业建立。2008 年 8 月中旬,为全面适应社会主义市场经济的发展要求,内蒙古森工企业大力开展辅业改制,此次改制围绕产权制度,涉及范围广泛,只有木材采伐未被列入其中。整改方式多元化,目的就是对其进行股份制改革和民营化改造。此次改制的最

---

[1]　王月华、谷振宾:《当前国有林区改革模式对比与评价》,《林业经济》2010 年第 12 期。

终目的在于形成"自负盈亏、自主经营、自我约束、自我发展、独立自主"的企业,以此促进企业生产效率的提高和员工薪酬的增加。对推动这项工作的艰难程度、风险程度,他们有着清醒的认识,但是为了抓住可用"三类资产"分离辅业的最后机遇,从企业长远发展大计和职工群众的福祉出发,坚定不移地开展了此项工作。在具体工作中始终坚持以下原则:(1)坚持解放思想、更新观念先行,营造了浓厚的舆论氛围,形成了坚定的改制态势;(2)坚持带着责任、带着感情操作改制,在制订措施、编制方案中,始终把提高改制企业的发展水平,增加效益,提高收入,保障改制员工就业和基本生活,作为衡量改制成功与否的标志;(3)坚持按政策要求处置"三类资产"、安置员工,确保国有资产不流失,员工的安置符合政策,符合林区历史延续的实际情况;(4)坚持统一目标、统一标准,在改制政策面前人人平等,做到公开、公平与公正;(5)坚持实事求是,统筹安排,分厂施策,一厂一策,有序推进;(6)坚持人本改制、和谐改制、平稳改制,准确把握改制的力度和节奏,解决好职工的后顾之忧,充分维护改制企业员工的权益;(7)坚持地企配合,由地方政府和内蒙古森工企业共同承担起助力体制改革后企业的发展工作,特别是属地政府,责任重大,要根据实际情况,尽快落实与改制相关的各项政策,如注册登记,职工的社会保障制度等。按照上述原则,各级领导由点及线、由线到面、层层深入,逐渐了解改制后企业员工的真实想法,以及针对企业目前的发展有什么意见或者建议,逐一了解改制企业现状,逐一解答职工疑问,反复研究论证改制方案,多方协调政府部门落实优惠政策,为改制企业营造了宽松的发展环境。在2009年前,在林区范围内超过200家企业已经完成体制改革,更重要的是95%以上的森工企业不仅在工商局完成注册,而且形成了全新的法人治理结构,在经济下行之年继续保持了平稳运行。这次体制整改规模巨大,整改资产的账面价值总和超过25亿元;涉及的员工中有90%以上是企业的全职职工,除此之外,根据2142名全民职工的自愿申请,自筹资金按"天保工程"一次性安置标准(人均2.5万元)进行了安置,对所有转换身份的职工依法进行了公证。

(四) 加快机构改革和劳动用工制度改革

全面实现机构改革,必须做到精简机构,裁减富余职工,当然,这也是实现改革的关键一步,因为只有这样才能从根本上提高企业的绩效。林区直属机关部门的人数减少 1/4 左右,仅留 27 人。内蒙古森工集团对需要看管的森林面积和木材砍伐量进行准确调查,并且根据调查结果来确定所需职工人数,避免不必要的岗位设置。另外,要建立一套完整的劳动管理制度,以此来规范职工的行为。实行多种岗位责任制,根据情况进行选择。关于企业如何招聘员工,招聘哪些员工,内蒙古大兴安岭林业管理局无权过问,实现内蒙古森工企业职工进出有序。在进行劳动配置时,以生产一线中一些重点、技术性强的岗位为主。同时进行生产资料有偿转让的初次尝试,并取得了成功。

(五) 基础公共设施建设与管理职能有序移交属地政府

经多次商讨,终于达成共识,由地方政府交通管理局负责林区主干公路的升级改造工作,而内蒙古大兴安岭林业管理局的主要职责在于为主干路的改造给予政策上的便利。2008 年以来,多条主干公路开始进入建设时期,如大杨树—乌尔旗汉、乌奴耳—柴河、阿尔山等公路,这意味着内蒙古大兴安岭林区已经加快公路建设步伐。与此同时,林区注重与外界沟通,逐步进行通信网络建设。目前,林区正在与通信公司进行协商,准备将整个林区的网络服务交给具体的网络公司负责。森工企业承担起建设林区、营造良好林区环境、建设文化广场的责任,后续的维护和管理工作由政府部门负责。扩大政府的职能范围,将国有林区内基础设施建设以及管理等工作划分给当地政府部门负责,进而促进林区稳定发展。

(六) 进一步加大森林资源的管护力度

内蒙古大兴安岭重点国有林管理局提出了保障和发挥大兴安岭林区整体生态功能的建设性意见,主张把林业重点功能区域设定在原来的“施业区”,从多个角度出发,在生态保护政策、维持区域完整等方面,做好森林资源的管护工作。积极争取恢复林管局事业单位性质和行政区执法授权,增加林区依法治林的刚性措施,提高依法制林的整体水平。全力以赴的"守住边""保红线",必须严格保护森林边缘,切实保护林区中功能区域,对于一些特殊区域,要采取特殊的方法进行维护,例如,在一些农业部门和林业部门存在争议的地区,可以对其实行承包责任制,防止外来侵蚀。深入实施天保工程,总结经验,扩大成果,撤并林场,设立管护站,逐步扩大林区腹部"无人区"的面积。全面做好森林灾害防范工作,减少火灾和病虫害对森林资源的破坏。

（七）多方争取、利用政策,解决现实问题,积累发展后劲

通过协调内蒙古自治区政府,重新核定退休职工养老金计发标准,提高职工退休金。补发了 1999 年前按政策应发未发的退休职工养老金2.25 亿元(其中资金配套 3000 万元)。另外,按照国家对国有林区混岗职工的一次性安置政策和自治区政府批准的安置方案,对所有大集体职工进行了一次性安置。现金补偿后的集体职工在自愿的基础上,可以从自身利益的角度进行考量,既可以用得到的现金入股企业,成为股东,同时,也可以同企业重新签订劳动合同继续就业,享受企业员工同等待遇。

四、改革的主要成效

（一）民生得到改善

一是职工收入不断增加。在多年连续增资的基础上,2008 年职工人均增资 1600 多元,达到了年人均 12603 元,改革后的职工工资水平有了很大的提升,林业在职职工与退休工人的薪资均能够达到 3 万元。参与辅业改制的职工多数在新企业持有股份,既有工资还可分红。如在改革完成以后,某机厂职工的年收入增加了一倍,这部分收入不仅有企业发放的工资,还包括企业利润的分红。由于职工收入的普遍提高,加上纳入内蒙古自治区养老统筹后转移支付的退休金,拉动林区年新增消费 15 亿元

以上,为繁荣区域经济做出了贡献。二是职工住房条件逐步改善。2008年,内蒙古森工集团自筹 1700 万元展开棚户区改造试点,已建成 3 万 m²。三是启动"以煤代木"工程。经过多次协商,内蒙古森工集团曾经与其他企业单位一起开办煤矿企业,年产量达到 0.03 亿吨,创办煤矿企业既可以满足林业员工生活上的需要,又能保护森林资源。

(二) 经济得到发展

一是突出了内蒙古森工企业的主营业务,同时发展替代产业。林业主要员工的工资水平显著提高,生产成本大幅减少,内蒙古森工集团将集中精力抓好森林培育,并把发展潜力巨大的矿产业、森林旅游业确立为替代产业,按新体制设立了矿业开发公司。重点建设森林生态系统的旅游规划,致力于发展南北部两个旅游圈,带动林区相关产业的不断提升。二是增强了企业活力。要想促进企业改革就必须突破陈旧的运营模式,同时通过多种途径寻找新的商业机会为企业注入了动力,增强了发展后劲。三是促进了招商引资。过去由于投资者对完全国有国营管理体制缺乏信心,企业招商引资特别困难,建立新体制后,极大提高了投资者的合作积极性。

(三) 基本公共服务均等化发展

改革前,内蒙古林区自行建设基本公共服务设施,国家给予适当补助。因没有纳入地方财政范畴,导致投资不足,基本公共服务设施严重滞后,地方与企业居民在享受基本公共服务方面标准不一致、待遇不均等。企业社会职能归位政府后,地方政府统一整合林区社会事业资源,不断提高社会事业的建设水平,使林区与地方在基本公共服务方面实现了均等化。

(四) 林区社会和谐稳定

在深化改革的实践中,内蒙古大兴安岭重点国有林管理局始终立足于全心全意关注民生,实事实办改善民生,从维护职工群众的根本利益出发,解决了大量遗留问题、现实问题,完备了社会保障体系,深得职工群众的支持和认可。建立了党政领导深入基层信访的工作制度,妥善处理重点单位、重点区域的突出问题,没有出现因企业改制、人员移交引发的群体访、越级访等问题。

（五）现代林业管理体制基础得到夯实

经过艰苦努力,内蒙古大兴安岭林区确立了保护森林生态系统的体制,生态体系建设得到完善;在管理上,政府部门和企业部门达成共识,遵循社会事业管理制度,从而更好地适应了现代社会对国有林区发展的需要。国家对国有林区实行整体开发和管理,不仅在改革初期具有重要的经济意义,也为保持林业主体功能区的完整性打下了基础。没有国有林区这样一个大的体制格局,就不会有国有林区现有的生态成效。如何在生态建设上把优势发挥得更好,需要把体制弊端彻底革除,适应建设生态文明、发展现代林业、推动科学发展观的现实需要。

本章小结

本章主要是介绍国内国有林区治理体制改革的典型案例,通过对伊春国家重点国有林区、吉林森工和内蒙古大兴安岭重点国有林管理局体制改革情况的深刻剖析,对治理体制改革实践进行认真总结,通过学习借鉴这些重点国有林区好的经验与做法,克服其问题和不足,在形成顺畅的国有林区治理体系和治理能力现代化过程中少走弯路。

第 六 章

国外主要国家国有林治理体制
超越路径依赖的经验启示

深化我国国有林区改革是推进国家治理现代化十分重要的组成部分,直接决定我国林业建设的好坏,关乎我国生态文明和美丽中国建设,关乎我国两个百年奋斗目标的实现。基于此,以国有林治理体系相对比较完善的美国、俄罗斯、日本和德国为基础,分析其国有林治理体制的特点和规律,比较其优劣异同,进而梳理出这些国家先进的管理经验,总结出体制设计的科学规律,并针对我国目前国有林区治理体制面临的问题和困境提出切实可行的对策和建议。

第一节　美、俄、日、德国有林的治理体制

治理与统治不同,追求的是善治,以实现公共利益最大化,建立共建共治共享的社会治理格局作为理想目标,为实现善治这一理想目标,必须建立与时代相适应的政治、经济、社会、文化、生态文明和党建的现代治理体制,不断推进治理主体、治理方式和治理工具等方面的改革与创新。国有林对于世界上任何一个国家而言,在经济发展和环境建设等方面都承担着重要的历史责任。一个国家国有林治理的好坏直接决定了一个国家经济

社会可持续发展水平。而国有林治理体制的科学与否则直接决定着一个国家林业建设和生态文明建设的好坏,甚至可以说国有林治理体制科学合理的程度是影响一个国家经济社会长期稳定发展的决定性因素。目前,我国国有林区总体形势依然严峻,体制不顺、机制不活已成为制约我国国有林区生态、民生和稳定的深层次问题。众所周知,美国、俄罗斯、日本和德国的国有林治理体制是相对比较先进和完善的,通过对这几个少数先进国有林治理体制进行认真梳理、比较分析,总结出可以借鉴的先进经验,对于我国深化国有林区治理体制改革具有重要的参考意义和借鉴价值。

一、美国国有林治理体制

美国是联邦共和立宪制国家。美国林业产业发达,森林资源丰富,拥有 7.6% 的全球森林面积和 8% 的全球森林蓄积,对美国经济可持续发展产生了重要影响。美国国有林亦称"公有林",为联邦、州、县等政府部门和其他公有主体所属,林地面积为 1.3 亿 hm^2,占美国林地总面积的 41.67%,且近 80% 的公有林地分布在美国西部地区。联邦公有林和其他公有林地分别占美国林地总面积的 18.59% 和 23.08%,美国联邦政府的公有林占总公有林的 44.61%。1897 年,美国联邦政府成立了林务局,负责对国有林进行区域规划,主要是依据各区域的植被、土壤、产品种类及开采形式等进行划分,划分为 10 个大林区,155 个林管区和 600 余个营林区。美国国有林管理体制采取垂直分级体系,实行收支两条线的财务制度。在这种垂直管理体系下,美国农业部直接管理林务局(仅是下属部门之一),下设五个部门,分别是执法与调查部、州有与私有林业部、国有林系统部、调研发展部和国际项目部。每个部门体现不同的管理职能,国有林系统部下面还设有国有林管理分局、林管局和营林所,如图 6.1 所示。

可以看出,美国国有林管理的组织机构垂直到地方。美国联邦政

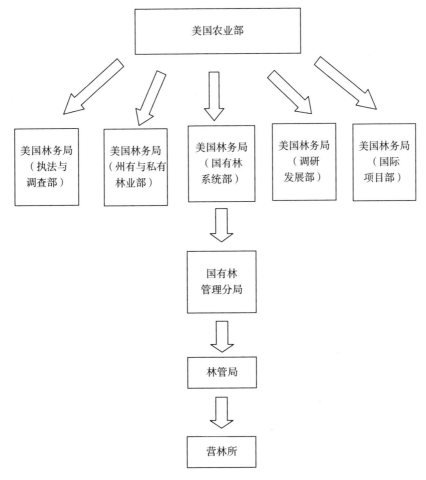

图 6.1　美国国有林管理的组织机构

府所属农业部的林务局掌管全部国有林,主要负责拟定国有林及其资源的相关法律法规,审核林区森林资源开发的相关项目,为州有林进行指导,为私有林进行服务等方面的工作。美国林务局的执法与调查部按照林业的联邦法律法规负责培训执法人员和调查犯罪行为的特工人员,该部门的官员有权搜查犯罪证据和逮捕犯罪人员,并能作为证人出现在法庭上。美国林务局的州有与私有林业部主要职能是为私有林场主、州政府部门以及林业社区资源管理中心提供技术指导和财政支持。

美国林务局的国有林系统部主要负责管理占国土面积9%的国有土地，该部门坚持可持续管理理念，按照生态管理办法，致力于保护管理国有林，满足人们的各种需求。美国林务局的调研发展部负责对外公布一些关于信息技术方面的相关信息，但只局限于基础应用科学项目，对林业的经营和管理进行实时调研，为相关政策的制定提供科学意见，目的是保障林地草地的可持续发展。美国林务局的国际项目部为引进重要的创新型技术，同美国国务院、美国国际开发署、美国环保署都有着紧密的合作关系。十大国有林管理分局遍布于美国各联邦，主要职能是经营森林和管理科研工作，每个分局的人数控制在100—150人。按照森林的布局，国有林管理分局下设林管局155个，总人数7400人，主要为本辖区内的林区管理做好服务工作。林管局以下设营林所600多个，主要从事一些具体工作，如监管木材砍伐，保护动植物，搞好林区建设等方面工作。每个营林所面积大小不等，在2万—40万 hm² 之间，根据营林面积，配置的职工人数也不等，一般在10—100人之间。财政体制方面，由下级向上级层层汇报，每年统计一次财政预算，最后由联邦国有林管理局提交年度财政预算，由美国国会批准，方可逐级进行平衡下拨。对于因不可抗力产生的费用，如病虫灾、森林火灾等难以预测的自然灾害，林务局可先申请专项拨款，并计入第二年预算中。在法律政策方面，迄今为止，美国联邦政府颁布了100多部林业方面的法律法规，从《森林生态系统经营和恢复法》到《天然林保护法》，再到《可更新森林研究法》，旨在有效保护森林资源，从而更好地推动美国林业的可持续发展。特别是1976年颁布的《国有林经营条例》，对保护森林资源的规定非常具体明确，而且有很强的可操作性。

二、俄罗斯国有林治理体制

俄罗斯地跨欧亚两大洲，拥有最丰富的森林资源，是世界森林资源第一大国。根据联合国粮农组织 2015 年的统计,俄罗斯森林面积 8.15 亿 hm^2,约占世界的 20%,森林蓄积 814.88 亿 m^3,约占世界的 21%,是世界第二大国。其中,俄罗斯联邦政府管辖的国有林面积达 6.8 亿 hm^2,占本国森林总覆盖面积的 94%。20 世纪 90 年代,俄罗斯森工企业虽然快速实现了私有制改革,但森林资源仍然为国家所有。此后,俄罗斯国有森林资源又经历多次改革,但仍没有改变森林资源国家所有的性质和地位。

俄罗斯国有林治理体制主要采取的是政企分开模式。联邦林务局作为林业的主管机构,主要执行监管责任,掌管森林资源的有效开发及合理利用。森工企业、联邦林场以及国家公园主要负责森林资源的开发与利用,行使经营权和管理权。2000 年,俄罗斯总统行使总统令,撤销联邦林务局,由联邦自然资源部接管林业管理。2004 年,俄罗斯对林业体制推行了新的改革,由自然资源部履行制定相关政策的职责,其下设联邦林务局和自然资源利用监督局,前者主要负责执行,后者主要负责督查。2011年,联邦政府将林务局划归俄罗斯自然资源与生态部,并对林务局的内部机构进行重大调整,调整后的林务局下设 12 个司局。近年来,俄罗斯在国有林权责体制改革过程中有效理顺了政府和林业开发者之间的关系,政府林业行政管理机构不直接经营国有林,而是由相应的企业性机构进行经营,同时接受职能机构的监督和调控,逐步建立起健全有效的林业治理体制和运行机制,国有森林资源的功能从单一的林产品生产基地转向以提供生态服务为主,合理提供林产品,促进国有林区社会经济发展的多种功能效益综合体。联邦政府负责法律制度及基本政策的制定和森林资源状况的掌握,通过制定统一的国民经济计划、林业产业政策、林业发展计划等一系列配套政策调控林业的发展。地方政府负责具体行使森林资源的使用权、分配权和管理权,制定地方林业计划,并报联邦政府审批。森林基层管理机构(林管区或林场)负责实施地方政府制定的林业计划,并做出一套完整的森林经营、管理和发展方案,报地方政府审批。在法律政策方面,俄罗斯高度重视林业立法工作,颁布了一系列法律法规。其中,《俄罗斯联邦森林法典》作为最重要的一部法典,在不同时期,都积极带动了林业的发展。新的《俄罗斯联邦森林法典》对国有林管理权重新进行了规定,赋予地方政府拥有该项权力,规定了森林资源使用者的养护森林责任。在国有林采伐方面,坚持生态价值优先的理念,依照《俄罗斯联邦森林法典》严格执行对森林的保护、抚育、造林、采伐等各项规定。

三、日本国有林治理体制

日本位于东亚地区,国土面积狭小,但森林资源极其丰富,森林面积达 2508 万 hm²,覆盖了国土面积的 66.3%,其中天然林为 1343 万 hm²,人造林为 1029 万 hm²。目前,日本的森林资源划分为国有林和民有林 2 种所有制形式,其中,民有林划分为公有林和私有林两种类型。日本国有林面积为 768 万 hm²,占全国森林面积的 31.2%;公有林面积为 283 万 hm²,占全国森林面积的 12%;私有林面积为 1458 万 hm²,占全国森林面积的 58%。国有林常见于陡峭的高山地区,每年生产大量木材,在农林水产省林业厅管理下,在保持水土、防止虫害、保护生物多样性等方面做出了重要贡献。同时,国有林是日本全体国民共有的财产,60% 的国立公园建立在国有林区,允许国民免费观光和娱乐休闲,还能接受环境教育和科学研究的熏陶,这充分体现了国有林的重要现实价值。

21 世纪 80 年代中期以前,农林水产省林业厅对日本国有林的管理和经营直接负责,其管理体制是政企合一。从 1988 年开始,日本对国有林管理体制进行彻底改革,精简机构,削减人员,简化国有林事务。改革后日本的国有林管理机构作为国家管理森林资源的部门,其主要职责从以木材生产等经营活动为主,转变为以森林资源的保护管理、森林清查、林业技术指导及咨询服务等业务为主;而将采伐、造林、林道修建等生产性活动,通过招标方式委托给民间经营,国有林管理部门只负责招标和监督管理。目前,日本国有林实行管理主体与经营主体相分离,行政手段与市场手段相结合的垂直领导体制,这种体制长期稳定,权属关系明确,由农林水产省林业厅负责统一领导,下设45个分支机构,包括8个森林管理事务所、7个森林管理局、7个森林事务所和23个森林技术中心等机构。7个森林管理局又下设98个森林管理署和若干森林管理事务所。这种垂直管理体制符合日本国有林的分布特点,能够满足其管理需求。日本为实现国有林经营体制的高效率,主要工作倾向于森林管理等行政综合业务,涉及林业规划、森林保护、治理高山等方面,具体来讲,包括加强森林防火防灾,强化护林管理,设置各项标志牌,协调与原住民的关系等。通过分离管理权与经营权,采取单项招标方式,委托民间实业家,代理开展采伐、造林等活动,日本国有林经营管理效率获得了很大提高。国有林管理机构作为森林资源资产国家所有者代表,将职能从生产经营转向了监督管理,根据计划方案,参照市场规律对各项国有森林资源资产流转进行准确价值评估,并采取公开招投标方式,保证国有森林资源资产流转的公正公平,切实保护了国民共有的森林财产安全和高效运行。

四、德国国有林治理体制

德国位于中欧地区,森林资源丰富,林产工业发达,森林面积1110万hm²,森林覆盖率为31.1%,活林木蓄积总量为34.92亿m³,平均单位面积蓄积量约252m³/hm²,人均森林蓄积34.4m³。德国森林所有制分为联邦所有林、州有林、私有林、社团所有林和信托林五种类别,每种类别权属清晰明确。联邦所有林占地约40万hm²,占总面积的4%,不属于林业部门管辖,大多分布在联邦水路、公路沿线及军事用地。州有林是国有林为各州所有,占地约330万hm²,占总面积的30%,采取直接经营或委托经营两种方式进行管理。私有林为2万多个私有林主所有,占地约480万hm²,占总面积的44%,实行自我管理、自主经营,也可以选择加入林业合作社进行管理经营。社团所有林为教会、社会团体和市县等第三级政府所有的森林,占地约 220 万 hm²,占总面积的 20%。信托森林主要是 20 世纪末德国重新统一后尚未完全私有化的森林,由德国国有土地利用和土地管理有限公司负责管理,占地约 22 万 hm²,占总面积的 2%。

德国国有林遍布于各州,由各州执行管理职能。因各州的经济政治等情况不同,所以不同的州实行不同的管理体制,主要分为以下三种管理模式:一是"政企合一"的垂直管理模式。这种体制在州以下实行,州以下主要包括州林管局、地区林管局和基层林管站。州林管局制定有关林业产业发展规划、森林保护、人工造林等相关的一些条例,与政府部门、其他州林管局和相关部门保持沟通协调关系,对下属部门执行监督职能。地区森林管理局执行落实州制定的有关条例,对管辖区内的木材生产情况和有关单位的森林经营情况进行监督,并组织有关部门拟定林业的经营方案,对私有林提供代管服务,对森林的所有者提供政策或业务方面的咨询培训服务。相比而言,基层森林管理站的职能较为简单,主要是制订并组织实施年度生产计划,同时对私有林也提供一些咨询业务、服务工作等。二是"政企分开"的垂直管理模式。把国有林管理机构的管理事务和经营机构的经营事务分开,国有林行政管理机构对国有林执行监督管理权,州有林经营公司行使直接经营权,拥有独立法人资格。三是"双头领导"管理模式。依据区域划分情况,为保障地区森林所有制作用得到充分发挥,国有林行政事务由州林业行政管理机构负责管理,国有林的经营业务由农业协会组织负责经营。

第二节　国外主要国家国有林治理体制比较评述

从美国、俄罗斯、日本、德国国有林治理体制形成的背景来看,都在继承本国历史传统的基础上,根据本国国有林的实际特点,借鉴吸收了其他国家国有林先进的制度和经验,又根据历史方位和时代变化不断改进和完善形成的治理体制。由此可以得出,我国的国有林区治理体制改革要建立在本国历史传统和国有林区现实的基础上,吸收借鉴他国先进经验时不能全搬照抄,要考虑制度之间的相容性,要考虑到国有林区发展的阶段性特征,以数字化、网络化、智能化、绿色化和服务化为主线,有效进行制度设计,促进国有林区向现代林业治理体制转变。

一、完善的法律与制度是根本保障

依法管理国有林是上述各国的一般通则,完善的法律法规与制度对于国有林治理十分必要。比如,1976 年美国《国有林经营条例》的颁布,实现了管理国有林相关资源的一次飞跃,标志着国有林管理体制的正式确立,体现出森林管理的新理念,美国林业发展开始进入新的历史时期。上述各国国有林治理实践也证明,法律的制定要与时俱进,要随着环境和条件的变化,不断修订完善,坚决依法执行。并且需要制定相配套的规章制度来辅助支持实施,如果没有有效的规章制度,国有林治理将很难达到预期效果。日本国有林的每一项改革都是立法先行,所以它的法律体系很完善。在制定国有林相关法律时,如果同原有的法律相冲突,就要进行相应的修改完善,从而避免有关部门和有关人员钻法律的漏洞,进而确保国有林得到有效治理。德国在林业法律这方面是相当完善的,依据本国林业的发展需求,在森林经营管理等方面建立了一套具有完整性、稳定性和延续性的法律规定,对于德国国有林治理体系和治理能力现代化起到了重要作用。所以,可以看出完善的法律与制度是实现国有林治理体系和治理能力现代化的根本保障。

二、分离的管理权与经营权是前提基础

通过梳理分析上述四国国有林治理体制的情况,发现其共同特征在

于管理权和经营权相分离,实行垂直管理体制,各主体之间的权责利关系非常清晰,都力图建立精干高效的服务型林业治理体制。政府的职能除了完善、监督法律的执行外,要向各主体提供咨询建议和业务服务工作。森工企业则只是对国有林行使经营权,没有管理权,并在政府的林业规划下,致力于提高企业经济效益和员工收入福利。比如,美国国有林由联邦农业部林务局代表国家实行垂直管理,机构设置长期保持稳定,林管局是国有林的经营主体,依照联邦农业部林务局的管理思想,经营国有森林资源,国有林的生产经营活动市场化,不受地方政府约束。日本国有林管理机构和经营机构也是分开的,管理单位只负责森林的保护、经营计划的制订、经营监督,以及部分治山工程、造林、采伐、林道建设等,国有林经营的全部业务都通过招标制,委托给民间企业实施,同时积极推行"分成造林""分成育林""土地借出"制度,鼓励企业、团体和个人承包经营国有林,收益分成。这种管理权和经营权相分离的体制的最大好处是权属关系明确,排除了市场和各级地方政府对国有林经营方向的干扰,能够确保国家对国有林总体政策目标的实现,保障国有林管理体制的高效率和低成本,有利于国有林的生态效益、经济效益和社会效益的整体发挥。

三、稳定的治理体制至关重要

这些国家国有林治理体制比较有代表性的国家中,明显的特征就是治理体制相对稳定,一个在相当长的时期保持稳定并能有效发挥功能的机构是国有林得到有效治理的前提条件,长期稳定的林权可以鼓励人们在国有林管理上投入更多的时间和资源,这是实现国有林可持续经营的重要制度基础。国有林的自然属性和特点也决定治理体制和管理机构不宜非正常变动,其任何不当变化都会给国有林发展带来不好的影响。要保持基本稳定,这对于制定并实施国有林长期战略至关重要,也是保证国有林稳定发展的重要前提。比如,俄罗斯因林业机构内部多次不合适的变动抑制了林业的发展进程。因此,这些有代表性国家的经验表明,国有林在改革时,必须考虑其治理能力的延续和提高,当遭遇改革所带来的各种风险时,维持治理体制的结构性稳定和平衡,是降低改革成本的一种有效方法。在制定国有林法律时,要明确森林经营权,科学制定长期的战略规划,编制法定的森林经营方案,并确保严格执行和有效实施,这样才能确保国有林的长期可持续健康发展。

第三节　对中国国有林区治理体制超越
路径依赖的借鉴与思考

通过对上述四个国家国有林治理体制的比较梳理,从中可以总结出一些比较好的经验做法,对完善我国国有林区治理体制具有很强的借鉴作用,对我国国有林区治理体制改革也将提供更多有益启示。

一、切实加强国有林区依法治林工作

依法治林是国有林区治理的前提基础。比如,美国相继颁布了《国有林管理法》《天然林保护法》等一系列法律,而且根据情况还不断调整完善,建立了一套比较完善的林业法律体系,对保护开发森林资源,实现林业多重价值起到了重要作用。我国虽然也有一套较为完整的林业法律法规体系,但还不完善,难以适应新时代林业治理能力和治理体系现代化的新要求。因此,要逐步修改完善林业方面的法律法规,提高林业在生态文明建设中的地位。一是加快我国森林法律法规的制定步伐。最重要的是要加强立法的实用性和可操作性,这样有助于森林资源管理活动的统一规范,同时也会降低森林资源管理的监督难度。二是强化执法体系和管理机构建设。强化我国国家林业和草原局对国有林区的监督管理、资

金拨付和技术支持等工作。各省市县地方政府的林业主管部门要加强本地区林业政策的贯彻落实,为本地区的森林保护与建设提供资金和技术支持。鼓励社会组织和社会资金进入国有林区参与森林保护和建设工作,共同推进国有林区长期可持续发展。按照市场导向和公平竞争的原则,积极采用财政、货币、产业等政策措施加以引导,为国有林区发展提供更多科技、信息、防火方面的支持。三是加强国有林区的监督检查工作。在编制国有林区森林经营方案,实施《国有林场改革方案》和《国有林区改革指导意见》的过程中,强化执行效果检查,加强管理制度审计,使我国森林法律法规真正能够落到实处,让国有林区多种功能价值得到有效发挥。

二、真正分离国有林区管理权、经营权

多年来,我国国有林区一直在进行改革探索,但管理权、经营权没有实现真正分离,在"大木头财政"的历史期,"政企合一"模式为国家提供了大量木材原料,推动了国民经济建设。但随着改革开放和市场化改革的不断深入,国有林区管理机构和经营主体之间的权责利关系出现了难以协调问题,在现实工作中出现了很多矛盾冲突。比如,国有林区在做好森林保护的同时,又要做好经营森林、抚育森林等工作,工作目标不明确,责任分工不清晰,从而导致国有林区的运营效率低下。一些国有林区甚至存在以林地建设、森林资源作为招商引资条件,吸引项目投资者,但项目一经开工,开发商不顾原来的生态自然景观,任意添加修建人为景观景点,对国有林区长期可持续发展造成严重破坏。另外,在利益的驱使下,国有林区长期过量砍伐,导致成材林的蓄积量明显下降,林龄趋向低龄化,国有林区很难从资源危机、生态危机和社会危机中走出困境。出现这些问题的根本原因在于国有林区现行体制不顺、机制不活。因此,我国要想实现国有林区经营权与管理权的分离,需要管理者切实履行对从事林

业的企业实行监管责任,发挥管理机构的作用,不插手、不干涉经营活动,与经济利益彻底脱离,国有林区的生态、民生和稳定深层次问题才能得到彻底解决。同时,国家要对从事林业的企业实施税收优惠政策,切实保障森工企业的健康发展。此外,在财政预算方面,国有林区的全部经营所得归财政统一管理,设立国有林区经营与保护专项基金,进一步完善国有林区的生态保护投入机制。

三、稳定完善国有林区治理体制

通过研究以上四国的国有林治理体制及演变过程,发现国有林发展繁荣的关键在于体制机制的长期稳定,这种稳定可以让林业系统工作人员对林业经营与管理投入更多的人力、物力和财力,从而确保国有林区的可持续发展。一是采用法律手段强力维护其体制的稳定性。我国林业方面的法律法规期限较短,存在较差的延续性和较弱的稳定性,并且林业法律重视保障行政权的强制性,基本没有考虑森林经营者的根本权益,存在着有法不依、执行不严的情况,加上自身的不稳定性,造成我国林业法律很难达到预期实施效果。可见,建立严格的执法体系,加强与强化立法与执法,才能保障我国国有林区治理体制进入法制化改革之路。二是要制定并严格实施长期的科学规划。我国已制定了森林经营方案,但在实际的经营管理中却忽视了方案的内容,出现了不遵循森林生产原则进行乱砍滥伐等问题,因此,要将森林经营方案编入法律,明确森林的经营法则,加强政府的监督力量,确保长期规划得以有效实施。三是健全国有林区相关的各种政策体系之中。目前,我国国有林区处于不城不乡、不农不工的尴尬境地,林业职工很难享受城镇居民社会保障优惠政策,林区建设也没有被规划到社会主义新农村建设体系,社会保障和基础设施等相关政策也没有惠及国有林区。由此可见,健全国有林区政策体系是稳定国有林区治理体制的重要前提,地方政府要严格贯彻国家政策,解决林区系统人员的养老、保险、医疗等问题。这样通过理顺国有林区的体制机制,使其保持相对稳定才能有效推动国有林区生态建设、民生改善和社会发展。四是明确国有林区产权,明晰各主体的权责利,才是国有林区改革取得成功的根本之策。

四、切实提高国有林区人员的素质

我国国有林区经营管理机构较多较杂,是历史遗留问题。那么,借鉴国外的改革经验,通过在政府各部门机构范围内协调调配等方式逐步精简压缩人员,通过设置一些临时性的机构和岗位,消化吸收暂时无法安排的人员,逐步缩减管理层级,完善权限设置,实现平稳过渡。目前,在我国对选用林业管理与经营人才的规定上,专业背景不是硬性条件,对培养人才的全面发展方面,专业课程不做较高要求,导致培养的林业治理人才整体素质不高。在工作环境、待遇方面,大部分国有林区的工作环境恶劣,工资待遇很低。在职工结构方面,员工数量过多,年龄偏大龄化,中年职工占到了一半以上。学历层次普遍偏低,在职职工中具有大专以上学历的比重很低,因岗位吸引力不强,应届生甚少选择来林区工作,导致人才缺乏,进入了一种恶性循环。可见,改善林区员工的文化素质、技能素质等,是十分紧迫的任务,我国应当强化对国有林场管理人员资质和岗位技能的管理,科学规定内部管理层的编制,以行政机构进行合理收编调整,有助于人才的吸引、培养和提升。对此,需要采取一些具体措施让人才发挥其能力。一是通过学习培训提升素质。可以组织培训、开展专题探讨会、实地参观交流,既有助于理论的学习,又利于实践的锻炼。也可以与林业学院谈合作,联合培养人才,提供实践基地,开展培训活动,进行职业技能比赛,鼓励学员、员工积极参加。同时,支持员工的在职教育学习,鼓励员工针对本职工作加强加深人力资本的投资,可以申请函授、自学考试、攻读同等学历等,从而更好地做好工作。二是创造有利条件吸引人才。因现有工作条件较差,待遇较低,职工结构不合理,所以要创造有利条件,改善工作环境,提高工资待遇,提升员工整体素质,进而吸引符合专业要求的毕业生,并留住他们。三是通过校企对接解决人才不足问题。鼓励林业院校对学生进行定向招生、定向培养,实现院校同国有林区的合作,既解决应届毕业生的就业问题,也解决了国有林区的用工问题。四是建立并形成一种长期的有效发展机制。提高和改善国有林区林业管理与经营人员的身份和待遇。一旦国有林区的系统工作人员拥有了体面的身份和良好的待遇,他们就会一心扑在工作上,脚踏实地的扎根在林区,为林区的经营与管理贡献一分力量。

本章小结

本章对美国、俄罗斯、德国和日本的国有林管理及机构设置、体制建设进行了梳理与归纳,发现清晰的产权界定,完善的法律与制度,稳定的治理体制是保障国有林区可持续发展的一般规律,这些好的经验都值得我们借鉴。为此,我国国有林区要加强有效制度设计,通过进一步理顺国有林区体制机制,真正分离国有林区管理权、经营权,稳定完善国有林区治理新体制,切实提高国有林区人员的素质等措施对我国国有林区治理体制进行改革。

第 七 章

破解中国国有林区治理体制变迁
路径依赖的政策建议

作为我国未来重要的生态经济支撑带,国有林区打破治理体制路径依赖是不可回避的现实问题。从国内外的成功转型经验来看,国有林区要成功实现转型发展,不仅要依靠市场的力量,更要紧紧抓住《国有林场改革方案》和《国有林区改革指导意见》的政策机遇,实现政府政策支持与市场化项目运作有机结合,培育出科技含量高、市场前景好、具有较强竞争力的接续替代产业,打破路径依赖的僵化状态,实现国有林区绿色化转型发展。

第一节　强化市场在国有林区资源
配置中的决定作用

市场是一部有效的资源配置机器,凭借利益驱动,实现优胜劣汰,激励整个社会实现资源配置效益最大化和效率最优化。国有林区的森工企业由于受计划经济影响较深,一些森工企业注册为国有大型企业,可并没有按真正的企业运行,传统企业管理模式仍然占主流,管理行政化,职能泛化,奖惩机制缺失,纪律松弛,职工慵懒散,各种经济活动处于低效率状态,直接导致国有林区经济发展长期陷入危困泥潭。因此,破解国有林区治理体制变迁中的路径依赖问题,一个非常重要的手段就是利用市场倒逼改革,强化市场在国有林区资源配置中的决定作用。

一、明晰各种产权关系

合格的市场主体是完善市场的首要条件,没有市场主体的市场化,也就不会有真正的市场。有限的社会资源能否被有效配置,关键在于一个社会经济主体中的产权是否明晰,清晰的产权界限能够极大地提高资源配置的效率。明晰国有林区产权主体直接关系到我国国有林区市场经济的建设与发展。如果国家能够依法界定国有林区的产权所有人,授予他保护国有林区的权力,承担起保护国有林区的责任,同时也获得使用国有林区资源的利益,这样国有林区的"公地悲剧"问题将会解决,国有林区的资源也将实现最佳配置和使用。具体地说,由自然资源部统一行使国有林区资源资产所有权人职责,代表全体人民行使所有者的占有权、使用权等所有者的各项权益,能够实现权利、义务、责任相统一,确保国有林区资源资产保值、增值。

二、打破僵化意识禁锢

修正当前的制度设计模式和传统的政府管理偏好,加大权力腐败的治理力度,重构国有林区的经营管理体制,将大一统的封闭管理转化为开放多元的分类林权契约管理,积极构建统一开放、公平竞争的市场机制,培育国有林区市场主体,促进国有林区要素自由流动,降低国有林区产业对林业经济的垄断,加快产业内部生产要素的自由流动,为国有林区经济发展注入新活力,是解决目前国有林区资源配置失衡和扭曲的关键。第一,合理划定国有森工企业边界。把国有森工企业从不涉及国家重大安全和战略意义不明显的领域中退出来,让渡更多空间和机会给民营企业,让更多民营企业进入国有森工企业领域发展。同时要正确认识国有森工企业的社会角色,国有森工企业不是政府的附属部门,不是政府的分支机构,正常生产经营活动不能随意干涉。第二,国有森工企业要保持开放性。国有森工企业在选人用人方面日益封闭,因而需要提高开放程度,充分发挥市场调节的作用,在自由竞争的前提下引入高水平的人才,从而提升林区企业的竞争力。[①] 另外,要大力吸收外部资本,为提高国有森工企业竞争力服务。第三,鼓励国有森工企业走出国门,参与国际市场的竞争与合作。国有森工企业要顺应经济全球化的浪潮,积极开拓国际市场,广泛汲取国际国有林治理的成功经验,充分利用全球林业资源,加快向创新驱动、集聚发展、质量提升方向发展转变,增强我国林业产品国际竞争力,推动我国林业产业提质增效和转型升级。

三、放弃种种偏袒保护

在经济运行的过程中,交易行为无时无刻不在发生,交易的效率也就成了经济运行效率的决定性因素。在无效的市场运行机制下,交易成本较高,各产业部门的运行也保持在低效率状态,生产活动难以转变为资本进行再投资。而在高效的社会经济中,较低的交易成本也降低了生产的成本,从而促进整个产业经济的发展。因此,以国有林区治理体制为基础的林区产业经济只有在低交易成本的环境中运行,才能随着市场需求的变化不断发展,提高经济效益和社会效益。当前,国有林区治理体制的改革,必须以降低交易成本为前提,减少非生产性或破坏性寻租行为的收益,减少权钱交易等无利于经济发展的行为,切断利益集团对政府权力的追寻。政府相关部门要在摒弃对非国有部门在政策与实践上的歧视性观

---

① 汤吉军、张壮:《国有企业的创新障碍与现实选择》,《江汉论坛》2017 年第 7 期。

念,放弃计划经济理念,倡导市场经济理念,积极发展民营企业,打破国有森工企业的垄断,淘汰空壳企业和僵尸企业,为市场化改革腾出空间。严格按照市场规则,制定并出台更多的配套政策措施,打破隐性的竞争障碍,使劳动力、资本、技术等生产要素在一个高度竞争化市场化的环境中自由流动。积极鼓励和支持政府在公用事业、基础设施和社会服务等方面采取购买方式,全面向市场开放,让非国有企业参与建设,保障非国有企业的合法权益,依靠市场价格机制,迫使国有森工企业不断进行创新,激发其丰富的竞争能力,从而激发国有林区市场活力。

四、全面引入竞争机制

制度通常在长期的发展中趋于稳定,并对社会体系和思想观念在潜移默化中进行渗透。制度均衡是指成为一种惯性沿着既定的轨迹不断强化和稳固,在其演变的过程中,一旦基本架构被确定,就很难从内部打破它固有的习惯和规则。因此,必须依靠外部市场力量向一种稳定的制度施加压力,促使其改变原有的盈利模式和隐性规则。国有林区长期发展必须借助市场引入竞争力量,敢于让不同体制机制进行碰撞与冲突,向僵化的体制机制施加压力,倒逼其改变长期形成的隐性规则和盈利模式。第一,真正发挥市场在国有林区资源配置中的决定性作用,打破市场壁垒,放宽市场限制,降低交易成本,给予森工企业更多经营自由,鼓励非国有资本投资主体通过收购股权、出资入股、股权置换等多种方式,参与国有林区全面重构。另外,国有林区内的各种资源定价必须市场化,采取公开博弈定价的方式来制定价格,并把生态价值考虑进去。第二,要放活林地经营权,鼓励发展股份合作制林场等新型多元经营主体,引入社会资本、国外资本和上市林业公司。第三,激发国有林区市场活力,在社会事业、基础设施和公共服务的准入许可和经营运行等方面全面向民营企业开放。第四,尽快建立国有森工企业职业经理人市场。2016年诺贝尔经济学奖得主哈特（Hart）在谈到债转股时说，破产企业（高杠杆企业）不是公司本身有问题，而是经营班子出了问题。[①] 因此，国有林区治理体制变革要注重汲取外来的成功经验和失败教训，推进国有林区森工企业改革，增加公开性和透明度，接受全民监督，培育出适合国有林区实际特点的职业经理人市场。

五、实行对外开放战略

实行对外开放战略是国有林区增强竞争力、提高经济效益的重点。在经济全球化的大背景下，我国林业经济部门应该充分发挥资源丰富、劳动力充足的内在优势，投入更多的资金技术，立足全球市场的需求，依靠创新提升产品品质，增强林业产品国际竞争力，鼓励国有森工企业积极开拓国际市场，充分利用全球资源，进行境外资源开发，采取参与、合作、并购和聘请国外专家等方式，引进、消化和吸收国际林业方面先进科技成果，提高国有森工企业竞争能力。另外，应该树立可持续发展的观念，进行境外资源开发，在保护国内森林资源的同时，利用其他地区的森林资源与廉价劳动力，形成一个完整的全球化产业链。对政府而言，不仅需要加强制度方面的建设，为国有林区经济开放提供制度上、税收上的支持，也应该在先进技术和管理体制的引进方面发挥主导作用。

第二节　消解国有林区沉淀成本存量

如果国有林区各种要素流转没有障碍，那么通过价格机制就可以实现国有林区内资源最优配置和林产品最大化产出。然而，国有林区背负

[①]　汤吉军、张壮：《国有企业的创新障碍与现实选择》，《江汉论坛》2017年第7期。

巨大沉淀成本,导致国有林区变迁会出现拖尾和滞后现象。因此,要降低国有林区各类沉淀成本数量。

一、完善国有林区治理结构

完善国有林区治理结构是建立现代林业制度的核心,是提高治理体制的运作效率、降低沉淀成本的关键。因此,需要重新配置林区生产要素及经济资源,对经济效益和社会效益长期低下的企业予以取缔和重组,对办事效率低的政府部门进行改造,加强各部门之间的协调和配合,建立现代法人治理结构,降低国有林区的各种沉淀成本,把森工企业打造成真正的市场主体,提高整个国有林区经济运行的效率。在探索国有林区混合所有制改革过程中,一方面,要提高国有资本运作水平,对国有资本的运作要严加监管,避免相关人员利用职务之便侵吞国有资产,避免信息不对称带来的逆向选择和道德风险问题,对管理人员出于自身的个人利益利用国有资产谋取私利的行为要防患于未然。另一方面,对于混合所有制中的民营资本和境外资本,要保障它们的合法权益,消除市场壁垒,保证公平竞争,维护合法权益,消除民营资本和境外资本的各种担忧,消解长期积累下来的巨大沉淀成本,切实提高国有林区经济运行效率。完善优化评价机制,对考核对象进行公开、公平、公正科学合理的评价,采取终身追责的方式,确保国有林区各级管理者认真履行职责。要淡化国有森工企业的行政级别,分离森工企业的所有权、决策权和经营权,扩大国有林区各级政府决策层的职工代表、民营企业家和专业人士比例,提高国有林区的约束制衡和经营管理能力。

二、切断利益关联传递渠道

国有林区在长期发展过程中,各部门之间已经形成了一个强大的共存共荣利益同盟,对某个部门的改革可能会影响到其他的利益相关者,使得对国有林区治理体制的改革面临来自既得利益集团的层层阻挠。政府、企业和其他组织出于维护本部门利益的动机,为政策的改革设置巨大藩篱。因此,需要施加强大的政治和社会压力,加强法律、政府和群众的监督,统筹各种监管手段,明确可操作性规定,取消各种特权,避免相互推诿博弈,防止寻租套利行为,实现从外部对利益谋求者进行强力施加压力。另外,从内部改革国有林区的体制机制实现职能重构,利用现代科学技术手段对权力使用者进行监督,切断各部门之间利益勾结的渠道,最终形成利益相关方政府、森工企业和社会相互制约又相互协调的良性权力互动治理体系,实现国有林区生态美、百姓富、资源增的多重目标。

三、发挥政府主导推动作用

政府作为制度的制定者和执行者,应该充分发挥其在国有林区经济运行中的引导作用。要规范自身在经济管理和社会管理过程中的行为,把握好尺度,既要弥补市场经济的缺陷,又不能过于注重政府调节和限制市场调节发挥作用。政府还需要加快市场机制的完善,进一步降低交易成本和信息成本,与其他地区、其他产业部门进行联动发展,提高林业经济的开放性,打破固步自封的传统运营模式,形成一个劳动力、资本、技术等生产要素能够以较低的成本自由流动的局面。比如,减少政府对市场的干预,消除生产要素市场进入与退出壁垒,促进形成自由流动的生产要素市场,构建公开、公正、公平的市场环境。比如,通过使用加速折旧、繁荣二手市场和稳定未来预期等手段,降低林业职工、机器设备和厂房的专用性程度,这样既可以盘活经济性沉淀成本存量,又可以提高国有林区绿色化转型和可持续发展能力。另外,政府需要制定管理沉淀成本相关政策。比如,充分利用"互联网+",与电子网络的发展相结合,减少信息成本和交易成本,加快信息与劳动力的快速流动更新,加强人员技能培训,促进公共基础设施建设,提升社会服务能力,减少国有林区内部各类社会性沉淀成本,为国有林区转型发展提供良好条件。

第三节 依靠顶层设计强力推动国有林区治理体制现代化

顶层设计是以全局视角,自上而下地寻求问题解决之道。目前,我国国有林区现行体制安排已经走向了效率递减的路径依赖制度困境。纵观国内外林业发展史发现,一般由中央政府实行自上而下的改革才能确保改革落实实施。因此,国有林区要想重生,重新焕发老林区的新活力,需要国家顶层破局设计,发挥国家在国有林区治理体制路径突破中的建构作用,担负起制度供给的主要角色。对国有林区进行重构,打破现有体制障碍,实行政府主导自上而下的改革,以"效率"作为体制重建的基本标尺,减少因体制演进发生的交易成本和因制度供给引发的摩擦成本,重点要防止国有林区出现新体制效率弱化问题。

一、加大扶持政策新供给

国家政策扶持是推动国有林区转型发展的重要保障。当前国有林区面临的困境是长期积累形成的,体制机制问题是主要原因,国家应出台一系列重大政策举措,在政策上予以必要的扶持,实现国有林区实现绿色化转型发展。第一,加大对国有林区的财政金融支持力度。增加对国有林业产业转型的专项投入,对发展前景好的林业产业项目和企业给予以资金支持,以优惠税收信贷政策大力发展民营经济,引导国有林区转型发展,扩大国有林区多种经营,培育国有林区强势林业产业,增强国有林区造血能力。第二,构建针对国有林区的跨区域生态补偿机制。加强顶层设计,让生态受益者付费,将受益者造成的生态损失内化为生产成本,完善国有林区与生态受益者之间的公平利益分配机制。做好发达和受益地区对国有林区的补偿制度安排,明确补偿主体、补偿对象、补偿标准、补偿范围、补偿资金来源和补偿方式等。建立碳汇交易市场,实行碳汇交易,充分发挥市场的调节作用,为国有林区实现保生态、保民生、促转型提供资金保证。第三,创新落实生态移民政策。充分利用国有林场撤并整合的良好时机,采取货币化安置、异地安置和政策鼓励等方式,全面推动国有林区整体异地移民,向国有林区城区安置,使移民工作一步到位,同时加速城区人口集聚,提升城区人气、财气。引导鼓励国有林区深山中的林场职工、农民走出林区,人进林退、人退林进是国有林区森林状况的真实写照,人的活动对生态、防火等影响巨大,需要采取适当鼓励措施,比如,允许职工停薪留职,确保农民退耕还林后能够得到一笔可以到城市安家落户的补偿费用,保障生态移民战略的顺利实施。第四,提升公益事业建设水平。加快国有林区机场、高铁、高速公路等大交通建设,确保供电、供水、通信等基础设施建设的有效供给,为国有林区转型发展奠定坚实基础。第五,将惠农政策拓展到国有林区。第六,实施人才倾斜政策。国有林区对我国戍边固防、兴边富民具有重要作用,要采取鼓励政策培养、引进、留住一流人才,为国有林区转型发展注入活力和动力。

二、打造产业发展新模式

因地制宜发展国有林区的绿色富民产业,构建国有林区产业发展新模式。第一,建立从林下到林上的绿色立体经济。依托国有林区比较优势,把林地变宝地,充分挖掘林区发展潜力,增加国有林区森林食品药品原料产出数量,提高产出质量。大力发展生物能源、森林食品药品、生化材料等创新林产品,引导产业向生态产业、循环产业、碳汇产业、生物产业等多元化、高附加值的方向发展,建立起从林下到林上的绿色立体经济,实现用最少的生态代价获取国有林区最大福祉的目标。第二,大力发展森林生态旅游产业。森林生态旅游发展迅速,越来越引起人们广泛关注,市场前景十分广阔,对地区经济发展具有极大带动作用。要充分发掘森林生态旅游财富,扩大矿泉水、木雕木艺等森林生态旅游产品的有效供给。开拓康体、水疗、温泉、漂流等森林生态旅游项目,推动国有林区旅游产业转型升级。立足国有林区优美的自然风光和多样的生物物种,大力发展国家森林公园。充分发挥空气清新和夏季凉爽的优势,把空气变财气,重点发展夏季避暑、冬季冰雪、健康养生养老产业。第三,以战略性新兴产业为突破口,加强科技引领作用,加大政策支持倾斜力度,大力发展新材料、新能源等科技含量高、附加值高战略性新兴产业,遵循市场经济规律,突出企业市场主体地位,引导国有林区发展步入新轨道。

三、构建经营管理新体制

国有林区是我国生态功能区建设的主体,无论是从法律职责和社会公益角度上看,还是从国内实际和国外经验上看,实行中央垂直一体化管理都是一种合理必然的选择。这样,既可以避免因为地方资金实力不足和官员道德品质差异而使得国有林区的经营管理不善,又可以解决国有林区发展不统一、不均衡的问题。因此,构建经营管理新体制,要以"效率"作为体制重建的基本标尺,加快健全中央政府垂直一体化管理的机制,减少因体制演进而发生的交易成本和因制度供给而引发的摩擦成本,防止国有林区出现新体制效率弱化问题,做到政策上的统一和生产要素的公平分配,形成统一管理,均衡发展,共同竞争的新局面。另外,尊重基层自发改革经验。国家在顶层设计中要密切关注林权制度的阶段性效率和特征,从国有林区改革实际需要出发,广泛吸收基层自发改革成功经验,及时复制推广修正现存体制。这样可以充分发挥国有林区在资源管理上的优势,有效解决产权主体虚置,管理职能紊乱,监管问题突出,生态恢复缓慢,社会资本难以进入,中央政令贯彻不实等问题;有利于对国有林区自然山系进行整体性保护与治理;有利于精简机构压缩编制,降低交易成本,防范委托—代理中的道德风险。

四、分类设计林权新契约

根据国有林区林业资源性质进行分类,由过去集中统一管理模式向分类管理模式转变,借鉴农业"三权分置"经验,探索建立国有林区的国家所有权,森工企业的经营权和林业职工林地承包权实现分置。国家林业局负责监督管理森林资源不流失,地方林业局负责森林防火、病虫害防治、营林生产和林区基础设施建设等任务;森工企业主要负责森林食品的生产和经营;林下土地以承包或出租的方式由林业职工生产经营,也可通过招商引资方式,规模发展林下经济。通过调动各方积极性,充分挖掘林区潜力,释放国有林区发展活力。

五、构建委托—代理新制度

委托—代理理论是建立在对非对称性信息博弈论基础上,随着生产力进步和规模化生产的出现而应运产生的,权利的所有者将行使权利的代理权授予给拥有专业技术知识的人。但在委托—代理的关系中,委托人与代理人追求的是各自权益的最大化,这将导致二者的利益冲突。而在非对称信息下,委托人无法时刻对代理人的行为进行监督,从而导致了道德风险和逆向选择的问题。张维迎认为,委托代理的链条越长,初始委托人的监督越无效,最终代理人的努力水平就越低。因此,如果没有有效的制度安排,代理人行为将会损害委托人的最终利益。[①] 目前,我国国有

---

① 张维迎:《企业理论与中国企业改革》,北京大学出版社 1999 年版,第 59 页。

林区产权被层层委托给具有采伐权的众多森工企业,由此形成层级链条非常长的委托—代理关系,在信息非对称和代理人追求自身权益最大化的条件下,委托人无法对代理人行为进行时时监督,越到下一级代理人,其目标越偏向于自身的利益,委托人和代理人之间的效用函数差异越来越大,从而导致道德风险和逆向选择问题。在这种条件下,国家作为委托人需要采取适当的激励与约束措施,让代理人按照自己的目标行事。一是按照分者后取的程序规则对国有林区的激励约束机制进行重新设计,实现权利分置,相互制衡。二是成立专门的非政府机构,代表全体人民对具体代理者进行监督和约束,提高信息披露透明度,加强对地区党政主要林权管理第一代理人的工作绩效考核。三是探索建立林长制,减少双重代理成本,让工作人员在各个岗位上能够实现优胜劣汰,促使代理人加强自身的责任感和紧迫感,切实提高国有林区政府运作效率和硬约束能力。

六、加强监管制度新设计

监管主要包括两种形式:一种是作为公权主体的政府对各社会主体行使的具有强制性监督,另一种是通过契约形成的私权主体,对其权力使用者以及代理人进行的监管。国家林业和草原局对国有林区的"监管"理当归属于私权主体间的监督行为。管理部门在行使权力的过程中,加快建设归属清晰、权责明确的森林资源产权制度,建立健全林区环境资源保护制度,避免监督权异化。行政主管部门代表国家行使所有权,履行出资人职责,负责监督管理国有林区资源的开发和使用。同时,加强对环境保护的力度,统筹管理污染的净化和排放,并对已污染的地区进行环境修复和生态保护。在国有林区的经济建设方面,制定实施林区产业转型升级的政策体系,有计划、有目的地逐步推进国有林区经济从粗放走向节约,由过度依赖环境走向依赖技术、资本、创新等生产要素的发展模式。另外,完善国有林区的用人制度,充分发挥我国人才大国的优势,对长期低绩效的管理人员和工作人员予以取缔,建立起绩效考核制度和离任追责制度,加强对从业人员的管理监督。

第四节 推进国有林区混合所有制改革

混合所有制改革是国有经济发展的未来方向,国有林区改革可以借鉴混合所有制改革的成功经验,积极推进国有林区混合所有制改革,建立混合所有制经济,实现发展方式转变。

一、加强科学规划

高标准的科学规划和管理具有很强的导引和调控能力,国有林区发展混合所有制经济要认真研究国际、国内发展背景和国内最新的相关政策,在此基础上结合自身资源优势和发展实践,因地制宜进行科学规划周密部署,制定出符合林区特点,适应国家生态文明建设需要的可行性方案,本着先易后难、科学操作、逐步推广的原则,力争最大化降低改革成本,确保国有林区治理体制优化升级,资源配置实现效率提升,国有资产控制力全面提高。另外,不要把推进国有林区混合所有制改革作为指令性计划,防止指标化、数量化和国有资产流失。不能片面强调民营经济和国有经济的具体比重,只要有利于国有资产保值增值、民生改善、企业发展,就可适当调整控股比例。

二、破除市场壁垒

政府作为要素组织者应充分发挥宏观经济调节的作用,加大监管的同时注重市场自我调节的作用,市场化林区产业经济,通过营造公开、公平、公正的环境,降低交易成本,积极促进国有资本、外资资本、非国有资本,通过出资入股、收购股权、合资合作、海外并购等多种方式,交叉持股、相互融合,务实稳妥推进国有林区混合所有制改革。我国国有林区应当顺应市场结构优化的世界变动趋势,逐渐放宽国有林区市场限制,提高市场开放程度,吸引境外资本的注入,总结借鉴国外国有林管理制度的经验,并因地制宜,探索出一条能够使国有林区经济效益和社会效益最大化的建设路径。同时,要积极搭建国内外联通渠道与平台,充分利用国际市场资源来优化国有林区市场结构,落实相关政策方针,加快完善市场竞争机制和价格机制,为国有林区的产业竞争提供一个公平的环境。

三、分类分层推进

针对国有林区普遍存在的林地闲置、低效使用、权力掠夺、浪费损失严重等问题,应当根据林地类型、预期收益差异分类分层推进国有林区混合所有制改革,使国有林区在低交易成本、低信息成本的市场环境中发展。以保生态、保民生、保国有资产保值增值为主要目标,积极运用我国的金融市场进行融资,在保证国有资本控股地位的基础上,吸引高质量的民间资本和境外资本对林区的企业进行投资,实现林业资本化,实现股权多元的国有民营新形式。对关系到国家安全的重要森林资源实行国有独资或绝对控股。对国有林区基础设施建设和公共服务领域,采取购买服务、委托—代理等多种方式,实现投资主体多元化。鼓励国有林区各林业局依据不同情况,制定配套措施,依法合规、有序推进混合所有制改革。

四、推进多元投资

通过市场化国有资本,实现国有林区投资主体的多元化。摈弃原来传统的行政手段,运用森工企业整体上市等方式,辅以灵活有效的经济手段以充分发挥市场绝对性作用,实现林业资本化,实现投资主体多元的国有民营新形式。坚持公平、效率、清晰及透明等原则,吸引民间资本、境外资本的投资,在保证国有资本控股地位的同时分散股权,达到各类资本相互制约、相互监督的目的。对关系到国家安全的重要森林资源实行国有独资或绝对控股,支持非国有资本参股。对国有林区基础设施建设和公共服务领域,采取购买服务、委托—代理等多种方式,鼓励非国有企业参与经营,实现投资主体多元化。同时,加强国有资本与社会资本之间的多方面合作,采用先试点再推广的方式,发挥多种资本的优势。

五、鼓励职工持股

根据福利经济学的补偿原理,在我国国有林区治理体制变迁过程中,允许林业职工持股,有利于降低改革阻力,有利于推进国有林区治理体制变迁。可以选择在条件较好的国有林区进行试点,不急于大规模推进,通过试点优先支持林业科研、经营、管理、技术人员等持股,积累经验再陆续全面推开。在持股方式上,采取增量带动的方式,在持股比例上规定,一般林业职工持股总数不超过 20%,单个林业职工持股比例不超过 5%。在林业职工持股的参与程序中,严格流程管理,落实林业持股公开机制,健全退出机制,建立问责机制,确保林业工持股公开、公平、公正,防止利益输送和暗箱操作,对国有林区混改起到正向影响作用。

第五节　引入强大外力推动国有林区治理体制演进

国有林区治理体制改革须引入外部力量打破制定政策过程中的内在

框架,破除利益集团的羁绊,强化社会各部门的参与,集中民策民智,调动人民的积极性,发挥人民监督的作用,从多角度改进运行体制机制,从而有利于国有林区治理体制改革的科学性和有效性,真正破除国有林区治理体制的路径依赖问题。

一、畅通利益表达渠道

人民群众畅所欲言是社会进步的标志,在国有林区改革的过程中,应该高度尊重民意,科学处理民意,充分发掘现有制度框架下的各种资源。因此,需要疏通民意表达渠道,使人民的意见能够通过具体途径表达出来,并对其进行筛选汇总,成为相关部门制定政策时重要的参考意见。政府可以利用网络建立专门网站,鼓励民众在国有林区制度改革的过程中出谋划策,充分表达自己的建议和要求;政策制定者也可以通过实地走访的方式,深入基层,深入群众,倾听人民的心声。人民群众作为市场的主体,在社会经济运行中扮演的不同角色,也会带来不同的利益诉求,政府需要综合考虑公民、企业、民间组织的不同建议,筛选其中有参考性的意见,集中民智,增加国有林区转型的科学性,使国有林区治理体制真正符合社会经济发展的规律以及广大人民的利益诉求。

二、吸收社会各界意见

在国有林区改革的过程中保证民众的知情权和参与权,充分发挥网络和媒体在信息传播中的作用,最大限度地增加决策制定的公开性和透明性,保障公民的合法权益。通过民众协商机制,充分发挥专家、学者和人民在国有林区治理体制改革中的积极作用,增强决策的科学性和合理性,从而获得社会的理解和支持。同时,林区职工作为林区改革的直接利益相关者,鼓励林区职工的积极参与决策的制定和监督,进而增强其工作的责任感,为林区治理体制的转型贡献出自己的力量。增强政府改革过程中的透明度,有利于避免相关利益集团利用自己的社会地位和雄厚的资金实力以权谋私,权钱交易,造成国有资本和社会资本的流失,使政府在国有林区规划中真正发挥引导者的作用,为人民服务,实现人民利益最大化。因为每个人都具有经济人的倾向,不管是林区政府工作人员还是企业集团,都将出于自身的利益偏好,谋求自身利益最大化。正如加里·S.贝克尔所言,政客也罢,商人也好,利己主义也好,利他主义也好,各种人的各种活动的目的只有一个,那就是追求效用最大,而不管这些人的职业和这些人的活动是否具有商业性质。① 所以,国有林区改革的直接参与者和利益相关者必须接受整个社会和人民的监督,使政府的工作更加廉洁高效,从而最大化提高国有林区治理体制的运作效率和经济收益。

三、充分贯彻民主精神

在国有林区林场撤并的同时,将民主精神贯彻落实到林区治理体制改革的始终。在实行民主集中制的基础上,一方面,为社会组织和民众提出自己的利益诉求提供一个公开的渠道,使人民能够畅所欲言,加强其参与公共决策的积极性。另一方面,防止利益集团利用自身占有的社会资源和经济资源,滥用权力,片面追求自身的利益最大化。因此,管理部门需要统筹协调各个利益主体的意见,综合考虑,制定出最大限度满足各方面要求的治理体系,在此基础上更加注重集体利益,对一些无法满足的利益诉求,应该给予解释和疏导。探索把国有林区治理体制的改革与网络联系起来,通过政府官方网站搭建电子政务平台,降低双方信息交流的成

---

① [美]加里·S.贝克尔:《人类行为的经济分析》,王业宇、陈琪译,格致出版社、上海三联书店、上海人民出版社 2008 年版。

本,促进政府和群众之间的信息交流,让政府政策的制定和实行公开运行,推动国有林区治理体系的完善。与此同时,政府内部的结构治理也应该引起管理者的重视,只有科学高效的内部治理机制才能使政府运行廉洁高效,对于存在职能重合的部门应该进行简化,整合各岗位上的人力资源结构,从而加强部门分工与协作,使整个政府的管理体制更加科学节俭,减少人力、物力资源的浪费。

第六节　实现国有林区可持续发展

纵观我国国有林区 70 多年的开发建设历程,尽管为国家经济社会发展做出了很大贡献,但非可持续发展一直是主流模式。进入新时代,在构建国有林区现代治理体制过程中,实现国有林区可持续发展,需要进行全面、系统的重构。本节从宏观、战略层面提出建立国有林区保障体系,提升国有林区科技含量,加快国有林区体制改革,优化国有林区经济结构,完善国有林区法律机制等推进国有林区可持续发展的对策建议,逐步实现国有林区资产增值、产业兴旺、治理有效、生活富裕的可持续发展新局面。

一、提升国有林区科技含量

对国有林区产业经济的建设,应该以可持续发展和科学发展为原则,注重资源的开发和环境保护,打造一个更加完善的林区环境。因此,应该加大科技的投资,使资源的使用更加高效、低污染,也使环境的治理循序渐进,双管齐下,保护国有林区资源的再发展能力。运用农林业先进技术成果,对林木的品种和质量进行改良,加大树木的利用潜力,从而达到节约资源的目的。改进林木开发和加工过程中机器的使用水平,采用更加尖端的新型机器和设备,减少在林木转化成为产品的过程中可能发生的不必要能耗。从污染产生的源头入手,引进先进技术,净化林木开发加工过程中产生的废水、废弃物,降低对环境的污染危害程度;对已经造成的环境污染和生态破坏,聘请专家和学者,尽可能地对环境进行恢复,改善当地的生态质量,使科学技术真正地发挥作用。

二、建立国有林区保障体系

要使国有林区实现可持续发展,必须立足我国国有林区自身的特点,从整个社会入手,使国有林区的可持续发展观念深入人心。政府可以加强对当地居民的宣传教育,使居民认识到环境治理的急迫性,利用群众的力量,共同建立科学发展的林区经济。当地的林木管理部门还可以通过调整林木结构,以轮换种植不同树龄、不同品种的方式,进行阶段性的采伐,保持森林资源的可持续性。另外,应该将开发频繁、用处较多的树木品质作为重点,进行大范围的种植,同时也能形成规模效应、品牌效应,提高林区经济产品的竞争力和经济收益。

三、加快国有林区体制改革

对于国有林区的经济体制改革,应该找到一个政府和市场都能最大限度发挥作用的均衡点,不能过度强调市场调节,而忽视制度上的建设和对社会经济行为的监管,也不能忽视市场的作用,使政府对经济运行的干预过多,从而降低了市场的活力。因此,应该以政府为主导加快混合所有制经济的建设,消除非国有资本的进入壁垒,使各种生产要素自由流动,提高国有林区的产业化水平。可以通过联合经营的方式打造产业平台,形成规模效应和产业集聚效应,增强竞争力。

四、优化国有林区经济结构

目前国有林区经济结构主要以第一产业和第二产业为主,这不仅使林业经济发展带来的经济效益低,也使得以廉价劳动力和自然资源为主要生产要素的产业经济缺乏竞争力,不能够持续发展。因此,要加大第三产业的建设力度,重点发挥国有林区环境优美的先天优势发展旅游业,从而带动其他服务业的发展。另外,完善经济结构,还要注重科技的投入,使得林木加工产品由低层次转为高层次,增加市场竞争力。当地政府应加强与相关科研机构的联系,积极为种植户提供先进的种植技术,促进经济林经济效益的提高。

五、完善国有林区法律机制

法律是经济建设和社会运行的基石,林业治理体制的相关法律应尽快予以完善。国有林区法律机制的建设需要按照社会发展规律和生态规律,进一步总结国内外相关的立法经验,并立足于本国国情,制定出符合我国林区基本状况的法律体系。首先,法律要突出对林区生态环境的保护,平衡生态环境、经济效益以及社会效益之间的关系,实现国有林区经济的可持续发展。其次,加大相关部门的执法力度,发挥法律对社会经济活动的引导作用,尤其是对国有林区内对树木的砍伐,应该被严加看管,坚决杜绝乱砍滥伐现象。同时,增强林区附近居民的法律观念,增强他们的公民责任感,一旦发生毁林占地的违法性为,要依据法律严惩不贷。

本章小结

综上所述,本章针对国有林区治理体制变迁的路径依赖问题,提出要面向市场,依靠顶层设计,推进国有林区混合所有制改革,在这一过程中,消解沉淀成本和引入强大外力对于推动改革最为关键。在具体操作上,国有林区要采取整合精简机构、分流人员、放权让利、引入竞争、开放市场等手段,建立起科学的竞争、奖惩和实施等全新的治理体制。

一般性结论

　　本书回顾了中国国有林区治理体制的演变历史,总结了其在变迁过程中所取得的成就和面临的现实困境。尽管中国国有林区在治理体制改革取得了一定效果,但由于国有林区国家所有权的特殊性,治理结构又要兼顾协调国家、地方、企业、职工等多方利益,国有林区存在的低效运转、资源闲置、权利冲突、林区人民普遍贫困等问题,必然与自然垄断、信息不对称、交易成本、契约不完全等因素相关。因此,未来中国国有林区治理体制改革,不能简单模仿企业治理结构进行改革,而是需要在兼顾各方利益的前提下,突出强化国家所有权,让市场在国有林区资源配置中起决定作用,同时要消解沉淀成本存量,加强顶层设计,引入强大外力,进行混合所有制改革,推动国有林区走出路径依赖,提高资源配置效率,增强国际竞争力,促进国有林区经济转型、民生改善和社会稳定,实现国有林区治理能力和治理体系现代化。通过全书的研究,得出研究的一般性结论如下。

一、中国国有林区治理体制改革取得重大进展

　　据第八次全国森林资源清查统计结果显示,全国重点国有林区经营总面积 32.7 万 km^2,约占国土面积的 3.4%,森林覆盖率 79.38%,森林蓄

积量 25.99 亿 m³,是中国重要的生态安全屏障。① 从开发初期我国国有林区形成的政企、政事、事企合一管理体制,到改革之初实行的厂长负责制,到全民所有制占主导地位的产权格局,再到对国有林区产权进行深入改革。可以看出,我国国有林区体制的生成、发展、成熟和衰退充分体现了制度变迁的动态属性和时序特征。《国有林区改革指导意见》和《国有林场改革方案》实施以来,我国国有林区各项改革不断深化,森林面积持续增加,资源保护全面加强,生态状况明显改善,绿色产业快速发展,国有林区林业现代化建设水平明显提高。

二、进一步深化国有林区治理体制改革势在必行

优越的体制机制才能产生合理的组织行为,中国林业的发展最终取决于体制机制的基础保障。尽管中国林权改革取得了一定进展,但总体来看,改革还不深入,许多实质问题尚未解决,还存在市场干预过度、治理结构不合理和治理机制不完善等问题。构建现代林业治理体制,加强信息共享机制建设,是中国林业改革的关键路径,在提高经营效能,增强核心竞争力,打破行业垄断,转变政府职能等方面具有重要作用,同时也有利于实现森工企业、市场和政府实现多方共赢。

三、严格遵循林业发展规律

林业建设具有生长周期长、资金周转慢、利润率低、风险高、社会公益性强等特点。中国林业发展要从整体出发,统筹考虑生态、社会、经济等多种因素,全面科学经营森林生态系统。因此,中国林业政策的制定或修改必须遵循林业发展的内在规律,坚持与时俱进,保持开放心态,同国际

---

① 王琪:《我国重点国有林区改革取得阶段性进展》,《国土绿化》2019 年第 1 期。

接轨,在实践中不断检验、改进、完善和创新,以顺应新时代美丽中国建设发展的现实需要。

四、需要加强国有林区治理体制改革的顶层设计

加强顶层设计需要中央政府强力推动促进其发展,变应然方案为实然指导,设计出制度创新的具体路径指向,结合林业演进的内生变量,打破现有体制机制障碍,增加地方政府的执行函数,规范地方权益集团制度创新行为,激励保障民间团体参与影响林业政策的积极性,避免制度创新内耗,降低制度创新的试错成本。另外,要进一步削减政府相应权力,重新划分与利益团体关系,发展混合所有制经济,力求范式彻底转换,从而提高制度变迁效率和林业政策的实施效果,真正实现我国国有林区治理体制的重构。

五、创建一个低交易成本的经济环境

科斯定理认为,只有零交易成本才可能带来最有效的结果。从技术领域角度看,较低的交易成本环境更有助于林业体制变迁和生产流程专业化,有助于林业提高生产力和经济效益。因此,要减少由于体制机制原因,造成的经济、时间和机会等制度性交易成本,为中国林业发展提供一个自由、公平、法治,包容的外部经济环境。

六、坚持和把握国有林区治理体制重构的基本原则

一是须在生态保护优先的前提下,坚持国有林区治理体系和治理能力现代化重要思想,用现代林业和绿色发展的理念引导国有林区治理体制进行路径重构,破解国有林区治理体制变迁的路径依赖。二是须强化

市场在国有林区资源配置中的决定作用,进一步健全市场体制机制和经济政策,加快自然资源及其生态产品的市场定价改革,尊重市场经济规律,让市场发挥决定性作用,建立健全形式多样、绩效导向的生态保护补偿机制,摆脱原有计划经济的束缚。三是国有林区治理体制路径创新,要立足范式转换重构,摒弃传统的统一计划、分级管理的体制机制。四是在新路径的选择上,必须以动态修正机制,矫正路径偏差为目标,使国有林区重构方案符合市场经济要求和林区未来发展方向。

七、发展国有林区混合所有制经济

构建国有林区治理新体制必须以巩固我国的生态安全屏障,完善生态公共服务,有力保障林区民生,提高林业治理能力为主要目标。打破现行体制机制障碍,发展混合所有制经济,重新优化配置国有林区各种资源要素,将国有林区的厂房和机器设备等沉淀成本,通过出租、出售或股份制等形式进行盘活,对于集约化和协作化要求高的要素要进行重聚,在自然资源部国家林业和草原局统一领导下,采取集团化经营方式,彻底解决传统体制机制弊端,充分释放国有林区发展活力,实现国有林区的长期可持续发展。

附 录 1

生态文明体制改革总体方案

为加快建立系统完整的生态文明制度体系,加快推进生态文明建设,增强生态文明体制改革的系统性、整体性、协同性,制定本方案。

一、生态文明体制改革的总体要求

(一)生态文明体制改革的指导思想。全面贯彻党的十八大和十八届二中、三中、四中全会精神,以邓小平理论、"三个代表"重要思想、科学发展观为指导,深入贯彻落实习近平总书记系列重要讲话精神,按照党中央、国务院决策部署,坚持节约资源和保护环境基本国策,坚持节约优先、保护优先、自然恢复为主方针,立足我国社会主义初级阶段的基本国情和新的阶段性特征,以建设美丽中国为目标,以正确处理人与自然关系为核心,以解决生态环境领域突出问题为导向,保障国家生态安全,改善环境质量,提高资源利用效率,推动形成人与自然和谐发展的现代化建设新格局。

(二)生态文明体制改革的理念

树立尊重自然、顺应自然、保护自然的理念,生态文明建设不仅影响经济持续健康发展,也关系政治和社会建设,必须放在突出地位,融入经济建设、政治建设、文化建设、社会建设各方面和全过程。

树立发展和保护相统一的理念,坚持发展是硬道理的战略思想,发展必须是绿色发展、循环发展、低碳发展,平衡好发展和保护的关系,按照主体功能定位控制开发强度,调整空间结构,给子孙后代留下天蓝、地绿、水净的美好家园,实现发展与保护的内在统一、相互促进。

树立绿水青山就是金山银山的理念,清新空气、清洁水源、美丽山川、肥沃土地、生物多样性是人类生存必需的生态环境,坚持发展是第一要务,必须保护森林、草原、河流、湖泊、湿地、海洋等自然生态。

树立自然价值和自然资本的理念,自然生态是有价值的,保护自然就是增值自然价值和自然资本的过程,就是保护和发展生产力,就应得到合理回报和经济补偿。

树立空间均衡的理念,把握人口、经济、资源环境的平衡点推动发展,人口规模、产业结构、增长速度不能超出当地水土资源承载能力和环境容量。

树立山水林田湖是一个生命共同体的理念,按照生态系统的整体性、系统性及其内在规律,统筹考虑自然生态各要素、山上山下、地上地下、陆地海洋以及流域上下游,进行整体保护、系统修复、综合治理,增强生态系统循环能力,维护生态平衡。

(三)生态文明体制改革的原则

坚持正确改革方向,健全市场机制,更好发挥政府的主导和监管作用,发挥企业的积极性和自我约束作用,发挥社会组织和公众的参与和监督作用。

坚持自然资源资产的公有性质,创新产权制度,落实所有权,区分自然资源资产所有者权利和管理者权力,合理划分中央地方事权和监管职责,保障全体人民分享全民所有自然资源资产收益。

坚持城乡环境治理体系统一,继续加强城市环境保护和工业污染防治,加大生态环境保护工作对农村地区的覆盖,建立健全农村环境治理体制机制,加大对农村污染防治设施建设和资金投入力度。

坚持激励和约束并举,既要形成支持绿色发展、循环发展、低碳发展的利益导向机制,又要坚持源头严防、过程严管、损害严惩、责任追究,形成对各类市场主体的有效约束,逐步实现市场化、法治化、制度化。

坚持主动作为和国际合作相结合,加强生态环境保护是我们的自觉行为,同时要深化国际交流和务实合作,充分借鉴国际上的先进技术和体制机制建设有益经验,积极参与全球环境治理,承担并履行好同发展中大国相适应的国际责任。

坚持鼓励试点先行和整体协调推进相结合,在党中央、国务院统一部署下,先易后难、分步推进,成熟一项推出一项。支持各地区根据本方案确定的基本方向,因地制宜,大胆探索、大胆试验。

(四)生态文明体制改革的目标。到 2020 年,构建起由自然资源资产产权制度、国土空间开发保护制度、空间规划体系、资源总量管理和全面节约制度、资源有偿使用和生态补偿制度、环境治理体系、环境治理和生态保护市场体系、生态文明绩效评价考核和责任追究制度等八项制度构成的产权清晰、多元参与、激励约束并重、系统完整的生态文明制度体系,推进生态文明领域国家治理体系和治理能力现代化,努力走向社会主义生态文明新时代。

构建归属清晰、权责明确、监管有效的自然资源资产产权制度,着力解决自然资源所有者不到位、所有权边界模糊等问题。

构建以空间规划为基础、以用途管制为主要手段的国土空间开发保护制度,着力解决因无序开发、过度开发、分散开发导致的优质耕地和生态空间占用过多、生态破坏、环境污染等问题。

构建以空间治理和空间结构优化为主要内容,全国统一、相互衔接、分级管理的空间规划体系,着力解决空间性规划重叠冲突、部门职责交叉重复、地方规划朝令夕改等问题。

构建覆盖全面、科学规范、管理严格的资源总量管理和全面节约制度,着力解决资源使用浪费严重、利用效率不高等问题。

构建反映市场供求和资源稀缺程度、体现自然价值和代际补偿的资源有偿使用和生态补偿制度,着力解决自然资源及其产品价格偏低、生产开发成本低于社会成本、保护生态得不到合理回报等问题。

构建以改善环境质量为导向,监管统一、执法严明、多方参与的环境治理体系,着力解决污染防治能力弱、监管职能交叉、权责不一致、违法成本过低等问题。

构建更多运用经济杠杆进行环境治理和生态保护的市场体系,着力解决市场主体和市场体系发育滞后、社会参与度不高等问题。

构建充分反映资源消耗、环境损害和生态效益的生态文明绩效评价考核和责任追究制度,着力解决发展绩效评价不全面、责任落实不到位、损害责任追究缺失等问题。

二、健全自然资源资产产权制度

(五)建立统一的确权登记系统。坚持资源公有、物权法定,清晰界定全部国土空间各类自然资源资产的产权主体。对水流、森林、山岭、草原、荒地、滩涂等所有自然生态空间统一进行确权登记,逐步划清全民所有和集体所有之间的边界,划清全民所有、不同层级政府行使所有权的边界,划清不同集体所有者的边界。推进确权登记法治化。

(六)建立权责明确的自然资源产权体系。制定权利清单,明确各类自然资源产权主体权利。处理好所有权与使用权的关系,创新自然资源全民所有权和集体所有权的实现形式,除生态功能重要的外,可推动所有权和使用权相分离,明确占有、使用、收益、处分等权利归属关系和权责,适度扩大使用权的出让、转让、出租、抵押、担保、入股等权能。明确国有农场、林场和牧场土地所有者与使用者权能。全面建立覆盖各类全民所有自然资源资产的有偿出让制度,严禁无偿或低价出让。统筹规划,加强自然资源资产交易平台建设。

（七）健全国家自然资源资产管理体制。按照所有者和监管者分开和一件事情由一个部门负责的原则，整合分散的全民所有自然资源资产所有者职责，组建对全民所有的矿藏、水流、森林、山岭、草原、荒地、海域、滩涂等各类自然资源统一行使所有权的机构，负责全民所有自然资源的出让等。

（八）探索建立分级行使所有权的体制。对全民所有的自然资源资产，按照不同资源种类和在生态、经济、国防等方面的重要程度，研究实行中央和地方政府分级代理行使所有权职责的体制，实现效率和公平相统一。分清全民所有中央政府直接行使所有权、全民所有地方政府行使所有权的资源清单和空间范围。中央政府主要对石油天然气、贵重稀有矿产资源、重点国有林区、大江大河大湖和跨境河流、生态功能重要的湿地草原、海域滩涂、珍稀野生动植物种和部分国家公园等直接行使所有权。

（九）开展水流和湿地产权确权试点。探索建立水权制度，开展水域、岸线等水生态空间确权试点，遵循水生态系统性、整体性原则，分清水资源所有权、使用权及使用量。在甘肃、宁夏等地开展湿地产权确权试点。

三、建立国土空间开发保护制度

（十）完善主体功能区制度。统筹国家和省级主体功能区规划，健全基于主体功能区的区域政策，根据城市化地区、农产品主产区、重点生态功能区的不同定位，加快调整完善财政、产业、投资、人口流动、建设用地、资源开发、环境保护等政策。

（十一）健全国土空间用途管制制度。简化自上而下的用地指标控制体系，调整按行政区和用地基数分配指标的做法。将开发强度指标分解到各县级行政区，作为约束性指标，控制建设用地总量。将用途管制扩大到所有自然生态空间，划定并严守生态红线，严禁任意改变用途，防止不合理开发建设活动对生态红线的破坏。完善覆盖全部国土空间的监测系统,动态监测国土空间变化。

(十二)建立国家公园体制。加强对重要生态系统的保护和永续利用,改革各部门分头设置自然保护区、风景名胜区、文化自然遗产、地质公园、森林公园等的体制,对上述保护地进行功能重组,合理界定国家公园范围。国家公园实行更严格保护,除不损害生态系统的原住民生活生产设施改造和自然观光科研教育旅游外,禁止其他开发建设,保护自然生态和自然文化遗产原真性、完整性。加强对国家公园试点的指导,在试点基础上研究制定建立国家公园体制总体方案。构建保护珍稀野生动植物的长效机制。

(十三)完善自然资源监管体制。将分散在各部门的有关用途管制职责,逐步统一到一个部门,统一行使所有国土空间的用途管制职责。

四、建立空间规划体系

(十四)编制空间规划。整合目前各部门分头编制的各类空间性规划,编制统一的空间规划,实现规划全覆盖。空间规划是国家空间发展的指南、可持续发展的空间蓝图,是各类开发建设活动的基本依据。空间规划分为国家、省、市县(设区的市空间规划范围为市辖区)三级。研究建立统一规范的空间规划编制机制。鼓励开展省级空间规划试点。编制京津冀空间规划。

(十五)推进市县"多规合一"。支持市县推进"多规合一",统一编制市县空间规划,逐步形成一个市县一个规划、一张蓝图。市县空间规划要统一土地分类标准,根据主体功能定位和省级空间规划要求,划定生产空间、生活空间、生态空间,明确城镇建设区、工业区、农村居民点等的开发边界,以及耕地、林地、草原、河流、湖泊、湿地等的保护边界,加强对城市地下空间的统筹规划。加强对市县"多规合一"试点的指导,研究制定市县空间规划编制指引和技术规范,形成可复制、能推广的经验。

(十六)创新市县空间规划编制方法。探索规范化的市县空间规划编制程序,扩大社会参与,增强规划的科学性和透明度。鼓励试点地区进行规划编制部门整合,由一个部门负责市县空间规划的编制,可成立由专业人员和有关方面代表组成的规划评议委员会。规划编制前应当进行资源环境承载能力评价,以评价结果作为规划的基本依据。规划编制过程中应当广泛征求各方面意见,全文公布规划草案,充分听取当地居民意见。规划经评议委员会论证通过后,由当地人民代表大会审议通过,并报上级政府部门备案。规划成果应当包括规划文本和较高精度的规划图,并在网络和其他本地媒体公布。鼓励当地居民对规划执行进行监督,对违反规划的开发建设行为进行举报。当地人民代表大会及其常务委员会定期听取空间规划执行情况报告,对当地政府违反规划行为进行问责。

五、完善资源总量管理和全面节约制度

(十七)完善最严格的耕地保护制度和土地节约集约利用制度。完善基本农田保护制度,划定永久基本农田红线,按照面积不减少、质量不下降、用途不改变的要求,将基本农田落地到户、上图入库,实行严格保护,除法律规定的国家重点建设项目选址确实无法避让外,其他任何建设不得占用。加强耕地质量等级评定与监测,强化耕地质量保护与提升建设。完善耕地占补平衡制度,对新增建设用地占用耕地规模实行总量控制,严格实行耕地占一补一、先补后占、占优补优。实施建设用地总量控制和减量化管理,建立节约集约用地激励和约束机制,调整结构,盘活存量,合理安排土地利用年度计划。

(十八)完善最严格的水资源管理制度。按照节水优先、空间均衡、系统治理、两手发力的方针,健全用水总量控制制度,保障水安全。加快制定主要江河流域水量分配方案,加强省级统筹,完善省市县三级取用水

总量控制指标体系。建立健全节约集约用水机制,促进水资源使用结构调整和优化配置。完善规划和建设项目水资源论证制度。主要运用价格和税收手段,逐步建立农业灌溉用水量控制和定额管理、高耗水工业企业计划用水和定额管理制度。在严重缺水地区建立用水定额准入门槛,严格控制高耗水项目建设。加强水产品产地保护和环境修复,控制水产养殖,构建水生动植物保护机制。完善水功能区监督管理,建立促进非常规水源利用制度。

(十九)建立能源消费总量管理和节约制度。坚持节约优先,强化能耗强度控制,健全节能目标责任制和奖励制。进一步完善能源统计制度。健全重点用能单位节能管理制度,探索实行节能自愿承诺机制。完善节能标准体系,及时更新用能产品能效、高耗能行业能耗限额、建筑物能效等标准。合理确定全国能源消费总量目标,并分解落实到省级行政区和重点用能单位。健全节能低碳产品和技术装备推广机制,定期发布技术目录。强化节能评估审查和节能监察。加强对可再生能源发展的扶持,逐步取消对化石能源的普遍性补贴。逐步建立全国碳排放总量控制制度和分解落实机制,建立增加森林、草原、湿地、海洋碳汇的有效机制,加强应对气候变化国际合作。

(二十)建立天然林保护制度。将所有天然林纳入保护范围。建立国家用材林储备制度。逐步推进国有林区政企分开,完善以购买服务为主的国有林场公益林管护机制。完善集体林权制度,稳定承包权,拓展经营权能,健全林权抵押贷款和流转制度。

(二十一)建立草原保护制度。稳定和完善草原承包经营制度,实现草原承包地块、面积、合同、证书"四到户",规范草原经营权流转。实行基本草原保护制度,确保基本草原面积不减少、质量不下降、用途不改变。健全草原生态保护补奖机制,实施禁牧休牧、划区轮牧和草畜平衡等制度。加强对草原征用使用审核审批的监管,严格控制草原非牧使用。

(二十二)建立湿地保护制度。将所有湿地纳入保护范围,禁止擅自征用占用国际重要湿地、国家重要湿地和湿地自然保护区。确定各类湿地功能,规范保护利用行为,建立湿地生态修复机制。

(二十三)建立沙化土地封禁保护制度。将暂不具备治理条件的连片沙化土地划为沙化土地封禁保护区。建立严格保护制度,加强封禁和管护基础设施建设,加强沙化土地治理,增加植被,合理发展沙产业,完善以购买服务为主的管护机制,探索开发与治理结合新机制。

(二十四)健全海洋资源开发保护制度。实施海洋主体功能区制度,确定近海海域海岛主体功能,引导、控制和规范各类用海用岛行为。实行围填海总量控制制度,对围填海面积实行约束性指标管理。建立自然岸线保有率控制制度。完善海洋渔业资源总量管理制度,严格执行休渔禁渔制度,推行近海捕捞限额管理,控制近海和滩涂养殖规模。健全海洋督察制度。

(二十五)健全矿产资源开发利用管理制度。建立矿产资源开发利用水平调查评估制度,加强矿产资源查明登记和有偿计时占用登记管理。建立矿产资源集约开发机制,提高矿区企业集中度,鼓励规模化开发。完善重要矿产资源开采回采率、选矿回收率、综合利用率等国家标准。健全鼓励提高矿产资源利用水平的经济政策。建立矿山企业高效和综合利用信息公示制度,建立矿业权人"黑名单"制度。完善重要矿产资源回收利用的产业化扶持机制。完善矿山地质环境保护和土地复垦制度。

(二十六)完善资源循环利用制度。建立健全资源产出率统计体系。实行生产者责任延伸制度,推动生产者落实废弃产品回收处理等责任。建立种养业废弃物资源化利用制度,实现种养业有机结合、循环发展。加快建立垃圾强制分类制度。制定再生资源回收目录,对复合包装物、电池、农膜等低值废弃物实行强制回收。加快制定资源分类回收利用标准。建立资源再生产品和原料推广使用制度,相关原材料消耗企业要使用一定比例的资源再生产品。完善限制一次性用品使用制度。落实并完善资源综合利用和促进循环经济发展的税收政策。制定循环经济技术目录,实行政府优先采购、贷款贴息等政策。

六、健全资源有偿使用和生态补偿制度

（二十七）加快自然资源及其产品价格改革。按照成本、收益相统一的原则，充分考虑社会可承受能力，建立自然资源开发使用成本评估机制，将资源所有者权益和生态环境损害等纳入自然资源及其产品价格形成机制。加强对自然垄断环节的价格监管，建立定价成本监审制度和价格调整机制，完善价格决策程序和信息公开制度。推进农业水价综合改革，全面实行非居民用水超计划、超定额累进加价制度，全面推行城镇居民用水阶梯价格制度。

（二十八）完善土地有偿使用制度。扩大国有土地有偿使用范围，扩大招拍挂出让比例，减少非公益性用地划拨，国有土地出让收支纳入预算管理。改革完善工业用地供应方式，探索实行弹性出让年限以及长期租赁、先租后让、租让结合供应。完善地价形成机制和评估制度，健全土地等级价体系，理顺与土地相关的出让金、租金和税费关系。建立有效调节工业用地和居住用地合理比价机制，提高工业用地出让地价水平，降低工业用地比例。探索通过土地承包经营、出租等方式，健全国有农用地有偿使用制度。

（二十九）完善矿产资源有偿使用制度。完善矿业权出让制度，建立符合市场经济要求和矿业规律的探矿权采矿权出让方式，原则上实行市场化出让，国有矿产资源出让收支纳入预算管理。理清有偿取得、占用和开采中所有者、投资者、使用者的产权关系，研究建立矿产资源国家权益金制度。调整探矿权采矿权使用费标准、矿产资源最低勘查投入标准。推进实现全国统一的矿业权交易平台建设，加大矿业权出让转让信息公开力度。

（三十）完善海域海岛有偿使用制度。建立海域、无居民海岛使用金

征收标准调整机制。建立健全海域、无居民海岛使用权招拍挂出让制度。

（三十一）加快资源环境税费改革。理顺自然资源及其产品税费关系，明确各自功能，合理确定税收调控范围。加快推进资源税从价计征改革，逐步将资源税扩展到占用各种自然生态空间，在华北部分地区开展地下水征收资源税改革试点。加快推进环境保护税立法。

（三十二）完善生态补偿机制。探索建立多元化补偿机制，逐步增加对重点生态功能区转移支付，完善生态保护成效与资金分配挂钩的激励约束机制。制定横向生态补偿机制办法，以地方补偿为主，中央财政给予支持。鼓励各地区开展生态补偿试点，继续推进新安江水环境补偿试点，推动在京津冀水源涵养区、广西广东九洲江、福建广东汀江—韩江等开展跨地区生态补偿试点，在长江流域水环境敏感地区探索开展流域生态补偿试点。

（三十三）完善生态保护修复资金使用机制。按照山水林田湖系统治理的要求，完善相关资金使用管理办法，整合现有政策和渠道，在深入推进国土江河综合整治的同时，更多用于青藏高原生态屏障、黄土高原—川滇生态屏障、东北森林带、北方防沙带、南方丘陵山地带等国家生态安全屏障的保护修复。

（三十四）建立耕地草原河湖休养生息制度。编制耕地、草原、河湖休养生息规划，调整严重污染和地下水严重超采地区的耕地用途，逐步将25度以上不适宜耕种且有损生态的陡坡地退出基本农田。建立巩固退耕还林还草、退牧还草成果长效机制。开展退田还湖还湿试点，推进长株潭地区土壤重金属污染修复试点、华北地区地下水超采综合治理试点。

七、建立健全环境治理体系

（三十五）完善污染物排放许可制。尽快在全国范围建立统一公平、覆盖所有固定污染源的企业排放许可制，依法核发排污许可证，排污者必须持证排污,禁止无证排污或不按许可证规定排污。

(三十六)建立污染防治区域联动机制。完善京津冀、长三角、珠三角等重点区域大气污染防治联防联控协作机制,其他地方要结合地理特征、污染程度、城市空间分布以及污染物输送规律,建立区域协作机制。在部分地区开展环境保护管理体制创新试点,统一规划、统一标准、统一环评、统一监测、统一执法。开展按流域设置环境监管和行政执法机构试点,构建各流域内相关省级涉水部门参加、多形式的流域水环境保护协作机制和风险预警防控体系。建立陆海统筹的污染防治机制和重点海域污染物排海总量控制制度。完善突发环境事件应急机制,提高与环境风险程度、污染物种类等相匹配的突发环境事件应急处置能力。

(三十七)建立农村环境治理体制机制。建立以绿色生态为导向的农业补贴制度,加快制定和完善相关技术标准和规范,加快推进化肥、农药、农膜减量化以及畜禽养殖废弃物资源化和无害化,鼓励生产使用可降解农膜。完善农作物秸秆综合利用制度。健全化肥农药包装物、农膜回收贮运加工网络。采取财政和村集体补贴、住户付费、社会资本参与的投入运营机制,加强农村污水和垃圾处理等环保设施建设。采取政府购买服务等多种扶持措施,培育发展各种形式的农业面源污染治理、农村污水垃圾处理市场主体。强化县乡两级政府的环境保护职责,加强环境监管能力建设。财政支农资金的使用要统筹考虑增强农业综合生产能力和防治农村污染。

(三十八)健全环境信息公开制度。全面推进大气和水等环境信息公开、排污单位环境信息公开、监管部门环境信息公开,健全建设项目环境影响评价信息公开机制。健全环境新闻发言人制度。引导人民群众树立环保意识,完善公众参与制度,保障人民群众依法有序行使环境监督权。建立环境保护网络举报平台和举报制度,健全举报、听证、舆论监督等制度。

(三十九)严格实行生态环境损害赔偿制度。强化生产者环境保护法律责任,大幅度提高违法成本。健全环境损害赔偿方面的法律制度、评估方法和实施机制,对违反环保法律法规的,依法严惩重罚;对造成生态环境损害的,以损害程度等因素依法确定赔偿额度;对造成严重后果的,依法追究刑事责任。

(四十)完善环境保护管理制度。建立和完善严格监管所有污染物排放的环境保护管理制度,将分散在各部门的环境保护职责调整到一个部门,逐步实行城乡环境保护工作由一个部门进行统一监管和行政执法的体制。有序整合不同领域、不同部门、不同层次的监管力量,建立权威统一的环境执法体制,充实执法队伍,赋予环境执法强制执行的必要条件和手段。完善行政执法和环境司法的衔接机制。

八、健全环境治理和生态保护市场体系

(四十一)培育环境治理和生态保护市场主体。采取鼓励发展节能环保产业的体制机制和政策措施。废止妨碍形成全国统一市场和公平竞争的规定和做法,鼓励各类投资进入环保市场。能由政府和社会资本合作开展的环境治理和生态保护事务,都可以吸引社会资本参与建设和运营。通过政府购买服务等方式,加大对环境污染第三方治理的支持力度。加快推进污水垃圾处理设施运营管理单位向独立核算、自主经营的企业转变。组建或改组设立国有资本投资运营公司,推动国有资本加大对环境治理和生态保护等方面的投入。支持生态环境保护领域国有企业实行混合所有制改革。

(四十二)推行用能权和碳排放权交易制度。结合重点用能单位节能行动和新建项目能评审查,开展项目节能量交易,并逐步改为基于能源消费总量管理下的用能权交易。建立用能权交易系统、测量与核准体系。推广合同能源管理。深化碳排放权交易试点,逐步建立全国碳排放权交易市场,研究制定全国碳排放权交易总量设定与配额分配方案。完善碳

交易注册登记系统,建立碳排放权交易市场监管体系。

(四十三)推行排污权交易制度。在企业排污总量控制制度基础上,尽快完善初始排污权核定,扩大涵盖的污染物覆盖面。在现行以行政区为单元层层分解机制基础上,根据行业先进排污水平,逐步强化以企业为单元进行总量控制、通过排污权交易获得减排收益的机制。在重点流域和大气污染重点区域,合理推进跨行政区排污权交易。扩大排污权有偿使用和交易试点,将更多条件成熟地区纳入试点。加强排污权交易平台建设。制定排污权核定、使用费收取使用和交易价格等规定。

(四十四)推行水权交易制度。结合水生态补偿机制的建立健全,合理界定和分配水权,探索地区间、流域间、流域上下游、行业间、用水户间等水权交易方式。研究制定水权交易管理办法,明确可交易水权的范围和类型、交易主体和期限、交易价格形成机制、交易平台运作规则等。开展水权交易平台建设。

(四十五)建立绿色金融体系。推广绿色信贷,研究采取财政贴息等方式加大扶持力度,鼓励各类金融机构加大绿色信贷的发放力度,明确贷款人的尽职免责要求和环境保护法律责任。加强资本市场相关制度建设,研究设立绿色股票指数和发展相关投资产品,研究银行和企业发行绿色债券,鼓励对绿色信贷资产实行证券化。支持设立各类绿色发展基金,实行市场化运作。建立上市公司环保信息强制性披露机制。完善对节能低碳、生态环保项目的各类担保机制,加大风险补偿力度。在环境高风险领域建立环境污染强制责任保险制度。建立绿色评级体系以及公益性的环境成本核算和影响评估体系。积极推动绿色金融领域各类国际合作。

(四十六)建立统一的绿色产品体系。将目前分头设立的环保、节能、节水、循环、低碳、再生、有机等产品统一整合为绿色产品,建立统一的绿色产品标准、认证、标识等体系。完善对绿色产品研发生产、运输配送、购买使用的财税金融支持和政府采购等政策。

九、完善生态文明绩效评价考核和责任追究制度

(四十七)建立生态文明目标体系。研究制定可操作、可视化的绿色发展指标体系。制定生态文明建设目标评价考核办法,把资源消耗、环境损害、生态效益纳入经济社会发展评价体系。根据不同区域主体功能定位,实行差异化绩效评价考核。

(四十八)建立资源环境承载能力监测预警机制。研究制定资源环境承载能力监测预警指标体系和技术方法,建立资源环境监测预警数据库和信息技术平台,定期编制资源环境承载能力监测预警报告,对资源消耗和环境容量超过或接近承载能力的地区,实行预警提醒和限制性措施。

(四十九)探索编制自然资源资产负债表。制定自然资源资产负债表编制指南,构建水资源、土地资源、森林资源等的资产和负债核算方法,建立实物量核算账户,明确分类标准和统计规范,定期评估自然资源资产变化状况。在市县层面开展自然资源资产负债表编制试点,核算主要自然资源实物量账户并公布核算结果。

(五十)对领导干部实行自然资源资产离任审计。在编制自然资源资产负债表和合理考虑客观自然因素基础上,积极探索领导干部自然资源资产离任审计的目标、内容、方法和评价指标体系。以领导干部任期内辖区自然资源资产变化状况为基础,通过审计,客观评价领导干部履行自然资源资产管理责任情况,依法界定领导干部应当承担的责任,加强审计结果运用。在内蒙古呼伦贝尔市、浙江湖州市、湖南娄底市、贵州赤水市、陕西延安市开展自然资源资产负债表编制试点和领导干部自然资源资产离任审计试点。

(五十一)建立生态环境损害责任终身追究制。实行地方党委和政府领导成员生态文明建设一岗双责制。以自然资源资产离任审计结果和生态环境损害情况为依据,明确对地方党委和政府领导班子主要负责人、

有关领导人员、部门负责人的追责情形和认定程序。区分情节轻重，对造成生态环境损害的，予以诫勉、责令公开道歉、组织处理或党纪政纪处分，对构成犯罪的依法追究刑事责任。对领导干部离任后出现重大生态环境损害并认定其需要承担责任的，实行终身追责。建立国家环境保护督察制度。

十、生态文明体制改革的实施保障

（五十二）加强对生态文明体制改革的领导。各地区各部门要认真学习领会中央关于生态文明建设和体制改革的精神，深刻认识生态文明体制改革的重大意义，增强责任感、使命感、紧迫感，认真贯彻党中央、国务院决策部署，确保本方案确定的各项改革任务加快落实。各有关部门要按照本方案要求抓紧制定单项改革方案，明确责任主体和时间进度，密切协调配合，形成改革合力。

（五十三）积极开展试点试验。充分发挥中央和地方两个积极性，鼓励各地区按照本方案的改革方向，从本地实际出发，以解决突出生态环境问题为重点，发挥主动性，积极探索和推动生态文明体制改革，其中需要法律授权的按法定程序办理。将各部门自行开展的综合性生态文明试点统一为国家试点试验，各部门要根据各自职责予以指导和推动。

（五十四）完善法律法规。制定完善自然资源资产产权、国土空间开发保护、国家公园、空间规划、海洋、应对气候变化、耕地质量保护、节水和地下水管理、草原保护、湿地保护、排污许可、生态环境损害赔偿等方面的法律法规，为生态文明体制改革提供法治保障。

（五十五）加强舆论引导。面向国内外，加大生态文明建设和体制改革宣传力度，统筹安排、正确解读生态文明各项制度的内涵和改革方向，培育普及生态文化，提高生态文明意识，倡导绿色生活方式，形成崇尚生态文明、推进生态文明建设和体制改革的良好氛围。

（五十六）加强督促落实。中央全面深化改革领导小组办公室、经济体制和生态文明体制改革专项小组要加强统筹协调，对本方案落实情况进行跟踪分析和督促检查，正确解读和及时解决实施中遇到的问题，重大问题要及时向党中央、国务院请示报告。

附 录 2

大小兴安岭林区生态保护与
经济转型规划（2010—2020 年）

（二〇一〇年十二月）

大小兴安岭林区是祖国北方重要生态屏障,保护着东北黑土地不受风沙的侵蚀,在国家生态建设全局中具有特殊重要地位。由于多年的高强度采伐,大小兴安岭森林资源破坏严重,采伐抚育失调。为切实加强林区生态保护,转变林区发展方式,从以生产木材为主向以保护生态为主转变,着力改善民生,走出一条在保护中发展、在发展中保护的林区可持续发展之路,依据《国务院关于进一步实施东北地区等老工业基地振兴战略的若干意见》(国发〔2009〕33 号),制定本规划。

规划范围:大小兴安岭林区的 50 个县(市、旗、区),其中,黑龙江省 39 个县(市、区),内蒙古自治区 11 个旗(市、区)。规划区国土总面积 43 万平方公里,总人口 818 万人,林业职工 55 万人。(详见附图、附表)

规划期为 2010—2020 年。

一、生态屏障地位和面临问题

大小兴安岭林区是我国面积最大、纬度最高、国有林最集中、生态地位最重要的森林生态功能区和木材资源战略储备基地,在维护国家生态安全、应对气候变化、保障国家长远木材供给等方面具有不可替代的作用。60 年来,林区累计生产木材 10.5 亿立方米,上缴利税 290 亿元,为国家经济建设做出了巨大贡献。长期的高强度开发,导致林区生态功能退化、可采林木资源锐减、林区民生困难、经济社会发展滞缓等矛盾和问题凸显,迫切需要从建设生态文明和全面小康社会的战略全局高度来推动解决。

（一）　生态屏障地位极其重要

——是我国维护生态安全的重要屏障。大小兴安岭抵御着西伯利亚寒流和蒙古高原旱风的侵袭,使来自东南方的太平洋暖湿气流在此涡旋,具有调节气候、保持水土的重要功能,为东北平原、华北平原营造了适宜的农牧业生产环境,庇护了全国 1/10 以上的耕地和最大的草原。大小兴安岭林区是嫩江、黑龙江水系及其主要支流的重要源头和水源涵养区,为中下游地区提供了宝贵的工农业生产和生活用水,大大降低了旱涝灾害发生几率。大小兴安岭具有森林、草原、湿地等多样的生态系统,适生着各类野生植物近千种、野生动物 300 多种,是我国保护生物多样性的重点地区,在国家生态保护总体战略中具有特殊地位。

——是我国应对气候变化的重要支撑区。大小兴安岭林区森林覆盖率高,有林地所占比例大,活立木蓄积量大,是我国重要的碳汇区,在吸收二氧化碳、减缓气候变暖方面具有重要作用。保护大小兴安岭林区生态、增加碳汇,对于我国积极应对全球气候变化,践行与发展水平相适应的国际义务,赢得更大发展空间,树立负责任大国形象显得尤为重要。

——是我国储备木材资源的战略基地。我国经济社会发展对木材需求量不断增加,立足现有林地面积解决木材后备资源问题已成为紧迫而重大的战略任务。在我国各大林区中,大小兴安岭林区面积最大、地形地势相对平坦、人口相对较少、木材材质好,最适宜建设成为国家木材资源战略储备基地,对维护国家长远木材安全具有重大意义。

（二）面临问题十分突出

——生态系统破坏严重,自然灾害频繁发生。与开发初期相比,大小兴安岭林区林缘向北退缩了 100 多公里,湿地面积减少了一半以上,多年冻土退缩,土壤侵蚀加剧,地表径流时间缩短,水土流失严重,局部地区沙化加剧,洪涝、干旱、森林火灾和病虫等自然灾害频发,生态功能严重退化。

——可采资源难以为继,森林质量大幅下降。黑龙江省的大兴安岭地区,可采成过熟林资源由开发初期的 4.6 亿立方米下降到 2008 年的 0.21 亿立方米,已经到了无木可采的地步。森林龄组结构严重失衡,黑龙江国有林区幼中龄林占 85%,单位面积蓄积量下降 50% 以上。但为维持林区财政收入和职工最基本的生存需要,部分正处于生长旺盛期的中龄林也被列入采伐指标,涸泽而渔式的采伐再不停止,大小兴安岭林区将会名存实亡。

——产业结构极其单一,经济发展严重滞后。长期以来,林区经济是典型的"木头财政",接续替代产业发展缓慢,且多数起点低、规模小。当前黑龙江大小兴安岭林区主营收入的 60% 仍然来自木材销售,对木材的依存度依然很高。随着可采资源的逐步枯竭,传统林业经济逐渐萎缩,林区经济发展陷入困境。

——林区职工生活困苦,民生问题十分突出。由于可采资源锐减,林区经济发展滞缓,就业形势严峻,职工生活困难。林业职工年平均收入不足所在省(区)城镇职工平均收入的 50%。在长期计划经济体制下,林区自办社会,居民居住条件极其简陋,棚户区面积近 1800 万平方米。相当一部分职工仍然居住在开发初期建设的"板夹泥"危旧房中。

——基础设施建设滞后,生产生活极为不便。林区开发初期执行"边生产、边建设"、"先生产、后生活"的方针,基础设施靠林区自己办社会建设,投入较少。更因林区发展相对独立封闭,基础设施建设投入长期依靠森工企业,致使基础设施和公共服务设施严重滞后,林区路网密度小、等级低,弃养路、断头路多,林区电网孤立落后,部分林场(所)尚未通电,大多数林场(所)没有安全供水设施。

——体制机制矛盾凸显,发展活力明显不足。大小兴安岭林区政企不分问题十分突出,林区政府机构和职能不健全,大部分森工企业仍承担教育、卫生和公、检、法等社会服务职能,企业办社会负担沉重。资源管理权和经营权不清,森工企业既是森林资源的管理者,又是森林资源的经营者,对森林资源经营管理无法形成有效的监督。

国家实施"天保"工程以来,大小兴安岭林区"资源危机、经济危困"的状况有所缓解。但林区生态保护、经济转型和民生改善的任务仍然十分艰巨,需要长期坚持不懈地努力。实施东北地区等老工业基地振兴战略以来,林区已成为最薄弱的一个领域。因此,推动大小兴安岭林区生态保护与经济转型,对确保我国生态安全,加快林区全面建设小康社会步伐和振兴东北老工业基地,具有重大意义。

二、指导思想、原则与目标

(一)指导思想

以邓小平理论和"三个代表"重要思想为指导,全面贯彻落实科学发展观,坚持以生态建设为主的林业发展战略,以增强生态功能、提高生态效益为基本目标,统筹林区生态保护、经济转型、改革开放与民生改善。加强林区生态修复与保护,加快转变经济发展方式,努力推进体制改革和对外开放,着力提高基本公共服务水平,促进林区全面协调可持续发展。

(二)基本原则

生态主导,保护优先。把保护与修复林区生态系统作为首要任务,严格控制森林资源采伐强度,逐步停止主伐,加强森林经营,强化森林管护,提升森林质量。严格限制林区矿产资源开发。

合理布局,集聚发展。将林业局场布局调整、小城镇建设、产业发展、基础设施改善、棚户区改造有机结合,逐步形成点状开发,集聚发展的空间开发新格局。

以人为本,改善民生。着力解决林区群众最关心、最迫切、最现实的民生问题,努力促进就业,增加居民收入,完善社会保障体系,提高基本公共服务水平,改善林区生产生活条件。

改革先行,增强活力。以林区行政管理体制改革和资源管理体制改革为突破口,实现政、事、企分开,破除制约林区发展的体制机制障碍,为林区生态保护和经济转型提供制度保障。

（三）规划目标

到 2020 年,林区森林生态功能大幅提升,生态主导型经济体系基本建立,居民收入和公共服务水平显著提高,大小兴安岭林区成为生态环境优良、产业特色鲜明、社会文明和谐、人民生活富裕的社会主义新林区。

生态保护:森林面积比 2009 年增加 170 万公顷,森林覆盖率提高 4 个百分点,林木蓄积量增加 4 亿立方米,占全国新增林木蓄积量的 30% 以上。

经济发展:经济发展方式明显转变,非传统木材生产增加值占地区生产总值比重上升到 80%,人均地区生产总值达到 30000 元以上。

社会发展:城镇居民人均可支配收入和农村居民人均纯收入分别达到 25000 元和 10000 元以上。城镇登记失业率控制在 4% 以内,林业职工社会保障覆盖率达到 100%,集中供暖比例达到 85% 以上,饮用水达标率 100%。

表1　大小兴安岭林区生态保护与经济转型目标规划表

指标	单位	2009 年	2020 年
一、生态保护目标			
1. 森林面积	万公顷	2838	3010
2. 森林覆盖率	%	66	70

指标	单位	2009 年	2020 年
3. 活立木蓄积量	万立方米	212000	252000
4. 郁闭度 0.4 以上林分面积占森林面积比例	%	88	93
5. 单位有林地蓄积	立方米/公顷	81	94
6. 自然保护区面积	万公顷	722	775
二、经济发展目标			
1. 人均地区生产总值	元	18000	30000
2. 三产比例	%	38：34：28	24：35：41
3. 非传统木材生产增加值所占比重	%	60	80
三、社会发展目标			
1. 城镇居民人均可支配收入	元	11000	25000
2. 农村居民人均纯收入	元	5000	10000
3. 城镇登记失业率	%	10	4
4. 集中采暖户数比例	%	35	85
5. 安全饮水达标率	%	66	100

三、加强林区生态保护与建设

按照保护优先、分类经营的原则,通过人工造林、封山育林、森林经营、湿地恢复等措施,对森林生态系统、湿地生态系统实行全面、全方位保护,提高生态功能,促进林区生态持续好转。

（一）调减森林采伐量

从 2011 年起,结合编制森林采伐限额,大幅度调减木材产量,使木材产量稳定在资源能够承载的范围内。可采资源基本枯竭的黑龙江大小兴安岭林区要全面停止主伐;内蒙古大兴安岭林区要大幅调减采伐量,逐步停止天然林主伐。

表2　木材产量调减方案

	木材产量（万立方米）		调减比例（%）
	2009 年	2011 年	
黑龙江大兴安岭林管局	149	72	52
黑龙江森工总局伊春林管局	136	36	74
黑龙江森工总局八个林业局	99	23	77
黑龙江地方国有林业局	63	37	41
内蒙古大兴安岭森工集团	230	110	52
内蒙古地方国有林业局	43	17	60

（二）　实行森林分类经营

按照《国家级公益林区划界定办法》在大小兴安岭林区进行补充区划界定。国家级公益林,要以发挥生态效益为核心,落实专人管护,优先安排营造林任务,全面禁止商品性采伐,林地内禁止矿产资源勘探与开发,尽快实现休养生息。商品林,要在保障生态功能的基础上,科学合理地进行经营,有效发挥经济效益。公益林和商品林中的天然林均不得皆伐。

（三）　强化森林管护与保护

实行森林资源管护全覆盖,根据管护面积、管护难易程度,明确管护标准,合理确定管护人员数量,建立健全管护队伍。对每个管护人员,要明确管护范围、对象、目标、任务和职责,完善管护制度。对交通不便,人员活动稀少的远山区,以封禁管护为主,将分散的林区居民相对集中,减少人的活动对森林的破坏。对人口相对稠密,交通便利的林农交错区、近山区,以巡护管护为主。在林区各主要出入口,要设置护林哨卡、远程监控等设施,加快改善管护条件。完善预防、扑救、保障三大体系,提升森林防火水平和应急能力,保障森林资源安全。健全监测预警体系、检疫检查体系和控灾减灾体系,强化森林病虫害防治工作。

（四）　加快森林资源培育

大力开展植树造林,以火烧迹地、采伐迹地、疏林地、宜林荒山荒地等为重点,采取人工造林、人工促进天然更新等措施,恢复和发展森林植被。加强森林经营,积极开展中幼龄林抚育,对郁闭度 0.8 以上的过密林分进行疏伐,对郁闭度 0.5 以下的稀疏林分进行补植,对林相残破或病虫害严重、林分生长发育差、无培养前途的低质低效林进行改造,调整林分林龄结构、树种结构、林层结构,增加林分生长量,提高林分质量。到 2020 年,完成人工造林 138 万公顷,中幼林抚育 889 万公顷。

专栏 1　森林资源培育任务

黑龙江大小兴安岭林区:完成人工造林 69 万公顷,封山育林 350 万公顷,中幼林抚育 484 万公顷,森林改建培育 190 万公顷,改造低质低效林 376 万公顷,改培优质大径材商品林 78 万公顷。

内蒙古大兴安岭林区:完成人工造林 69 万公顷,封山育林 103 万公顷,中幼林抚育 405 万公顷,补植 182 万公顷,改造低质低效林 44 万公顷,改培优质大径材商品林 60 万公顷。

（五）加强自然保护区和湿地的保护与建设

加强自然保护区保护管理设施建设,提高保护管理能力和水平。构建布局合理、类型齐全、功能完善的自然保护区体系,重点建设寒温带针叶林生态系统和温带红松针阔混交林生态系统、森林湿地生态系统,以及珍稀濒危野生生物类型、地质遗迹类型的自然保护区。建立一批集生态环境监测、野生动物救护、鸟类环志、科学研究等为一体的多功能保护区。研究推动具备条件的自然保护区升级为国家级自然保护区。

构建由湿地、湿地自然保护区和生态廊道组成的湿地及其生物多样性保护体系,加强界江界河以及湿地生物多样性保护,恢复湿地植被和湿地生态系统,充分发挥湿地的多种效益。积极支持五大连池国家级自然保护区申报世界自然遗产。开展冻土带调查与研究,合理保护与开发冻土带资源。

专栏 2　重点自然保护区建设

黑龙江大小兴安岭林区:新增国家级保护区面积 114 万公顷,国家级保护区面积达到 218 万公顷;新建省级自然保护区 22 个,新增省级保护区面积 103 万公顷。到 2020 年,国家级、省级、地区级自然保护区总数达到 62 个,其中:国家级 23 个,省级 39 个。保护区总面积 393 万公顷,占黑龙江大小兴安岭林区面积的 18%。

内蒙古大兴安岭林区:到 2020 年,国家级自然保护区达到 20 个、自治区(部)级 8 个。保护区总面积 210 万公顷,占内蒙古大兴安岭林区面积的 11%。

(六) 开展环境综合治理

加强水土流失综合治理,构建以小流域为单元的水土流失治理和动态监测体系,依法防止新的人为水土流失。在大小兴安岭南坡等水土流失严重地区,采取生物措施与工程措施相结合的治理方式,建设堤、坝、涵洞等水土保持设施,在斜坡、丘顶营造防护林,在江、河、沟塘岸边营造护岸林,在农区积极改造坡耕地、大力营造农田防护林,控制水土流失,恢复植被和生态系统。建立水土保持监测与信息系统,提高林区水土流失动态监测和管理能力。加大矿区生态综合治理,积极开展沙金过采区及废弃地的生态环境修复与整治。

(七) 加强森林生态功能区保护和建设

对于规划范围内的森林生态功能区,按照国家对主体功能区的要求,控制人口规模,引导人口向中心城镇集聚。坚持"保护优先、适度开发、点状发展"，重点依托园区、交通干线规模化、集约化发展特色产业。禁止无序采矿，严格限制发展矿产加工业。

专栏3　大小兴安岭森林生态功能区范围

黑龙江省：北安市、逊克县、伊春市市辖区、铁力市、通河县、庆安县、绥棱县、呼玛县、塔河县、漠河县、加格达奇区、松岭区、新林区、呼中区、嘉荫县、孙吴县、黑河市市区（瑷珲区）、嫩江县、五大连池市。

内蒙古自治区：牙克石市、根河市、额尔古纳市、鄂伦春自治旗、阿尔山市、阿荣旗、莫力达瓦达斡尔族自治旗。

四、优化林区局场和城镇布局

综合考虑林区局场、人口分布现状和局场职能转变等因素，以减轻林区生态环境压力、改善人民生产生活条件为目标，科学合理调整林区局场和城镇布局，撤并部分局场，加快小城镇建设，促进林区人口集聚。

（一）调整林区局场布局

按照有利于森林资源的保护和管理、有利于林区人民的生产生活、有利于集中建设基础设施、有利于中小城镇发展的原则，充分考虑林区局场管理范围的历史沿革、自然界线、地形地势和道路交通特点，突出林区局场森林资源保护和管理职能，根据实际情况，科学有序地实施林区局场调整。

辖区内无作业任务或地处偏远深山的林业局、林场要坚决撤并；经营面积小于20万公顷、有林地面积小于10万公顷，林业局之间距离不足20公里的林业局，原则上要撤并整合；每个林业局保留5—8个林场，对于辖区范围超过40万公顷的林业局根据实际情况，可适当增加1—2个林场。到2020年,在现有基础上撤并林场290个,其中黑龙江省230个,内蒙古自治区60个。林区局场调整工作由地方政府负总责,鼓励结合林区行政管理体制改革,选择适当地区先行试点,积极稳妥加以推进。调整后的林业局、林场要与林区小城镇建设紧密结合、相互促进,努力实现基础设施和公共服务的资源共享和高效利用,进一步提升林区城镇化水平。

(二) 优化林区城镇布局

完善林区中心城市的职能,发挥中心城市在林区经济转型中的引领作用,加快建设一批小城市和重点镇,引导林区局场和人口向中小城市和重点镇集聚。

提升林区四个中心城市功能。完善加格达奇、伊春、黑河、呼伦贝尔(海拉尔)等城市的政治、经济、文化、交通、对外合作等功能,构筑林区产业转型载体和园区建设的平台,生态保护和森林资源管理的中心,对外经济联系和文化交流的窗口,辐射和带动林区经济和社会发展的区域性中心城市。依托中心城市,积极探索林区体制改革、对外开放、区域合作的新模式,促进林区人口、产业集聚发展,改善林区生产生活环境。

专栏4 中心城市的发展方向

加格达奇:大兴安岭岭东的重要交通枢纽和商贸物流中心、旅游中心城市,重点发展生态休闲旅游、林木产品精深加工、绿色食品加工、物流等产业。

伊春:小兴安岭林区旅游中心城市,重点发展木材精深加工、森林生态旅游、绿色食品、清洁能源等产业。

黑河:中俄经贸合作中心城市和重要口岸,重点发展绿色食品加工、边境旅游、能源、原材料、物流等产业。

呼伦贝尔(海拉尔):大兴安岭岭西的旅游中心城市、主要交通枢纽和商贸物流中心,重点发展旅游、能源、化工、农畜产品加工等产业。

重点扶持一批小城市加快发展。选择若干个人口较多、产业基础较好、区位有利、交通便利的小城市(县级),建设成为发展特色产业的重点集聚区,社会、文化和教育等功能的集中地,林区人口安置的重要集聚区。

专栏5　重点扶持发展的12个小城市

漠河:边境旅游城市,以"北极村"、黑龙江源头和边境为依托,重点发展生态旅游业、特色农产品加工业、林木产品精深加工业、对俄经贸物流业。

塔河:森工城市、森林保护教育基地,重点发展林木产品精深加工业、生物质能源、物流业。

呼中:生态旅游城市,重点发展度假旅游业、野生浆果加工业。

铁力:森工城市,重点发展生态旅游、生物制药、绿色食品、林木制品精深加工业。

嫩江:交通节点城市,重点发展绿色食品加工、农副产品加工、物流业。

五大连池:生态旅游城市,重点发展旅游休闲业、绿色农产品加工业、矿泉水。

北安:交通节点城市,重点发展商贸业、大宗农畜产品物流业、农畜产品深加工业。

阿尔山:旅游度假城市,对蒙开放的重要通道,重点发展温泉冰雪特色旅游业、物流业。

牙克石:森工城市,重点发展绿色食品加工业、林木精深加工业、生物制药业、生态冰雪旅游业。

根河:森工城市、旅游新城,重点发展木材精深加工、生态旅游、绿色食品加工等产业。

扎兰屯:旅游城市,重点发展旅游业、农畜产品加工业、商贸物流业。

额尔古纳:口岸城市,重点发展生态旅游。

大力推进林区重点镇建设。结合林场调整,每个县(旗、区)重点培育和扶持1—2个重点镇,建设成为林区移民的安置点、特色产业发展集中点、旅游客流的集散点、基本生活服务的集聚地。

专栏6　重点扶持发展的70个重点镇

综合型:呼玛镇、新林镇、呼中镇、奇克镇、孙吴镇、庆安镇、绥棱镇、通河镇、免渡河镇、乌尔其汉镇、阿里河镇、那吉镇、霍尔奇镇、尼尔基镇、红彦镇、巴彦托海镇、巴雁镇、晨明镇、铁力镇、五岔沟镇、科尔沁镇、多宝山镇、罕达汽镇

旅游型:碧水镇、呼源镇、古莲镇、龙镇、四海店镇、满归镇、阿龙山镇、柴河镇、图里河镇、甘河镇、莫尔道嘎镇、白狼镇、桃山镇、朗乡镇

边贸型:韩家园镇、名山镇、黑山头镇、室韦镇、天池镇、乌云镇、乌拉嘎镇、朝阳镇、车陆镇

交通型:翠岗镇、劲涛镇、盘古镇、古源镇、科洛镇、西岗子镇、通北镇、双丰镇

商贸型:图强镇、塔源镇、壮志镇、辰清镇、双山镇、赵光镇、双泉镇、平安镇、金河镇、蘑菇气镇、大杨树镇、亚东镇、塔温敖宝镇、成吉思汗镇、浩良河镇、劲松镇

五、加快林区产业转型升级

坚持以经济转型促进生态保护,加快转变经济发展方式,大力调整产业结构。充分发挥林区自然资源禀赋好、生态环境优良、劳动力资源丰富的优势,积极发展绿色、生态和大量吸纳就业的产业,构筑以生态为主导

的现代林区绿色产业体系,实现由林业经济向林区经济转型。

（一）全面提升优势产业

大力发展绿色食品产业。充分利用林上和林下资源,按照规模化、集约化、绿色化的发展方向,积极吸纳林区人口转移和劳动力就业,把林区建设成为我国北方绿色生态食品、特色畜禽产品生产和加工基地。扶持发展食用菌产业和特色山野菜产业;合理保护和开发野生林产品资源,提高蓝莓等野生浆果产业化水平;积极发展以有机大豆为主的特色种植业,建设全国脱毒马铃薯繁种基地和无公害大豆等生产基地;发展貂、狐等珍贵皮毛动物和鹿、林蛙等特种经济动物养殖业,建设林区特色珍稀动物养殖基地。

专栏7 重点扶持的绿色生态产业基地

有机食用菌种植基地:在大兴安岭地区、伊春、黑河市、呼伦贝尔市、阿尔山市和科尔沁右翼前旗建设以有机黑木耳、蘑菇等为主的食用菌种植基地。

野生蓝莓、红豆产地保护基地:在大兴安岭地区、伊春、呼伦贝尔市和瑷珲建设野生蓝莓、红豆产地保护基地。

特色山野菜生产和加工基地:在扎兰屯、牙克石、阿荣旗、阿尔山、伊春、黑河等地建设蕨菜、黄花菜、金针菜、卜留克等特色山野菜产品生产和加工基地。

优质马铃薯育种基地:在黑河、大兴安岭地区、呼伦贝尔市和科尔沁右翼前旗建设全国优质马铃薯育种基地。

高纬寒地特色浆果基地:在黑河建设欧洲花楸、俄罗斯无刺大果沙棘、穗醋栗等基地。

野生动物养殖基地:在鄂伦春自治旗、额尔古纳市、鄂温克旗、新林区、黑河市等地建设鹿、野猪、狐、貂等标准化养殖基地。

做优林木深加工产业。坚持森林资源保护与利用的有机结合,以市场需求为导向,培育壮大科技含量高、附加值高、资源利用率高的林木精深加工产业。积极发展循环经济,提高采伐、造材、加工剩余物及废旧木质材料的综合利用水平,实现林木资源的多环节加工增值。延长林木加工产业链条,在林区形成初级产品、中端产品和高端产品各有侧重的产业链。在黑河、加格达奇、伊春、海拉尔、牙克石、根河、扎兰屯等地,扶持若干家具有较强市场竞争力和品牌优势的大型木材精深加工企业,提高产品加工度和档次。支持原料林基地建设,以解决木材采伐量大幅度调减后原料缺口问题。

积极发展林区商贸服务业。适应林区经济转型和社会发展需要,依托中心城市、小城市和重点镇,构建全方位、多层次、便捷的商贸物流网络体系。提高加格达奇、黑河、海拉尔、伊春、牙克石市等城市中转物流设施能力。在黑河、漠河、阿尔山、额尔古纳等口岸城市,形成集转口、过境、加工贸易、货物集散、国际商务为一体的口岸物流中心。围绕林区特色产品,构建大型跨区域绿色食品交易市场、毛皮交易市场、北药产品集散市场、木材精加工产品和苗木交易市场,提升集聚辐射能力,形成全国林特产品集散基地。进一步提升批发零售经销模式,培育壮大连锁经营、统一配送、电子商务等现代化经营模式。大力推进超市、便利店、专卖店、大卖场等新型业态向中小城镇延伸。加大物流基础设施建设力度,培育若干个集运输、仓储、检验、包装等功能于一体的综合型物流企业。

(二)积极培育新兴产业

壮大生态文化旅游业。突出森林、湿地、草原和冰雪等林区特色旅游资源,加大区域合作,构建区域旅游联盟,共同开发精品旅游线路,完善景区景点和旅游基础设施,打造国内外知名的生态旅游目的地,建设避暑、度假、康体和健身等休闲旅游胜地。挖掘狩猎部落、民族文化、文化遗址、民俗风情等民族和民俗文化旅游资源,建设北方多民族、多文化生活体验基地。围绕中俄、中蒙边境景观、异域风情、界河等资源,发展边境旅游,建设边境观光基地。重点建设一批旅游小城镇,开发一批以乡村度假为特色的乡村旅游项目。加大区域旅游通道、重点旅游景区景点的道路建设,提高旅游中心城镇与景区、景点的通达水平。加快建设不同档次的星级宾馆、绿色环保酒店、经济型酒店和家庭旅馆等,提高游客接待能力和服务水平。

扶持发展北药产业。充分利用林区"绿色药库"资源优势,重点发展刺五加、五味子、防风、龙胆草和鹿、蜂等北方林区独具特色中药材的标准化种植和养殖,扩大规模,加大野生道地药材保护力度,建设北药特色原料供应基地。加强自主创新和产品研发,积极与国内知名中药企业和科研院所开展技术合作,实现北药生产技术现代化、质量标准化、产品规模化和品牌化,提升北药的精深加工水平,推动产品结构升级,建设现代化的北药生产加工基地。

培育发展清洁能源产业。因地制宜发展生物质能、风能和太阳能等新能源,切实提高清洁能源在林区能源生产和消费结构中的比重,解决林区替代能源的问题。鼓励企业利用林业抚育剩余物、养殖业废弃物、林区灌木、秸秆、木材加工中产生的废弃物等发展生物质能源。在伊春、黑河、大兴安岭、鹤岗、萝北、海拉尔、牙克石、鄂温克旗、科尔沁右翼前旗等具备条件的地方建设若干个中小型风电场或分布式能源系统。在偏远地区采用电网延伸、风能与太阳能互补发电等方式,解决生产和居民生活用电问题。

(三) 控制发展与生态保护相冲突的产业

在自然保护区、森林公园、风景名胜区、地质遗迹保护区(地质公园)依法限制或者禁止开展矿产资源勘查开发活动。在生态功能区内发展矿产采掘业,要加强环境保护,提高区内矿山企业采选技术准入条件,强化土地复垦和环境整治义务。已经进行开采和深加工的企业,要积极应用新工艺和高新技术,提高资源综合利用和环保水平,实行清洁生产。今后矿产资源加工项目必须依托现有接替产业集聚区建设。

严格限制在林区发展对生态和环境影响大的产业,尤其是高污染、高耗能的重化工业的发展。淘汰关闭技术落后、污染严重、无后备资源的矿山开采和加工企业,逐步减少矿山的数量。禁止新建对生态环境产生不可恢复破坏性影响的矿产资源开采项目。

（四）优化林区产业布局

发挥各城镇及区域的产业基础和比较优势,建设各具特色的产业园区和产业集聚区,引导林区产业向各城镇和园区集聚。特色产业的精深加工、商贸、物流、信息、对外合作、旅游服务中心等主要在中心城市发展;中间产品加工、绿色农林产品加工业、特色商品的集散、旅游服务节点等要向小城市集聚;产业链初端环节、原材料供应、商贸集市要向重点镇集聚。积极推动林区基础条件好、符合相关规定的开发区和工业园区扩区或升级为国家级开发区。相关转型项目及集聚区建设要依法开展环境影响评价。

专栏8　接替产业集聚区

大兴安岭对俄经济贸易合作区:医药、食品饮料、轻工、林木加工、国际仓储物流。

黑河边境经济合作区:新兴基础原材料加工和国际物流中心。

瑷珲对俄进出口加工集聚区:林木精深加工、农产品精深加工、医药、电子产业。

伊春生态产业集聚区:森林食品、北药、家具、小木制工艺品、物流等产业。

鹤岗接替产业集聚区:木材加工、绿色食品、生物制药、新能源。

嘉荫边境经济合作园区:木材加工、生态农业、国际商贸和物流业。

呼伦贝尔经济开发区:农畜产品加工、新型建材。

牙克石接替产业集聚区:生物制药、木材加工、绿色食品。

鄂伦春接替产业集聚区:民族特色产品、野生及农畜产品和林木精深加工。

鄂温克接替产业集聚区:绿色食品加工、新能源、商贸物流等产业。

科右前旗接替产业集聚区:农畜产品加工、制药、化工、建材等产业。

六、改善林区基础设施

加快形成林区与周边地区以及与俄、蒙贯通的交通运输通道建设。结合林区城镇建设，大力改善供水、取暖、供电等生活设施，提升林区林政基础设施水平。

（一）完善林区交通设施

加快林区公路建设。把公益性林区道路纳入国家和地方交通建设规划，道路产权和日常养护逐步移交地方管理。以提高林区的路网密度、改善林区对内对外通达性为目标，重点建设通场公路、防火和专用通道，提高林区路网的养护等级。积极推进高等级公路、进出口通道和资源运输通道建设，提高林区对外联系的通达能力。到2020年，林区的县际和森工企业所属的林业局所在地之间公路以及其他县乡公路、重要的国防公路、旅游公路和通往工业园区公路的服务水平和能力显著提高，形成上连省区道、外连周边地市、覆盖林区的公路交通网络。

改造铁路运输通道。加强林区既有铁路改造，根据资源开发和边贸发展需要，加快主要干线、后方通道及延伸线的建设。实施滨洲线扩能改造工程，推进对俄通道建设。

发展航空运输。充分考虑林区地广人稀的特点，完善机场布局，大力发展支线航空。搞好海拉尔机场改（扩）建项目建设，尽快启动加格达奇机场建设，研究论证扎兰屯、五大连池机场建设问题。增加通往国内中心城市的航班航线，研究开辟与俄、蒙、日、韩等国家的国际航线，构建连接中心城市、辐射周边、便捷高效的航空运输体系。

专栏9　交通改扩建项目

公路：国家高速公路牙克石至海拉尔段、新林北至扎兰屯段，国道

---

111 复线加格达奇至嫩江段,其他干线公路黑河—加格达奇—根河—海拉尔段、加格达奇—漠河段。

　　铁路:建设满归—古莲—洛古河、韩家园—呼玛—黑河、扎兰屯—阿荣旗、五大连池—北安铁路等,实施滨洲线、富裕至古莲铁路、滨北铁路、嫩江—漠河扩能改造工程;规划研究建设莫旗—讷河—五大连池铁路、扎兰屯—柴河—阿尔山铁路等。

　　机场:改(扩)建海拉尔机场、加快建设加格达奇机场。

(二) 加强林区电网改造

将林区电网纳入区域大电网统一管理运营。加大林区电网改造力度,增加可再生能源分布式供电系统,提高林区电网整体供电能力,改善供电的可靠性,降低电网能耗。到 2015 年,基本解决林区无电区域供电问题。

(三) 加快林区生活设施建设

饮水安全设施。搞好饮用水源地(水井)、给排水管网、水质净化处理等基础设施建设。力争在 2—3 年时间内,解决饮水供给不足和饮用水不安全问题。

供热设施。结合林区局场调整、中小城镇建设和棚户区改造工程,解决和改善林区集中供热能力和效率问题。在中心城市和部分小城市建设一批热电联产项目。集中建设和改造城镇供热锅炉、供热管道、换热站等设施,逐步使林区城镇由独立供热向集中供热转变。鼓励使用保温、隔热的新型建筑材料,发展节能型住房。推广"以煤代木"项目,逐渐减少林区日常生活对木材的消耗(林区居民每年用于取暖消耗的木材量约 600万立方米)。

专栏 10　林区热电联产项目

伊春 2×15 万千瓦热电联产项目,黑河、嫩江、逊克 2×30 万千瓦热电联产项目,加格达奇 2×13.5 万千瓦热电联产项目,鹤岗 2×30 万千瓦热电联产项目和 20 万千瓦矸石二期发电项目,海拉尔 2×20 万千瓦热电联产项目,根河 2×20 万千瓦热电联产项目,扎兰屯 2×20 万千瓦热电联产项目,莫力达瓦旗 2×20 万千瓦热电联产项目,阿荣旗 2×15 万千瓦热电联产项目,鄂伦春旗 2×20 万千瓦热电联产项目,阿尔山 2×15 万千瓦热电联产项目。

垃圾、污水处理设施。在各级中小城镇建设不同等级的垃圾处理场、污水处理厂,配套建设垃圾收集及清运系统、污水管网等公用设施。到 2020 年,规划区所有县(旗)城和城市建成污水处理厂和垃圾处理场。

（四）改善森林保护和管护设施

森林防火设施建设。大幅提高森林防火装备水平、改善基础设施条件,增强预警、监测、应急处置和扑救能力,实现火灾防控现代化、管理工作规范化、队伍建设专业化、扑救工作科学化。到 2015 年,林火监测率达到 98% 以上,瞭望覆盖率达到 95% 以上,防火公路密度达到 5 米/公顷,森林火灾受害率控制在 1‰ 以下。

林业有害生物防治设施建设。重点建设监测预警、检疫御灾、防治减灾、应急防控等设施,提高危险性林业有害生物灾害的预防和除治能力。到 2015 年林业有害生物成灾率控制在 4.5‰ 以下。

林业管护设施建设。优化调整木材检查站布局,对现有木材检查站进行维修和改建。加大现代高新技术设备投入,配齐执法装备。以森林资源监测中心、中心站为依托,完善监测设施设备,设立固定监测样地,开展监测技术研究,建立监测数据处理信息库,形成较完整的森林资源及生态状况监测网络体系。

七、加快林区社会事业发展

健全林区社会保障体系,逐步扩大覆盖面。按照集中建设,全面覆盖的原则,加大林区中小学校、医院、卫生院、文化场馆建设,促进林区社会事业的全面发展。

(一)完善社会保障体系

扩大社会保险覆盖范围,对于完成政企分开改革的林区,将林区企业职工和居民纳入当地基本养老保险、基本医疗保险、失业保险、工伤保险等社会保险制度体系。建立企业退休人员基本养老金标准正常调整机制,逐步将"老工伤"人员纳入工伤保险统筹管理。健全最低生活保障制度,确保林区低保对象的基本生活。妥善做好低收入困难群体采暖工作。加大林区特困户、残疾人等弱势群体救助力度,保证救助资金及时足额到位。

(二)促进就业和再就业

完善和落实各项就业再就业的政策措施,拓宽就业渠道,增加就业岗位。发挥政府投资项目和重大项目建设对就业的带动作用,扶持劳动密集型产业、服务业、中小企业和非公有制经济发展,提高企业吸纳就业的能力。建立健全公共就业服务体系,增强各县(市、旗、区)和乡镇公共就业服务能力。积极开发公益性岗位。完善创业服务体系建设,发挥好小额担保贷款政策的积极作用,积极支持推动创业,以创业促就业。进一步完善就业援助制度,加大对"4050"人员、零就业家庭的帮扶力度和中央财政转移支付力度。以服务林区森林资源管护和接续替代产业发展为目标,整合就业培训资源,依托职业学校建立技能培训基地,统筹安排各类劳动力技能培训专项资金。

（三）提高教育水平

结合林区小城镇规划和建设,整合、优化配置教育资源,合理调整中小学校布局,根据人口密度和服务半径均衡布点小学,就近入学,依托小城镇和重点镇布点初中,依托中小城市布点高中,实现规模办学。加快林区各类学校危旧房改造,建立健全校舍维修改造长效机制。开展中小学现代远程教育和信息化建设,着力提高教育质量。到2020年,林区中小学入学率均达到100%,高中阶段毛入学率达到90%以上。根据林区生态建设和产业发展需要,整合现有资源,加强以职业教育为主的高等院校建设,有计划地增设一批专业,为林区生态保护和经济转型培养各类实用人才和专业人才。

（四）改善医疗卫生条件

优化配置卫生资源,完善卫生设施,提高医疗技术水平,建设素质优良的卫生队伍,形成覆盖全林区居民的基本医疗卫生制度,实现人人享有基本医疗卫生服务。构建设施齐全、功能完备、服务优良的县(旗、区)、乡、村(林区站所)三级医疗卫生服务体系。搞好林区县(旗、区)级医院整合改造,按规划建设县级综合性医院,完善基层医疗卫生服务体系,落实基层医疗卫生机构的政府投入政策。完善疾病预防控制和医疗救治体系,提高林区疾病预防控制和应对突发公共卫生事件的能力。

专栏11　医疗卫生机构建设项目

黑龙江省:重点将大兴安岭、伊春、黑河地市级医院改造升级。大兴安岭森工林区改扩建9个县级综合医院,37个乡镇卫生院、8个社区卫生服务中心,8个标准化卫生监督所,加强三县四区疾控中心及系统建设。伊春森工林区和森工总局改扩建县级医院24个,新建林场卫生所24个,新建社区医疗服务中心9个。黑河等地方林区建设16个县(市)医院,及其所属乡镇卫生院(林场、农场卫生所)、社区医疗服务中心。建设大兴安岭地区精神病防治院和伊春市精神病防治院。

续表

内蒙古自治区:重点扩建地市级综合医院 2 个,改造县级医院 10 个、中蒙医院 5 个、卫生监督所 30 个、疾病预防控制中心 11 个、结核病防治院 5 个、妇幼保健所 11 个、中心血库 10 个、急救中心 11 个。建设呼伦贝尔市精神卫生中心和兴安盟精神卫生中心。

(五)繁荣文化事业

挖掘、保护和传承具有历史和地域特色的民族传统文化。加强公共文化基础设施建设,按照政府主导、社会参与、公益服务、共建共享的原则,着力建设以基层文化馆(站)、图书馆、全国文化信息资源共享工程服务点等为重点的公益性文化设施,继续实施好全国文化信息资源共享工程、县级图书馆、文化馆修缮、乡镇综合文化站设备购置等重大文化工程,逐步建成覆盖林区的公共文化服务网络,切实保障林区居民的基本书化权益。加强少数民族文化遗产保护,建立鄂伦春族、鄂温克族、达斡尔族文化生态保护区,实施整体性保护。搞好广播电视村村通工程,提高广播电视覆盖率。以林区国家森林公园为依托,建设生态文明教育基地。

八、推进林区管理体制改革和对外开放

坚持政、事、企分开的改革方向,加快推进林区管理体制改革。加大对俄、对蒙经贸合作,扩大林区对外开放,增强发展活力。

(一)加快林区管理体制改革

推进政企、事企分开的改革。用 5 年左右的时间,完成将地方行政管理、森林资源管理和企业经营分开的改革。进一步完善林区各级地方政府行政机构设置,健全各项政府职能。将林管局、森工企业从现在的合一

体制中分离出来,林管局改制为资源管理机构,森工企业全部实行自主经营。剥离森工企业承担的教育、卫生、社会保险、广播电视、城建环卫等社会职能,其机构人员交由地方政府统一管理,行政事业经费纳入地方财政预算。分离森工企业已建立的水、电、气等具有经营性质的事业单位,并逐步改制为独立的经营主体,参与市场竞争。

稳步推进森林资源管理体制改革。坚持国有森林资源的公有制,按照责权利统一的原则,与"政事企分开"改革同步实施。实行资源管理与生产经营分开,构建以国有林管理机构为主体的森林资源管理体制。继续搞好伊春国有林区林权制度改革试点。

继续深化国有森工企业改革。国有森工企业要按照社会主义市场经济发展的要求,加快主辅分离改革,建立充满生机活力的新机制。通过股份制改革,推动国有资本的流动,促进企业经营机制的转换,按照专业化协作的原则进行企业重组,推动建立现代企业制度。采取改制、出售、兼并重组和股份合作等多种形式,搞活森工企业集团所属的中小企业。对一些严重资不抵债、产品技术水平低的企业,按法定程序实施破产。

(二) 积极扩大林区对外开放

扩大对俄蒙合作。以边境贸易为基础,依托中俄、中蒙边境经济合作区,发展加工贸易及服务贸易。提升对俄木材精深加工和劳务输出等合作层次。积极开展对蒙资源利用合作。积极拓展与俄、蒙的跨境旅游合作。巩固完善与俄、蒙联合防火合作机制。

加快口岸及合作区建设。加快黑河、逊克、嘉荫、黑山头、室韦等口岸的改扩建,完善口岸海关、检验检疫、安监、道路、通讯、电力等基础设施建设和升级改造。推动漠河、呼玛、孙吴口岸发展。改善林区对俄蒙口岸运输通道的通畅条件。依托主要口岸,建设中俄、中蒙综合加工园区、特色加工园区、物流园区等,深化林区与俄、蒙在货物进出口贸易方面的合作。

九、健全政策保障体系

充分发挥现有相关政策的效能,研究制定促进林区生态保护与经济转型的新政策,保障规划目标和重点任务的实现。

(一)促进林区体制改革的配套政策

妥善解决体制改革的相关成本。建立和完善与政府行政管理体制相配套的财政体制。森林资源管理机构运行经费按事权划分纳入财政预算。分离企业办社会职能所发生的费用,按照国家有关规定处理。妥善解决国有林区森工企业历史遗留问题。鼓励国有林区自行组织先行改革,对改革彻底、效果明显的,中央财政在安排天然林保护资金时予以奖励支持。

(二)完善林区生态保护政策

对纳入天保工程实施范围的国有林,由中央财政安排管护费。对国有森林资源实施抚育经营政策,提高森林质量和生态功能。实施无林地造林和低质、低效林改培政策,增加森林面积,提高森林质量及生态功能。将林区防扑火、国家级自然保护区(湿地)管护、航空护林、森林病虫害防治、森林调查等公益性事业的运营经费全额纳入财政预算。国有林区森工企业在册全民职工基本养老、基本医疗、失业、工伤、生育保险,继续由中央财政安排适当补助。

将大小兴安岭林区作为全国生态补偿机制试点重点区,加大中央财政的补偿力度。将规划区内的国家级自然保护区列入国家生态补偿试点。研究将符合条件的大小兴安岭森林生态功能区范围内的县(旗、区)纳入国家生态功能区转移支付(试点)范围,重点支持生态保护和涉及民生的基本公共服务领域。在资金分配和资金使用效果评估中,重点考核森林覆盖率和森林蓄积量,并按照绩效考评结果,实施适当奖惩措施。

积极推进林区开展森林碳汇经济试点,研究出台鼓励林区发展碳汇经济的政策,在大兴安岭地区建设国家级低碳经济示范区。

（三）支持林区经济转型政策

在一定期限内参照资源枯竭城市政策并比照农业补贴政策支持林区经济转型。大小兴安岭森林生态功能区范围内森林覆盖率高于70%的县(旗、区)参照执行资源枯竭城市财政转移支付政策;在中央预算内投资中安排专项资金,专项用于支持大小兴安岭林区发展能够充分吸纳就业的接续替代产业以及支持林区开展"以煤代木"。在基础设施、生态建设、环境保护、扶贫开发和社会事业等方面安排中央预算内投资和其他有关中央专项投资时,赋予黑龙江大小兴安岭林区西部大开发政策。林业职工从事林业生产和动植物种植养殖活动,可以按照有关规定享受国家扶持政策,在农业保险、小额贷款等方面给予重点扶持。鼓励各类金融机构加大对大小兴安岭林区经济转型的支持。

（四）加大民生保障和基础设施投入力度

对林场(所)调整和撤并带来的移民,纳入异地扶贫搬迁工程。局场调整参照小城镇建设政策给予扶持。对重点扶持发展的小城市和重点镇纳入全国重点小城镇建设规划范围并予以支持。切实抓好林区棚户区改造工作,做到支持力度不减。

健全国有林区森工企业工资分配制度,逐步提高企业职工工资。进一步完善工资支付制度,规范企业的工资支付行为。对高寒地区林区职工取暖比照当地城镇职工取暖补贴标准予以补助。

纳入省区规划的林区公路建设由所在省区统筹安排,国家给予适当支持,努力减轻林区建设资金配套压力。支持林区取暖、排水、饮水、局场址道路等基础设施建设。对于林区经济转型重点项目、基础设施建设和重点城镇建设占用林地,适当简化使用林地审核程序。结合林区局场调整,加大土地整理和生态恢复力度,开展林地和建设用地增减挂钩试点。

（五）规划实施保障措施

加强组织领导。国务院有关部门要切实加强对规划实施的组织协调,落实相关政策。地方各级政府要加强组织领导,加快制定规划实施方案,建立和完善工作机制。

调整政绩考核指标。围绕生态保护和民生问题,调整林区现有的考核标准。重点评价森林资源变化、生态保育、环境改善、职工就业、林区生活质量等生态环境和社会发展指标。

落实工作责任。针对规划中涉及到的重点工作、项目和政策,要加大落实力度,围绕体制改革、生态保护、经济转型、基础设施建设等关键环节和领域,明确工作时序和重点,落实责任主体。国家资金支持要与改革成效、生态保护指标等直接挂钩。

加强监督检查。对规划实施情况进行跟踪检查,建立健全规划实施监测和定期评估制度,公布规划执行情况。根据规划执行情况和监测结果,对规划修订提出意见和建议。完善社会监督机制,鼓励公众积极参与规划的实施和监督。

加强社会宣传。把握正确的舆论导向,采取多种形式、全方位地宣传林区生态保护和经济转型的重要性,形成人人关心林区生态保护,全社会支持经济转型的良好氛围。

附表　大小兴安岭林区生态保护与经济转型规划区域范围

省级单位	地级单位	县级单位
黑龙江省	大兴安岭地区	呼玛县、塔河县、漠河县、加格达奇区、松岭区、新林区、呼中区
	伊春市	伊春区、南岔区、友好区、西林区、翠峦区、新青区、美溪区、金山屯区、五营区、乌马河区、汤旺河区、带岭区、乌伊岭区、红星区、上甘岭区、嘉荫县、铁力市
	黑河市	孙吴县、五大连池市、逊克县、北安市、嫩江县、瑷辉区
	佳木斯市	汤原县
	鹤岗市	鹤岗市区、萝北县
	绥化市	绥棱县、海伦市、庆安县
	哈尔滨市	通河县、巴彦县、木兰县

省级单位	地级单位	县级单位
内蒙古 自治区	呼伦贝尔市	牙克石市、额尔古纳市、根河市、鄂温克旗、鄂伦春旗、莫力达瓦旗、扎兰屯市、阿荣旗、海拉尔区
	兴安盟	阿尔山市、科尔沁右翼前旗

附 录 3

《国有林场改革方案》和
《国有林区改革指导意见》

国有林场改革方案

　　保护森林和生态是建设生态文明的根基,深化生态文明体制改革,健全森林与生态保护制度是首要任务。国有林场是我国生态修复和建设的重要力量,是维护国家生态安全最重要的基础设施,在大规模造林绿化和森林资源经营管理工作中取得了巨大成就,为保护国家生态安全、提升人民生态福祉、促进绿色发展、应对气候变化发挥了重要作用。但长期以来,国有林场功能定位不清、管理体制不顺、经营机制不活、支持政策不健全,林场可持续发展面临严峻挑战。为加快推进国有林场改革,促进国有林场科学发展,充分发挥国有林场在生态建设中的重要作用,制定本方案。

一、国有林场改革的总体要求

　　(一)指导思想。全面贯彻落实党的十八大和十八届三中、四中全会精神,深入实施以生态建设为主的林业发展战略,按照分类推进改革的要

222

求,围绕保护生态、保障职工生活两大目标,推动政事分开、事企分开,实现管护方式创新和监管体制创新,推动林业发展模式由木材生产为主转变为生态修复和建设为主、由利用森林获取经济利益为主转变为保护森林提供生态服务为主,建立有利于保护和发展森林资源、有利于改善生态和民生、有利于增强林业发展活力的国有林场新体制,为维护国家生态安全、保护生物多样性、建设生态文明作出更大贡献。

(二)基本原则

——坚持生态导向、保护优先。森林是陆地生态的主体,是国家、民族生存的资本和根基,关系生态安全、淡水安全、国土安全、物种安全、气候安全和国家生态外交大局。要以维护和提高森林资源生态功能作为改革的出发点和落脚点,实行最严格的国有林场林地和林木资源管理制度,确保国有森林资源不破坏、国有资产不流失,为坚守生态红线发挥骨干作用。

——坚持改善民生、保持稳定。立足林场实际稳步推进改革,切实解决好职工最关心、最直接、最现实的利益问题,充分调动职工的积极性、主动性和创造性,确保林场稳定。

——坚持因地制宜、分类施策。以"因养林而养人"为方向,根据各地林业和生态建设实际,探索不同类型的国有林场改革模式,不强求一律,不搞一刀切。

——坚持分类指导、省级负责。中央对各地国有林场改革工作实行分类指导,在政策和资金上予以适当支持。省级政府对国有林场改革负总责,根据本地实际制定具体改革措施。

(三)总体目标。到2020年,实现以下目标:

——生态功能显著提升。通过大力造林、科学营林、严格保护等多措并举,森林面积增加1亿亩以上,森林蓄积量增长6亿立方米以上,商业性采伐减少20%左右,森林碳汇和应对气候变化能力有效增强,森林质量显著提升。

——生产生活条件明显改善。通过创新国有林场管理体制、多渠道加大对林场基础设施的投入,切实改善职工的生产生活条件。拓宽职工就业渠道,完善社会保障机制,使职工就业有着落、基本生活有保障。

——管理体制全面创新。基本形成功能定位明确、人员精简高效、森林管护购买服务、资源监管分级实施的林场管理新体制,确保政府投入可持续、资源监管高效率、林场发展有后劲。

二、国有林场改革的主要内容

(一)明确界定国有林场生态责任和保护方式。将国有林场主要功能明确定位于保护培育森林资源、维护国家生态安全。与功能定位相适应,明确森林资源保护的组织方式,合理界定国有林场属性。原为事业单位的国有林场,主要承担保护和培育森林资源等生态公益服务职责的,继续按从事公益服务事业单位管理,从严控制事业编制;基本不承担保护和培育森林资源、主要从事市场化经营的,要推进转企改制,暂不具备转企改制条件的,要剥离企业经营性业务。目前已经转制为企业性质的国有林场,原则上保持企业性质不变,通过政府购买服务实现公益林管护,或者结合国有企业改革探索转型为公益性企业,确有特殊情况的,可以由地方政府根据本地实际合理确定其属性。

(二)推进国有林场政事分开。林业行政主管部门要加快职能转变,创新管理方式,减少对国有林场的微观管理和直接管理,加强发展战略、规划、政策、标准等制定和实施,落实国有林场法人自主权。在稳定现行隶属关系的基础上,综合考虑区位、规模和生态建设需要等因素,合理优化国有林场管理层级。对同一行政区域内规模过小、分布零散的林场,根据机构精简和规模经营原则整合为较大林场。科学核定事业编制,用于聘用管理人员、专业技术人员和骨干林业技能人员,经费纳入同级政府财政预算。强化对编制使用的监管,事业单位新进人员除国家政策性安置、按干部人事权限由上级任命及涉密岗位等确需使用其他方法选拔任用人员外,都要实行公开招聘。

(三)推进国有林场事企分开。国有林场从事的经营活动要实行市场化运作,对商品林采伐、林业特色产业和森林旅游等暂不能分开的经营活动,严格实行"收支两条线"管理。鼓励优强林业企业参与兼并重组,通过规模化经营、市场化运作,切实提高企业性质国有林场的运营效率。加强资产负债的清理认定和核查工作,防止国有资产流失。要加快分离各类国有林场的办社会职能,逐步将林场所办学校、医疗机构等移交属地管理。积极探索林场所办医疗机构的转型或改制。根据当地实际,逐步理顺国有林场与代管乡镇、村的关系。

(四)完善以购买服务为主的公益林管护机制。国有林场公益林日常管护要引入市场机制,通过合同、委托等方式面向社会购买服务。在保持林场生态系统完整性和稳定性的前提下,按照科学规划原则,鼓励社会资本、林场职工发展森林旅游等特色产业,有效盘活森林资源。企业性质国有林场经营范围内划分为公益林的部分,由中央财政和地方财政按照公益林核定等级分别安排管护资金。鼓励社会公益组织和志愿者参与公益林管护,提高全社会生态保护意识。

(五)健全责任明确、分级管理的森林资源监管体制。建立归属清晰、权责明确、监管有效的森林资源产权制度,建立健全林地保护制度、森林保护制度、森林经营制度、湿地保护制度、自然保护区制度、监督制度和考核制度。按照林地性质、生态区位、面积大小、监管事项、对社会全局利益影响的程度等因素由国家、省、市三级林业行政主管部门分级监管,对林地性质变更、采伐限额等强化多级联动监管,充分调动各级监管机构的积极性。保持国有林场林地范围和用途的长期稳定,严禁林地转为非林地。建立制度化的监测考核体制,加强对国有林场森林资源保护管理情况的考核,将考核结果作为综合考核评价地方政府和有关部门主要领导政绩的重要依据。加强国家和地方国有林场森林资源监测体系建设,建立健全国有林场森林资源管理档案,定期向社会公布国有林场森林资源状况,接受社会监督,对国有林场场长实行国有林场森林资源离任审计。实施以提高森林资源质量和严格控制采伐量为核心的国有林场森林资源经营管理制度,按森林经营方案编制采伐限额、制定年度生产计划和开展森林经营活动,各级政府对所管理国有林场的森林经营方案编制和实施情况进行检查。探索建立国有林场森林资源有偿使用制度。利用国有林场森林资源开展森林旅游等,应当与国有林场明确收益分配方式;经批准占用国有林场林地的,应当按规定足额支付林地林木补偿费、安置补助费、植被恢复费和职工社会保障费用。启动国有林场森林资源保护和培育工程,合理确定国有林场森林商业性采伐量。加快研究制定国有林场管理法律制度措施和国有林场中长期发展规划等。探索建立国家公园。

（六）健全职工转移就业机制和社会保障体制。按照"内部消化为主,多渠道解决就业"和"以人为本,确保稳定"的原则妥善安置国有林场富余职工,不采取强制性买断方式,不搞一次性下岗分流,确保职工基本生活有保障。主要通过以下途径进行安置:一是通过购买服务方式从事森林管护抚育;二是由林场提供林业特色产业等工作岗位逐步过渡到退休;三是加强有针对性的职业技能培训,鼓励和引导部分职工转岗就业。将全部富余职工按照规定纳入城镇职工社会保险范畴,平稳过渡、合理衔接,确保职工退休后生活有保障。将符合低保条件的林场职工及其家庭成员纳入当地居民最低生活保障范围,切实做到应保尽保。

三、完善国有林场改革发展的政策支持体系

（一）加强国有林场基础设施建设。国有林场基础设施建设要体现生态建设需要,不能简单照搬城市建设。各级政府将国有林场基础设施建设纳入同级政府建设计划,按照支出责任和财务隶属关系,在现有专项资金渠道内,加大对林场供电、饮水安全、森林防火、管护站点用房、有害

生物防治等基础设施建设的投入,将国有林场道路按属性纳入相关公路网规划。加快国有林场电网改造升级。积极推进国有林场生态移民,将位于生态环境极为脆弱、不宜人居地区的场部逐步就近搬迁到小城镇,提高与城镇发展的融合度。落实国有林场职工住房公积金和住房补贴政策。在符合土地利用总体规划的前提下,按照行政隶属关系,经城市政府批准,依据保障性安居工程建设的标准和要求,允许国有林场利用自有土地建设保障性安居工程,并依法依规办理土地供应和登记手续。

(二)加强对国有林场的财政支持。中央财政安排国有林场改革补助资金,主要用于解决国有林场职工参加社会保险和分离林场办社会职能问题。省级财政要安排资金,统筹解决国有林场改革成本问题。具备条件的支农惠农政策可适用于国有林场。将国有贫困林场扶贫工作纳入各级政府扶贫工作计划,加大扶持力度。加大对林场基本公共服务的政策支持力度,促进林场与周边地区基本公共服务均等化。

(三)加强对国有林场的金融支持。对国有林场所欠金融债务情况进行调查摸底,按照平等协商和商业化原则积极进行化解。对于正常类金融债务,到期后依法予以偿还;对于国有或国有控股金融机构发放的、国有林场因营造公益林产生的不良债务,由中国银监会、财政部、国家林业局等有关部门研究制定具有可操作性的化解政策;其他不良金融债务,确因客观原因无法偿还的,经审核后可根据实际情况采取贷款展期等方式进行债务重组。符合呆账核销条件的,按照相关规定予以核销。严格审核不良债务,防止借改革逃废金融机构债务。开发适合国有林场特点的信贷产品,充分利用林业贷款中央财政贴息政策,拓宽国有林场融资渠道。

(四)加强国有林场人才队伍建设。参照支持西部和艰苦边远地区发展相关政策,引进国有林场发展急需的管理和技术人才。建立公开公平、竞争择优的用人机制,营造良好的人才发展环境。适当放宽艰苦地区国有林场专业技术职务评聘条件,适当提高国有林场林业技能岗位结构比例,改善人员结构。加强国有林场领导班子建设,加大林场职工培训力度,提高国有林场人员综合素质和业务能力。

四、加强组织领导,全面落实各项任务

(一)加强总体指导。有关部门要加强沟通,密切配合,按照职能分工抓紧制定和完善社会保障、化解债务、职工住房等一系列支持政策。国家发展改革委和国家林业局要做好统筹协调工作,根据不同区域国有林场实际,切实做好分类指导和服务,加强跟踪分析和督促检查,适时评估方案实施情况。方案实施过程中出现的重大问题及时上报国务院。

(二)明确工作责任。各省(自治区、直辖市)政府对国有林场改革负总责,按照本方案确定的目标、任务和政策措施,结合实际尽快制定具体方案,确保按时完成各项任务目标。加强国有林场管理机构建设,维护国有林场合法权益,保持森林资源权属稳定,严禁破坏国有森林资源和乱砍滥伐、滥占林地、无序建设。做好风险预警,及时化解矛盾,确保社会稳定。

国有林区改革指导意见

保护森林和生态是建设生态文明的根基,深化生态文明体制改革,健全森林与生态保护制度是首要任务。国有林区是我国重要的生态安全屏障和森林资源培育战略基地,是维护国家生态安全最重要的基础设施,在经济社会发展和生态文明建设中发挥着不可替代的重要作用,为国家经济建设作出了重大贡献。但长期以来,国有林区管理体制不完善,森林资源过度开发,民生问题较为突出,严重制约了生态安全保障能力。为积极探索国有林区改革路径,健全国有林区经营管理体制,进一步增强国有林区生态功能和发展活力,现提出如下意见。

一、国有林区改革的总体要求

（一）指导思想。全面贯彻落实党的十八大和十八届三中、四中全会精神，深入实施以生态建设为主的林业发展战略，以发挥国有林区生态功能和建设国家木材战略储备基地为导向，以厘清中央与地方、政府与企业各方面关系为主线，积极推进政事企分开，健全森林资源监管体制，创新资源管护方式，完善支持政策体系，建立有利于保护和发展森林资源、有利于改善生态和民生、有利于增强林业发展活力的国有林区新体制，加快林区经济转型，促进林区森林资源逐步恢复和稳定增长，推动林业发展模式由木材生产为主转变为生态修复和建设为主、由利用森林获取经济利益为主转变为保护森林提供生态服务为主，为建设生态文明和美丽中国、实现中华民族永续发展提供生态保障。

（二）基本原则

——坚持生态为本、保护优先。尊重自然规律，实行山水林田湖统筹治理，重点保护好森林、湿地等自然生态系统，确保森林资源总量持续增加、生态产品生产能力持续提升、生态功能持续增强。

——注重民生改善、维护稳定。改善国有林区基础设施状况，积极发展替代产业，促进就业增收，保障职工基本生活，维护林区社会和谐稳定。

——促进政企政事分开、各负其责。厘清政府与森工企业的职能定位，剥离森工企业的社会管理和办社会职能，加快林区所办企业改制改革，实现政府、企业和社会各司其职、各负其责。

——强化统一规划、融合发展。破除林区条块分割的管理模式，将林区纳入所在地方国民经济和社会发展总体规划，推动林区社会融入地方、经济融入市场。

——坚持分类指导、分步实施。充分考虑国有林区不同情况，中央予以分类指导，各地分别制定实施方案，科学合理确定改革模式，不搞一刀切,循序渐进,走出一条具有中国特色的国有林区改革发展道路。

（三）总体目标。到 2020 年,基本理顺中央与地方、政府与企业的关系,实现政企、政事、事企、管办分开,林区政府社会管理和公共服务职能得到进一步强化,森林资源管护和监管体系更加完善,林区经济社会发展基本融入地方,生产生活条件得到明显改善,职工基本生活得到有效保障;区分不同情况有序停止天然林商业性采伐,重点国有林区森林面积增加 550 万亩左右,森林蓄积量增长 4 亿立方米以上,森林碳汇和应对气候变化能力有效增强,森林资源质量和生态保障能力全面提升。

二、国有林区改革的主要任务

（一）区分不同情况有序停止重点国有林区天然林商业性采伐,确保森林资源稳步恢复和增长。明确国有林区发挥生态功能、维护生态安全的战略定位,将提供生态服务、维护生态安全确定为国有林区的基本职能,作为制定国有林区改革发展各项政策措施的基本出发点。研究提出加强国有林区天然林保护的实施方案。稳步推进黑龙江重点国有林区停止天然林商业性采伐试点,跟踪政策实施效果,及时总结经验。在试点基础上,有序停止内蒙古、吉林重点国有林区天然林商业性采伐,全面提升森林质量,加快森林资源培育与恢复。

（二）因地制宜逐步推进国有林区政企分开。在地方政府职能健全、财力较强的地区,一步到位实行政企分开,全部剥离企业的社会管理和公共服务职能,交由地方政府承担,人员交由地方统一管理,经费纳入地方财政预算;在条件不具备的地区,先行在内部实行政企分开,逐步创造条件将行政职能移交当地政府。

（三）逐步形成精简高效的国有森林资源管理机构。适应国有林区全面停止或逐步减少天然林商业性采伐和发挥生态服务主导功能的新要求,按照"机构只减不增、人员只出不进、社会和谐稳定"的原则,分类制定森工企业改制和改革方案,通过多种方式逐年减少管理人员,最终实现合理编制和人员规模,逐步建立精简高效的国有森林资源管理机构,依法负责森林、湿地、自然保护区和野生动植物资源的保护管理及森林防火、有害生物防治等工作。逐步整合规模小、人员少、地处偏远的林场所。

(四)创新森林资源管护机制。根据森林分布特点,针对不同区域地段的生产季节,采取行之有效的管护模式,实行远山设卡、近山管护,加强高新技术手段和现代交通工具的装备应用,降低劳动强度,提高管护效率,确保管护效果。鼓励社会公益组织和志愿者参与公益林管护,提高全社会生态保护意识。创新林业生产组织方式,造林、管护、抚育、木材生产等林业生产建设任务,凡能通过购买服务方式实现的要面向社会购买。除自然保护区外,在不破坏森林资源的前提下,允许从事森林资源管护的职工从事林特产品生产等经营,增加职工收入。积极推动各类社会资本参与林区企业改制,提高林区发展活力。

(五)创新森林资源监管体制。建立归属清晰、权责明确、监管有效的森林资源产权制度,建立健全林地保护制度、森林保护制度、森林经营制度、湿地保护制度、自然保护区制度、监督制度和考核制度。重点国有林区森林资源产权归国家所有即全民所有,国务院林业行政主管部门代表国家行使所有权、履行出资人职责,负责管理重点国有林区的国有森林资源和森林资源资产产权变动的审批。研究制定重点国有林区森林资源监督管理法律制度措施。进一步强化国务院林业行政主管部门派驻地方的森林资源监督专员办事处的监督职能,优化监督机构设置,加强对重点国有林区森林资源保护管理的监督。建立健全以生态服务功能为核心,以林地保有量、森林覆盖率、森林质量、护林防火、有害生物防治等为主要指标的林区绩效管理和考核机制,实行森林资源离任审计。科学编制长期森林经营方案,作为国有森林资源保护发展的主要遵循和考核国有森林资源管理绩效的依据。探索建立国家公园。

(六)强化地方政府保护森林、改善民生的责任。地方各级政府对行政区域内的林区经济社会发展和森林资源保护负总责。要将林区经济社会发展纳入当地国民经济和社会发展总体规划及投资计划。切实落实地方政府林区社会管理和公共服务的职能。国有林区森林覆盖率、森林蓄积量的变化纳入地方政府目标责任考核约束性指标。林地保有量、征占用林地定额纳入地方政府目标责任考核内容。省级政府对组织实施天保工程、全面停止天然林商业性采伐负全责,实行目标、任务、资金、责任"四到省"。地方各级政府负责统一组织、协调和指导本行政区域的森林防火工作并实行行政首长负责制。

(七)妥善安置国有林区富余职工,确保职工基本生活有保障。充分发挥林区绿色资源丰富的优势,通过开发森林旅游、特色养殖种植、境外采伐、林产品加工、对外合作等,创造就业岗位。中央财政继续加大对森林管护、人工造林、中幼龄林抚育和森林改造培育的支持力度,推进职工转岗就业。对符合政策的就业困难人员灵活就业的,由地方政府按国家有关规定统筹解决社会保险补贴,对跨行政区域的国有林业单位,由所在的市级或省级政府统筹解决。

三、完善国有林区改革的政策支持体系

(一)加强对国有林区的财政支持。国有林区停止天然林商业性采伐后,中央财政通过适当增加天保工程财政资金予以支持。结合当地人均收入水平,适当调整天保工程森林管护费和社会保险补助费的财政补助标准。加大中央财政的森林保险支持力度,提高国有林区森林资源抵御自然灾害的能力。加大对林区基本公共服务的政策支持力度,促进林区与周边地区基本公共服务均等化。

(二)加强对国有林区的金融支持。根据债务形成原因和种类,分类化解森工企业金融机构债务。对于正常类金融债务,到期后应当依法予以偿还。对于确需中央支持化解的不良类金融债务,由中国银监会、财政

部、国家林业局等有关部门在听取金融机构意见、充分调研的基础上,研究制定切实可行、有针对性的政策,报国务院批准后实施。严格审核不良债务,防止借改革逃废金融机构债务。开发适合国有林区特点的信贷产品,拓宽林业融资渠道,加大林业信贷投放,大力发展对国有林区职工的小额贷款。完善林业信贷担保方式,完善林业贷款中央财政贴息政策。

(三)加强国有林区基础设施建设。林区基础设施建设要体现生态建设需要,不能简单模仿城市建设、建造繁华都市。各级政府要将国有林区电网、饮水安全、管护站点用房等基础设施建设纳入同级政府建设规划统筹安排,将国有林区道路按属性纳入相关公路网规划,加快国有林区棚户区改造和电网改造升级,加强森林防火和有害生物防治。国家结合现有渠道,加大对国有林区基础设施建设的支持力度。

(四)加快深山远山林区职工搬迁。将林区城镇建设纳入地方城镇建设规划,结合林区改革和林场撤并整合,积极推进深山远山职工搬迁。充分考虑职工生产生活需求,尊重职工意愿,合理布局职工搬迁安置地点。继续结合林区棚户区改造,进一步加大中央支持力度,同时在安排保障性安居工程配套基础设施建设投资时给予倾斜。林场撤并搬迁安置区配套基础设施和公共服务设施建设等参照执行独立工矿区改造搬迁政策。切实落实省级政府对本地棚户区改造工作负总责的要求,相关省级政府及森工企业也要相应加大补助力度。对符合条件的困难职工,当地政府要积极研究结合公共租赁住房等政策,解决其住房困难问题。拓宽深山远山林区职工搬迁筹资渠道,加大金融信贷、企业债券等融资力度。切实落实棚户区改造住房税费减免优惠政策。

(五)积极推进国有林区产业转型。推进大小兴安岭、长白山林区生态保护与经济转型,积极发展绿色富民产业。进一步收缩木材采运业,严格限制矿业开采。鼓励培育速生丰产用材林特别是珍贵树种和大径级用材林,大力发展木材深加工、特色经济林、森林旅游、野生动植物驯养繁育等绿色低碳产业,增加就业岗位,提高林区职工群众收入。利用地缘优势发展林产品加工基地和对外贸易,建设以口岸进口原料为依托、以精深加工为重点、以国内和国际市场为导向的林产品加工集群。支持国有优强企业参与国有森工企业的改革重组,推进国有林区资源优化配置和产业转型。选择条件成熟的地区开展经济转型试点,支持试点地区发展接续替代产业。

四、加强组织领导,全面落实各项任务

(一)加强对改革的组织领导。有关部门要明确责任,密切配合,按照本意见要求制定和完善社会保障、化解债务、职工住房等一系列支持政策。国家发展改革委和国家林业局要加强组织协调和分类指导,抓好督促落实。各有关省(自治区)要对本地区国有林区改革负总责,结合本地实际制定具体实施方案,细化工作措施和要求,及时发现和解决改革中出现的矛盾和问题,落实好各项改革任务。

(二)注重试点先行、有序推进。要充分考虑改革的复杂性和艰巨性,积极探索,稳妥推进改革。各有关省(自治区)可以按照本意见精神,选择部分工作基础条件较好的国有林业局先行试点,积累改革经验,再逐步推广。

(三)严格依法依规推进改革。要强化各级政府生态保护责任,加强森林资源监管,加强对森林资源保护绩效的考核,严格杜绝滥占林地、无序建设、乱砍滥伐、破坏森林资源的现象。要认真执行国有资产管理有关规定,严格纪律要求,防止国有资产流失。要依法保障林区职工群众的合法权益,维护林区和谐稳定。

参考文献

一、外文文献

A.G.Adedayo, et al., "Access of Rural Women to Forest Resources and its Impact on Rural Household Welfare in North Central Nigeria", *Forest Policy and Economics*, Vol.12, No.6(July 2010).

A.Lawrence, "Forestry in Transition: Imperial Legacy and Negotiated Expertise in Romania and Poland", *Forest Policy and Economics*, Vol.11, No.5/6(October 2009).

A.M.A.Miner, et al., "Twenty Years of Forest Service Land Management Litigation", *Journal of Forestry*, Vol.112, No.1 (January 2014).

A.M. Larson, "Forest Tenure Reform in the Age of Climate Change: Lessons for REDD+", *Global Environmental Change*, Vol.21, No.2(May 2011).

A. Q. Nyrud, E. R. Bergseng, "Production Efficiency and Size in Norwegian Sawmilling", *Scandinavian Journal of Forest Research*, Vol.17, No.6(November 2002).

C.Araujo, et al., "Property Rights and Deforestation in the Brazilian Amazon", *Ecological Economics*, Vol.68, No.8/9(June 2009).

C.D.Oliver, "Sustainable Forestry: What is it? How do We Achieve it", *Journal of Forestry*, Vol.101, No.5(July 2003).

C.D.Oliver, "The Relevance of Species Concepts in Sustainable Forestry", *Journal of Sustainable Forestry*, Vol.33, No.2 (February 2014).

D.C.North, *Understanding the Process of Economic Change*, Princeton: Princeton University Press.

D.Klooster, "Institutional Choice, Community, and Struggle: A Case Study of Forest

Co-Management in Mexico", *World Development*, Vol.28, No.1(January 2000).

D.L.Irimie, H.F.Essmann, "Forest Property Rights in the Frame of Public Policies and Societal Change", *Forest Policy and Economics*, Vol.11, No.2(March 2009).

E.B. Barbier, A. T. Tesfaw, "Tenure Constraints and Carbon Forestry in Africa", *American Journal of Agricultural Economics*, Vol.95, No.4 (July 2013).

E.Holmgren, et al., "Swedish Forest Commons——a Matter of Governance?", *Forest Policy and Economics*, Vol.12, No.6(July 2010).

E.Uchida, et al., "Grain for Green: Cost-Effectiveness and Sustainability of China's Conservation Set-Aside Program", *Land Economics*, Vol.81, No.2(May 2005).

F.Cubbage, et al., "Policy Instruments to Enhance Multi-functional Forest Management", *Forest Policy and Economics*, Vol.9, No.7(April 2007).

F.W.Cubbage, D.H.Newman, "Forest Policy Reformed: A United States Perspective", *Forest Policy and Economics*, Vol.9, No.3(December 2006).

F.X.Aguilar, "Spatial Econometric Analysis of Location Drivers in a Renewable Resource-based Industry: the U.S.South Lumber Industry", *Forest Policy and Economics*, Vol. 11, No.3(May 2009).

H.G.Lund, "When is a Forest not a Forest?", *Journal of Forestry*, Vol.100, No.8(December 2002).

H.Lund, "Renewable Energy Strategies for Sustainable Development", *Energy*, Vol.32, No.6(June 2007).

J.Sachs, A. Warner, "Natural Resource Abundance and Economic Growth", NBER Working Papers No.5398, 1995.

John F.McCarthy, "Certifying in Contested Spaces: Private Regulation in Indonesian Forestry and Palm Oil", *Social Science Electronic Publishing*, Vol. 33, No. 10 (November 2012).

Jon I. Barnes, et al., "The Value of Namibia's Forest Resources: Preliminary Economic Asset and Flow Accounts", *Development Southern Africa*, Vol. 27, No. 2 (April 2010).

Jose Antonio Puppim de Oliveira, "Property Rights, Land Conflicts and Deforestation in the Eastern Amazon", *Forest Policy and Economics*, Vol.10, No.5(April 2008).

K.L.O'Hara, L.M.Nagel, "The Stand: Revisiting a Central Concept in Forestry", *Journal of Forestry*, Vol.111, No.5 (September 2013).

L.Dai, et al., "Ecological Classification for Mountain Forest Sustainability in Northeast

China", *Forestry Chronicle*, Vol.79, No.2(April 2003).

M.Karlsson, A.Wolf, "Using an Optimization Model to Evaluate the Economic Benefits of Industrial Symbiosis in the Forest Industry", *Journal of Cleaner Production*, Vol.16, No.14 (September 2008).

N.S.Paudel, et al., "Handover of Community Forestry: A Political Decision or a Technical Process?", *Journal of Forest and Livelihood*, Vol.7, No.1(December 2008).

N.Salehirad, T.Sowlati, "Productivity and Efficiency Assessment of the Wood Industry: A Review with a Focus on Canada", *Forest Products Journal*, Vol.56. No.11/12 (November/December 2006).

O.Hart, J.Moore, "Incomplete Contracts and Renegotiation", *Econometrica*, Vol.56, No. 4(July 1988).

P.A.David, *Technical Choice, Innovation, and Economic Growth*, London: Cambridge University Press.

P.Glück, "Property Rights and Multipurpose Mountain Forest Management", *Forest Policy and Economics*, Vol.4, No.2(June 2002).

P.R.Oyono, "New Inches of Community Rights to Forests in Cameroon: Tenure Reform, Decentralization Category or Something Else?", *International Journal of Social Forestry*, Vol.2, No.1(2009).

R.B.Bouncken, et al., "Coopetition: a Systematic Review, Synthesis, and Future Research Directions", *Review of Managerial Science*, Vol.9, No.3(July 2015).

R.H.Coase, "The Nature of the Firm", *Economica*, Vol.4, No.16 (November 1937).

R.Hayter, "Research and Development in the Canadian Forest Product Sector Another Weak Link?", *The Canadian Geographer*, Vol.26, No.3 (September 1982).

R.Rusko, "Exploring the Concept of Coopetition: A Typology for the Strategic Moves of the Finnish Forest Industry", *Industrial Marketing Management*, Vol.40, No.2 (February 2011).

S.Bauch, et al., "Forest Policy Reform in Brazil", *Journal of Forestry*, Vol.107, No.3 (April 2009).

S.Kant, "Extending the Boundaries of Forest Economics", *Forestry Policy and Economics*, Vol.5, No.1 (January 2003).

S.Lehtoranta, et al., "Industrial Symbiosis and the Policy Instruments of Sustainable Consumption and Production", *Journal of Cleaner Production*, Vol.19, No.16 (November 2011).

T.A.Hagadone,R.K.Grala,"Business Clusters in Mississippi's Forest Products Industry",*Forest Policy and Economics*,Vol.20(July 2012).

T.Hayes,L.Persha,"Nesting Local Forestry Initiatives: Revisiting Community Forest Management in a REDD+ World",*Forest Policy and Economics*,Vol.12,No.8 (October 2010).

W.Brian Arthur,"Competing Technologies,Increasing Returns,and Lock-in by Historical Events",*The Economic Journal*,Vol.99,No.394(March 1989).

W.J.Baumol,et al.,*Contestable Markets and the Theory of Industry Structure*,London: Harcourt Brace Jovanovich,1982.

X.Zhegen,"Situation and Prospect on Property Right Alteration of National Forest Resources Assets in Southern Collective Area of China",*World Forestry Reseach*,Vol.17,No.3 (March 2004).

Z.J.Wang,"State-owned Forest Resources Assets Operation Supervision System Innovation",*Scientia Silvae Sinicae*,Vol.41,No.1(January 2005).

W.B.Arthur,"Competing Technologies,Increasing Returns,and Lock-In by Historical Events",*Economic Journal*,Vol.99,No.394(March 1989).

二、中文图书

[美]莱斯特·R.布朗:《生态经济》,林自新等译,东方出版社 2002 年版。

[美]赫尔曼·E.达利、小约翰·B.柯布:《21 世纪生态经济学》,王俊、韩冬筠译,中央编译出版社 2015 年版。

[美]埃莉诺·奥斯特罗姆:《公共资源的未来:超越市场失灵和政府管制》,中国人民大学出版社 2015 年版。

[美]威廉·鲍莫尔:《创新:经济增长的奇迹》,郭梅军等译,中信出版社 2016 年版。

[美]蒂莫西·耶格尔:《制度、转型与经济发展》,陈宇峰、曲亮译,华夏出版社 2010 年版。

[美]罗纳德·哈里·科斯、王宁:《变革中国:市场经济的中国之路》,徐尧、李哲民译,中信出版社 2013 年版。

[美]罗纳德·H.科斯:《财产权利与制度变迁产权学派与新制度学派译文集》,刘守英等译,格致出版社、上海三联书店、上海人民出版社 2014 年版。

[美]利奥尼德·赫维茨、斯坦利·瑞特:《经济机制设计》,田国强等译,格致出

社、上海三联书店、上海人民出版社 2014 年版。

[美]道格拉斯·C.诺思:《制度、制度变迁与经济绩效》,杭行译,格致出版社、上海三联书店、上海人民出版社 2008 年版。

[美]赫尔曼·E.戴利、乔舒亚·法利:《生态经济学:原理和应用(第二版)》,金志农等译,中国人民大学出版社 2014 年版。

[法]贝尔纳·夏旺斯:《制度经济学》,朱乃肖、周泳宏译,暨南大学出版社 2013 年版。

[美]约翰·克劳奈维根:《交易成本经济学及其超越》,朱周、黄瑞虹译,上海财经大学出版社 2002 年版。

[美]汤姆·泰坦伯格:《环境经济学与政策》,高岚等译,人民邮电出版社 2011 年版。

[美]汤姆·蒂腾伯格:《环境与自然资源经济学(第八版)》,中国人民大学出版社 2012 年版。

[德]魏伯乐等主编:《私有化的局限》,王小卫、周缨译,上海三联书店、上海人民出版社 2006 年版。

[美]奥利弗·E.威廉姆森:《资本主义经济制度》,段毅才、王伟译,商务印书馆 2002 年版。

[美]加里·S.贝克尔:《人类行为的经济分析》,王业宇、陈琪译,格致出版社、上海三联书店、上海人民出版社 2008 年版。

[美]道格拉斯 C.诺思:《经济史中的结构与变迁》,陈郁等译,上海三联书店、上海人民出版社 1994 年版。

[美]道格拉斯·C.诺思:《理解经济变迁过程》,钟正生等译,中国人民大学出版社 2008 年版。

阿尔钦:《产权:一个经典注释》,载 R.科斯等:《财产权利与制度变迁》,上海三联书店、上海人民出版社 1994 年版。

[日]青木昌彦:《比较制度分析》,周黎安译,上海远东出版社 2001 年版。

[美]B.盖伊·彼得斯:《政治科学中的制度理论:"新制度主义"》,王向民、段红伟译,上海人民出版社 2011 年版。

[美]保罗·皮尔逊:《回报递增、路径依赖和政治学研究》,载何俊志等编译:《新制度主义政治学译文精选》,天津人民出版社 2007 年版。

《资本论》(节选本),人民出版社 2017 年版。

刘俊昌主编:《林业经济学》,中国农业出版社 2018 年版。

朱洪革主编:《林业经济管理》,中国林业出版社 2012 年版。

樊纲:《制度改变中国:制度变革与社会转型》,中信出版社 2014 年版。

厉以宁等编著:《经济低碳化》,江苏人民出版社、江苏凤凰美术出版社 2014 年版。

张五常:《中国的经济制度》,中信出版社 2017 年版。

邢红:《中国国有林区管理制度研究》,中国林业出版社 2007 年版。

王爱文主编:《生态功能区建设与国有林区改革转型》,中国林业出版社 2013 年版。

曹玉昆:《国有林经营保护与国有森工企业改革发展》,中国林业出版社 2000 年版。

王兆君:《国有森林资源资产运营研究》,中国林业出版社 2003 年版。

刘俊昌:《世界国有林管理研究》,中国林业出版社 2010 年版。

李文华主编:《东北地区有关水土资源配置、生态与环境保护和可持续发展的若干战略问题研究:林业卷:东北地区森林与湿地保育及林业发展战略研究》,科学出版社 2007 年版。

欧阳志云、郑华:《生态安全战略》,学习出版社、海南出版社 2014 年版。

汤吉军、宋冬林:《资源枯竭地区经济转型和可持续发展研究》,经济科学出版社 2012 年版。

卜善祥:《国内外自然资源管理体制与发展趋势》,中国大地出版社 2005 年版。

秦海:《制度、演化与路径依赖:制度分析综合的理论尝试》,中国财政经济出版社 2004 年版。

张屹山:《资源、权力与经济利益分配通论》,社会科学文献出版社 2013 年版。

国家林业局编:《中国林业统计年鉴(2014)》,中国林业出版社 2015 年版。

国家林业局编著:《中国林业年鉴(2016)》,中国林业出版社 2016 年版。

《中国林业工作手册》编纂委员会:《中国林业工作手册》,中国林业出版社 2016 年版。

张维迎:《企业理论与中国企业改革》,北京大学出版社 1999 年版。

陈岱孙:《中国经济百科全书》,中国经济出版社 1991 年版。

三、中文期刊

严如贺等:《资源错配视角下林下经济的产出效率分析——基于国有林区森林猪养殖的案例比较》,《林业经济问题》2018 年第 1 期。

牛风蕊、张紫薇:《中国博士后制度演进中的路径依赖及其突破——基于新制度经济学理论的分析视角》，《高校教育管理》2018 年第 1 期。

张壮、赵红艳：《森林生态旅游战略与实践——基于伊春市的个案研究与思考》，《林业经济》2017 年第 11 期。

吕洁华等：《基于主成分排序图的林业产业转型倾向研究——以黑龙江省国有林区为例》，《生态经济》2017 年第 10 期。

张洪瑞、吕洁华：《森林生态产品供给的投入产出效率分析——以东北重点国有林区为例》，《经济问题》2017 年第 9 期。

李铁英、白冰：《黑龙江省大兴安岭国有林区全面停伐背景下的困境与发展路径》，《林业资源管理》2017 年第 3 期。

徐玮、包庆丰：《国有林区职工家庭参与林下经济产业发展的意愿及其影响因素研究》，《干旱区资源与环境》2017 年第 7 期。

汤吉军、张壮：《国有企业的创新障碍与现实选择》，《江汉论坛》2017 年第 7 期。

陈岩等：《中国东北国有林区林业生态安全动态变化研究——生态与产业共生视角》，《资源开发与市场》2017 年第 4 期。

朱震锋、曹玉昆：《国有林区经济增长与资源消耗的伪脱钩风险识别及破解思路》，《林业科学》2017 年第 4 期。

杨发祥、伍嘉冀：《"省直管县"的制度变迁与路径依赖——基于历史制度主义的分析视角》，《华东理工大学学报（社会科学版）》2017 年第 2 期。

耿玉德等：《国有林区改革进展与政策研究——以龙江森工集团和大兴安岭林业集团为例》，《林业经济》2017 年第 2 期。

赵亭等：《林业科技发展对国有林区转型的作用分析——以内蒙古大兴安岭国有林区为例》，《林业经济》2017 年第 2 期。

邵学峰、胡冰：《套牢、地方官员预期与自然资源绿色利用方式转型》，《经济体制改革》2017 年第 1 期。

何雄浪、姜泽林：《自然资源禀赋与经济增长：资源诅咒还是资源福音？——基于劳动力结构的一个理论与实证分析框架》，《财经研究》2016 年第 12 期。

张壮：《林业资源衰退型城市绿色发展面临的困境与对策研究——以伊春市为例》，《经济研究参考》2016 年第 63 期。

李伟：《基于产业链视角的林业产业集群演进与成长研究——以东北国有林区为例》，《内蒙古社会科学（汉文版）》2016 年第 6 期。

许梦博、戚振宇：《委托代理、道德风险与国有资本经营的预算约束——基于非对称信息博弈论的视角》，《江汉论坛》2016 年第 9 期。

张芳、张思敏：《国有林区经济转型发展新路探讨》，《学术交流》2016 年第 9 期。

薛雅伟等:《资源产业空间集聚与区域经济增长:"资源诅咒"效应实证》,《中国人口·资源与环境》2016年第8期。

年志远、夏元琦:《完善对国有资产监督管理机构的监管研究》,《经济体制改革》2016年第4期。

王慧等:《重点国有林区改革对职工家庭收入的影响》,《浙江农林大学学报》2016年第4期。

张琦、万志芳:《黑龙江省国有林区林业产业转型模式的构建》,《东北林业大学学报》2016年第4期。

王非等:《基于结构转换视角的中国重点国有林区经济转型发展路径分析》,《世界林业研究》2016年第2期。

廖红伟、张楠:《论新型国有资产的监管体制转型——基于"管资产"转向"管资本"的视角》,《江汉论坛》2016年第3期。

汤吉军、张壮:《交易成本视角下自然资源国家所有权的行使分析》,《经济体制改革》2016年第1期。

齐平等:《交易成本、禀赋效应与国有股权转让定价——兼论国有企业混合所有制改革的新思路》,《河北经贸大学学报》2015年第5期。

张凤林:《理解制度变迁:当代转轨经济学若干争论评析》,《经济学动态》2015年第5期。

张壮、赵红艳:《小兴安岭生态经济特色产业带发展战略选择研究》,《林业经济》2015年第4期。

安锦、王建伟:《资源诅咒:测度修正与政策改进》,《中国人口·资源与环境》2015年第3期。

周喜君、郭丕斌:《煤炭资源就地转化与"资源诅咒"的规避——以中国中部8个典型省区为例》,《资源科学》2015年第2期。

刘宗飞等:《基于空间面板模型的森林"资源诅咒"研究》,《资源科学》2015年第2期。

汤吉军:《不完全契约视角下国有企业发展混合所有制分析》,《中国工业经济》2014年第12期。

王凤彬等:《央企集团管控架构的演进:战略决定、制度引致还是路径依赖?——一项定性比较分析(QCA)尝试》,《管理世界》2014年第12期。

侯一蕾等:《基于制度视角的森林资源经营管理问题分析——以三明市集体林改为例》,《林业经济》2014年第10期。

韩微、万志芳:《论国有林权改革持续发展能力》,《西北农林科技大学学报(社会科学版）》2014 年第 4 期。

时晓虹等：《"路径依赖"理论新解》，《经济学家》2014 年第 6 期。

李雨停、张友祥：《东北地区国有林业资源枯竭型城市发展问题及转型思路研究》，《东北师大学报（哲学社会科学版）》2014 年第 3 期。

曹龙虎：《国家治理中的"路径依赖"与"范式转换"：运动式治理再认识》，《学海》2014 年第 3 期。

张壮、赵红艳：《美、俄、日、德国有林治理体制比较研究》，《前沿》2018 年第 5 期。

沈茂成、张晓静：《关于深化国有林业改革和强化国有林业建设的建议》，《林业经济》2014 年第 5 期。

付存军、耿玉德：《国有林区的困境与改革路径——基于中国龙江森工集团的现状》，《林业经济》2014 年第 5 期。

史丹等：《国外生态环境补偿财税政策的实践与借鉴》，《经济研究参考》2014 年第 27 期。

冯宗宪等：《中国林业产权制度变迁的最优路径研究——诱致性变迁还是强制性变迁》，《华东经济管理》2014 年第 4 期。

刘金龙等：《基于集体林权制度改革的林业政策协调与合作研究》，《中国人口·资源与环境》2014 年第 3 期。

杨新华、张敏新：《国有林区经济发展问题的研究现状及展望》，《生态经济》2014 年第 3 期。

徐传谌、周海金：《国有文化资产管理新体制构建》，《经济体制改革》2014 年第 1 期。

李棉管：《"村改居"：制度变迁与路径依赖——广东省佛山市 N 区的个案研究》，《中国农村观察》2014 年第 1 期。

吴静等：《不同林业经营模式的选择及影响因素分析》，《北京林业大学学报（社会科学版）》2013 年第 4 期。

高永祥：《"资源诅咒"与经济增长困境：结构升级视角下的研究》，《理论探讨》2013 年第 6 期。

张依群：《投融资体制要怎么改》，《新理财（政府理财）》2018 年第 4 期。

丰雷等：《诱致性制度变迁还是强制性制度变迁？——中国农村土地调整的制度演进及地区差异研究》，《经济研究》2013 年第 6 期。

李怀、高磊：《中国国有林权改革的制度分析与分类产权契约的设计——以黑龙江省伊春国有林区林权改革试点为例》，《产业组织评论》2013 年第 2 期。

仲维维、曹玉昆：《黑龙江省地方国有林权改革效率评价实证研究》，《林业经济》

2013 年第 6 期。

潘石、董经纬:《中国土地"招拍挂"制度变迁效应及改进方向》,《理论探讨》2013 年第 2 期。

汤吉军、年海石:《国有企业公司治理结构变迁、路径依赖与制度创新》,《江汉论坛》2013 年第 2 期。

朱洪革、井月:《重点国有林区贫困:测度、特征及影响因素》,《中国农村经济》2013 年第 1 期。

马宇、杜萌:《对资源诅咒传导机制的实证研究——基于技术创新的视角》,《经济学动态》2013 年第 1 期。

汤吉军:《科斯定理与低碳经济可持续发展》,《社会科学研究》2012 年第 6 期。

陈文汇、刘俊昌:《国外主要国有森林资源管理体制及比较分析》,《西北农林科技大学学报(社会科学版)》2012 年第 4 期。

刘汉民等:《国外路径依赖理论研究新进展》,《经济学动态》2012 年第 4 期。

罗必良、文晓巍:《经济转型、制度变迁与农村经济发展——中国农村经济发展高层论坛综述》,《经济研究》2011 年第 10 期。

汤吉军:《马克思经济学视角下的可持续发展与制度创新》,《中国经济问题》2010 年第 5 期。

邵帅、齐中英:《西部地区的能源开发与经济增长——基于"资源诅咒"假说的实证分析》,《经济研究》2008 年第 4 期。

张壮、赵红艳:《我国国有林区治理体制变迁的路径依赖与革新研究》,《林业经济》2018 年第 8 期。

温铁军等:《国有林区改革的困境和出路》,《林业经济》2007 年第 9 期。

王兆君、刘文燕:《国有森林资源产权制度变迁的理论与实证分析》,《中国软科学》2008 年第 1 期。

宋冬林、汤吉军:《从代际公平分配角度质疑新古典资源定价模式》,《经济科学》2004 年第 6 期。

聂辉华:《交易费用经济学:过去、现在和未来——兼评威廉姆森〈资本主义经济制度〉》,《管理世界》2004 年第 12 期。

王海等:《论路径依赖与国有林区经济重构》,《税务与经济(长春税务学院学报)》2003 年第 3 期。

陈剑波:《制度变迁与乡村非正规制度——中国乡镇企业的财产形成与控制》,《经济研究》2000 年第 1 期。

冯宝兴:《对东北地区国有国营林区体制改革的探讨》,《经济研究》1987 年第

3 期。

胡运宏、贺俊杰：《1949 年以来我国林业政策演变初探》，《北京林业大学学报（社会科学版）》2012 年第 3 期。

周雪光、艾云：《多重逻辑下的制度变迁：一个分析框架》，《中国社会科学》2010 年第 4 期。

卢明名、齐晓安：《居民消费制度的发展变迁与完善》，《理论与改革》2014 年第 5 期。

张志达：《关于国有林区改革进程及构建新体制的思考》，《林业经济》2009 年第 12 期。

程俊杰：《制度变迁、企业家精神与民营经济发展》，《经济管理》2016 年第 8 期。

李怀：《产权、合约与农地制度变迁》，《经济体制改革》2017 年第 2 期。

董全瑞：《路径依赖是中国城乡收入差距扩大的内在逻辑》，《经济学家》2013 年第 10 期。

李仙娥、郝奇华：《生态文明制度建设的路径依赖及其破解路径》，《生态经济》2015 年第 4 期。

张生玲等：《路径依赖、市场进入与资源型城市转型》，《经济理论与经济管理》2016 年第 2 期。

汤吉军：《经济体制转轨、路径依赖与制度创新》，《吉林大学社会科学学报》2017 年第 3 期。

张壮、赵红艳：《改革开放以来中国林业政策的演变特征与变迁启示》，《林业经济问题》2018 年第 4 期。

李志强：《现阶段中国市场流通费用及交易成本研究》，《科学经济社会》2011 年第 4 期。

王亮：《森林资源监督客体缺陷对监督质量的影响浅析》，《内蒙古民族大学学报》2010 年第 1 期。

柏广新等：《破解森工企业改革难题　谋求更快更好发展》，《中国林业产业》2006 年第 7 期。

王月华、谷振宾：《当前国有林区改革模式对比与评价》，《林业经济》2010 年第 12 期。

张壮、赵红艳：《国有林区"资源诅咒"与转型发展研究》，《林业经济》2019 年第 2 期。

朱震锋等：《重点国有林区产业结构综合效益的影响及评价》，《林业经济问题》2016 年第 2 期。

刘东生:《中国林业六十年 历史映照未来》,《绿色中国》2009 年第 10 期。

于正:《水灾对今年中国经济影响有多大》,《湖南政报》1998 年第 17 期。

耿国彪:《我国重点国有林区改革取得重要突破》,《绿色中国》2019 年第 1 期。

夏朝宗等:《东北内蒙古四大森工集团森林资源状况分析及加强保护发展措施研究》,《林业资源管理》2014 年第 6 期。

宋雪莲、仉庆华:《伊春试点:国有林权改革第一案——中国的第三次土改》,《中国经济周刊》2006 年第 37 期。

胡琴、金毅、王鹏:《生态价值可以量化,最新研究评估结果显示 伊春森林与湿地资源价值达 1.26 万亿元》,《中国林业》2010 年第 20 期。

汤吉军、张壮:《国有企业的创新障碍与现实选择》,《江汉论坛》2017 年第 7 期。

王琪:《我国重点国有林区改革取得阶段性进展》,《国土绿化》2019 年第 1 期。

四、学位论文文献

张壮:《中国国有林区治理体制变迁的路径依赖研究》,吉林大学博士学位论文,2018 年。

张元庆:《我国征地补偿制度变迁的路径依赖与路径创新研究(1949—2013)》,辽宁大学博士学位论文,2014 年。

王迎:《我国重点国有林区森林经营与森林资源管理体制改革研究》,北京林业大学博士学位论文,2013 年。

王飞:《国有林产权制度变迁路径研究》,东北林业大学博士学位论文,2008 年。

金德友:《吉林省森林资源可持续发展经营政策与措施的研究》,东北林业大学硕士学位论文,2002 年。

王雪梅:《伊春市生态保护与经济转型发展对策研究》,哈尔滨工业大学硕士学位论文,2012 年。

刘思源:《伊春国有林区生态文明建设问题研究》,东北林业大学硕士学位论文,2017 年。

后　记

　　我曾在国家重点国有林区伊春市工作 8 年，亲眼见证了国有林区可采林木资源危机、森工企业经济危困和职工生活危难的三危困难。2014年 9 月，我考入吉林大学攻读博士学位，这是我在硕士毕业 8 年后重新回到校园，梦想成真的喜悦经常让自己开心不已，工作和学习之间的纠结也常常让自己寝食难安。面对博士论文开题难关，导师汤吉军教授为我的博士论文选题花了很多时间和精力，最终结合我的工作经历、工作城市和专业背景选择了《中国国有林区治理体制变迁的路径依赖研究》这个我可以驾驭的题目，经过奋力拼搏顺利完成了博士论文写作，获得了博士学位。现在，这篇经过一年多修改完善的博士论文终于付梓出版了。

　　这里，我要感谢恩师汤吉军教授，结识恩师是我人生的一大荣幸，从认识恩师的第一天起，我的人生就开始了向上的拐点，感谢恩师长期以来对我的教诲和指导！感谢恩师对本论文从选题、构思、资料收集到最后定稿的各个环节给予细心的指引和教导，使我最终得以完成学业，对此，我表示最衷心的感谢！同时还要感谢师母郭砚莉教授给予的指导和点拨！

　　衷心感谢求学期间给予我帮助和鼓励的老师们！特别感谢中国国有经济研究中心和经济学院的潘石教授、年志远教授、许梦博教授、李士梅教授等各位老师对我在学业上的悉心指导和精妙点拨！老师们严谨的治学态度、丰富渊博的知识、敏锐的学术思维、精益求精的工作态度以及海人不倦的师者风范,都让我在学习中收获良多。感谢张一楠、池美子、刘仲仪、窦雨田等同学在陌生的环境里给我的温暖。感谢张元庆博士、年海石博士、程九思博士、张娟博士等同学对我的支持和鼓励!感谢戚振宇、刘嘉琳、窦慧慧、孙忠悦等师弟师妹在我最困难时的鼎力相助!回望吉大,感恩这个给了我未来美好生活的校园!感谢母亲为我再度进修给予的无私帮助!感谢爱妻在学习中给予我的默默支持!感谢我亲爱的女儿用温暖的笑脸陪我春夏秋冬,海角天涯!感谢舅奶李懿馨和郭国勋老师的陪伴与支持!感谢我工作过的单位,为我提供学习的时间和条件!感谢中共青海省委党校的资助!感谢人民出版社曹春、朱蔚老师的支持帮助,祝人民出版社推出更多精品力作!

由于个人能力水平有限,加之琐事众多,一些内容还不够精细。敬请读者多提宝贵意见。

张　壮

2019 年 6 月 13 日

责任编辑:曹 春 朱 蔚

封面设计:木 辛

图书在版编目(CIP)数据

中国国有林区治理体制变迁的路径依赖研究/张壮 著. —北京:

人民出版社,2019.11

ISBN 978－7－01－021374－3

Ⅰ.①中… Ⅱ.①张… Ⅲ.①国有林-林区-管理体制-研究-中国

Ⅳ.①F326.22

中国版本图书馆 CIP 数据核字(2019)第 215294 号

中国国有林区治理体制变迁的路径依赖研究

ZHONGGUO GUOYOU LINQU ZHILI TIZHI BIANQIAN DE LUJING YILAI YANJIU

张 壮 著

人民出版社 出版发行

(100706 北京市东城区隆福寺街 99 号)

北京盛通印刷股份有限公司印刷 新华书店经销

2019 年 11 月第 1 版 2019 年 11 月北京第 1 次印刷

开本:710 毫米×1000 毫米 1/16 印张:16

字数:222 千字

ISBN 978－7－01－021374－3 定价:68.00 元

邮购地址 100706 北京市东城区隆福寺街 99 号

人民东方图书销售中心 电话 (010)65250042 65289539